中興小紀輯校

下

[南宋]熊克 撰
孔學 輯校

上海古籍出版社

情。比者，虜犯壽春〔一〇〕，如雷仲孤軍兩捷，而劉錡全軍繼達，則士氣益張，當有以遏其勢。惟是民間妄傳，以惑羣聽，宜下臨安府覺察。」是日丙寅，詔從之。

二月丁丑，上曰：「朕於諸帥，聽其言，則知其用心；觀其所爲，則知其才人。皆言劉錡善戰者，錡未爲善戰者〔一一〕，順昌之勝，所謂置之死地然後生爾。錡之所長在於循分守節，危疑之中能自立不變，爲可取也。」蓋上之知人善任使，得堯、舜則哲之難如此。

江西帥臣梁楊祖擒捕諸盜殆盡〔一二〕，詔自雜學士加顯謨閣學士。

先是，劉錡退至東關，見其地負山面水，乃引據之，以遏虜衝〔一三〕，軍勢復振。虜元帥兀朮既踐淮西〔一四〕，遂直據和州〔一五〕。時淮民渡江避寇者不知其數〔一六〕，張俊先遣其姪統制官子蓋，與神龍衛四廂都指揮使王德，各率所部兵，先據采石。甲申，俊夜絶江，與錡聲勢相接。上又命殿前都指揮使楊沂中爲宣撫副使，沂中自臨安晝夜疾馳六日，而至歷陽。虜尋退，俊復和州，分遣王德與統制官趙密追之，密命所部將張守忠以五百騎出全椒，虜疑不動，迫暮引去。密乃命兵出六丈，以分敵勢，將斷其歸路。丙戌，劉錡至柘皋，適與虜會，兀朮以鐵騎十餘萬分兩隅，夾道而陳〔一七〕。丁亥，德與統制官田師中麾兵渡橋，先薄其左隅〔一八〕，賊陣動〔一九〕，錡與諸軍合擊之，俊以大軍繼至，虜大敗，遂復廬州。庚寅，俊與沂中及錡皆至城外。

中興小紀卷二十九

紹興十一年歲在辛酉春正月辛亥，時有進保蜀論者，上既覽之，甲寅，謂宰執曰：「彼但採三國志語，殊不切時事。又多引諸葛亮爲證，不知古今事異。亮方出蜀以圖進取，今欲守蜀以圖扞禦，豈可同日而語？」於是，秦檜等仰服聖學洞察古今之理。

初，金虜元帥兀朮自順昌戰敗而歸〔一〕，遂保汴京，留屯宋、亳，出入許、鄭之間。復僉兩河軍與蕃部凡十餘萬，以謀再舉。上亦逆知虜情必不一挫便已〔二〕，乃詔大合兵于淮西以待之。至是，兀朮果來侵〔三〕。乙卯，入壽春府境。己未，命淮北宣撫判官劉錡統所部兵二萬渡江禦之〔四〕。時淮西宣撫使張俊已至行在，亟令回建康拒虜。知壽春府孫暉與統制官雷仲皆棄城而去，虜遂陷壽春〔五〕，殺守兵千餘人〔六〕，繫橋淮岸，以渡其衆。而廬州守臣、樞密直學士陳規病卒，故守備皆缺，惟有宣撫兵二千餘人，亦相率南遁。

乙丑，劉錡至廬州城下，虜騎大集〔七〕，錡少退以避其鋒〔八〕。

丙寅，金人入廬州，遣輕騎數千追錡，而不敢逼，相持至暮，各解去。

言者以爲：「虜人盜邊〔九〕，歲以爲常，在我有備，則外可制侵擾之患，內可安摇動之初，建康留守葉夢得團結沿江民兵數萬，至是呼集，分據江津，仍遣其子内機宜官模，領數千人守馬家渡〔二〇〕。虜果使叛將酈瓊以輕兵來犯〔二一〕，覺有備，乃去。

庚寅，上謂宰執曰：「金人擾邊報至〔二二〕，人言非一，朕惟静坐一室中，精思所以應之之方，自然利害皆見。蓋人情方擾〔二三〕，惟當鎮之以静〔二四〕，若隨物所轉，胷中不定，則何以應變？」秦檜等曰：「邊事遽興，若非陛下神武獨斷，聖志素定，不惑於浮言，臣等豈得少効萬一？」

乙未，詔劉光世、韓世忠、楊沂中、劉錡諸將以捷書繼至，軍聲大振，蓋自兵興以來，未有今日之盛。

【新輯】丙申，建康留守葉夢得亦奏，自用兵以來，未有此舉。詔獎之。初，建康屯重兵，歲費錢八百萬緡、米八十萬斛，搉貨務所入不足以贍。至是，禁旅與諸道之師皆至，夢得被命兼總四路漕計，以給饋餉，軍用不乏，故諸將得悉力以戰，無匱。未幾，進觀文殿學士以寵之。己亥，上曰：「虜退，便當措置淮南。如移隸州縣，併省官吏，修築城壁，要當事事有備，常爲寇至之防也。」（輯自皇朝中興紀事本末卷五五，參考輿地紀勝卷一七建康府）

三月庚子朔，上曰：「賢將與才將不同，賢將識君臣之義，知遵朝廷，不專於戰勝攻取，惟以安社稷爲事。至於才將，一意功名爵賞，專以戰勝攻取爲能，而未必識朝廷大體，及社稷久遠利害，要須駕馭用之。」上又曰：「文武之道雖同，而事實異。世稱衛青不薦士爲賢〔二五〕，蓋禦侮折衝，將帥職也，何與薦士？祖宗故事，樞密院不預進擬，蓋知文武之事異也。」

觀文殿大學士、知福州張浚以緡錢六十萬助軍〔二六〕。癸卯〔二七〕，詔奬之。而選通判，言者謂：「虜雖遁〔二八〕，兩淮郡守當易以武臣，使之深溝高壘，常若敵至。而選通判，俾治民事。」從之。

淮西宣撫使張俊與副使楊沂中爲腹心，而與淮北宣撫判官劉錡有隙，故柘皐之戰，奏賞諸軍，錡獨不與。三帥權均，然諸軍進退多出於俊。而錡以順昌之功驟貴，諸將亦頗嫉之。自虜犯淮西〔二九〕，濠州被圍，守臣王進屢遣人至軍前求援，而近有被擄民自淮上回者，皆言虜去已遠〔三〇〕。甲辰，諸將議班師，俊令錡先自采石渡歸太平州，而俊與沂中耀兵於濠、梁，以撫淮民，然後俊取宣化渡歸建康府，而沂中由瓜渡歸行在，庶道路次舍不相妨，乙巳〔三一〕，啓行纔數里，諜報虜攻濠州甚急〔三二〕，俊馳騎邀錡，錡乃回軍繼進。

是日，宰執奏柘皐戰地，橫屍十餘里，臭不堪行。上愀然曰：「南北之民，吾赤子，驅冒鋒鏑，使就死地，朕不忍聞之。」乃詔户部給錢，使瘞其屍，仍作水陸道場，以慰其魂魄。秦檜等仰贊聖心仁惠如此，堯、舜不能過也。

丙午，曲赦淮西。

戊申，張俊至黄蓮，距濠州六十里，而城陷，王進被殺〔三三〕，虜已退去〔三四〕。俊召沂中、錡謀之，沂中欲追虜，錡曰：「虜得一州而遽去〔三五〕，必有伏也。」俊乃令沂中將神勇一軍直趨濠州，塗遇伏，都統制王德救之得免。時朝廷未之知也。庚戌，宰執奏：「近報韓世忠距濠州三十里，張俊等亦至濠州五十里，又岳飛已離池州渡江去會師矣。」上曰：「首禍者惟兀朮，戒諸將無務多殺，謀取兀朮可也。澶淵之役，撻攬既死〔三六〕，真宗詔諸將按兵縱契丹，勿邀其歸路，此朕家法也。朕兼愛南北之民，豈忍以多殺爲意乎？」是以沂中渡江，遂歸行在。癸丑，俊渡江歸建康府，而錡亦歸太平州。時俊兵八萬，皆强壯精鋭，爲諸軍之冠，號「鐵山軍」。

庚申，上謂宰執曰：「唐太宗建天策府，其弧矢制倍於常。其爲突厥所窘也，用大箭却之，突厥傳觀以爲神。後餘大弓一，長矢五，藏之武庫，每郊壇，必陳於儀物之首，以旌武功。朕常疑之，凡人手足身體長短，决不至相倍蓰，則大弓長矢如何用？朕疑是弩，史官誤書爲大弓耳。」秦檜等仰歎聖學洞照精微，詳觀物理，非諸儒所及也。

初，上詔湖北宣撫使岳飛以兵援淮西，飛念前此每勝，復被詔還，乃以糧乏爲辭。至是，濠州已破，飛始以兵來援，故張俊與右僕射秦檜皆恨之。此據野史。

夏四月壬申，言者謂：「御前軍器所既屬工部，即合隸臺察〔三七〕，又役匠四千五百餘，宜揀退其老弱之不堪者。」並從之。

虜之寇淮西也〔三八〕，參知政事孫近請召知福州張浚都督諸軍，秦檜素忌浚，聞近言，大惡之。至是，中丞何鑄言近之過，近引疾乞罷。己卯〔三九〕，以爲資政殿學士、提舉洞霄宮。後再論，遂落職。

戊子，【新輯】上曰：「陣亡士卒多寡之數，人言不同，恐有漏落，則忠魂義魄，或不該贈典。莫若出榜，使死事之家得以自陳，則實數見矣。」

時，（輯自皇朝中興紀事本末卷五六）淮西宣撫使張俊於内殿奏事，己丑，上謂宰執曰：「朕於人不專聽其言，必觀以事，如以張俊之言，而參考其事，乃知俊之忠誠體國，爲可喜也。」

庚寅，詔祖宗時樞密院無計議官，合罷之。

初，給事中范同力助和議，至是，又以諸大將久握重兵難制，獻計於秦檜，請皆除樞密，而罷其兵權。檜用之。此據野記。乃密奏上，以柘皋之捷，召太保、淮東宣撫使韓世忠，少師、淮西宣撫使張俊，少保、湖北宣撫使岳飛，並詣行在，論功行賞。時世忠、俊已至行在〔四〇〕，而飛獨後。秦檜與參知政事王次翁憂之，乃謀以明日率三大將，置酒湖上〔四一〕，欲出，則語直省官曰：「姑待岳少保來。」益令堂厨豐其燕具，如此展期以待，至六七日。及是飛至，即鎖院。壬辰，以世忠、俊爲樞密使，飛爲樞密副使。惟俊與檜意合，故力贊和議。且覺朝廷欲罷其兵權〔四二〕，即首言：「臣既備位樞府，不當復領宣撫司，乞納所統兵。」不報。然俊忌飛與劉錡，每以飛赴援遲而錡不力戰爲言也。於是，禮部侍郎鄭剛中言於檜曰：「前日天下所共憂者，一旦變爲安平之道。廟堂不動聲色，而三大帥惟恐奉上兵籍之不先。彼曲士不通世務，挾口以議政者，亦皆言塞意順，謂此非常之舉。」因爲檜陳善後之策，凡七事，大槩以緣邊倚兵爲重，「今大師去，則人心懼。昔三帥兵律不同，今合而用之，固有以更易爲便，亦有念舊而不能忘者。又三帥分地而守，各任其責，今惟統制官在外，有如塵高，按：塵高二字未詳。使誰糾合〔四三〕？又諸軍係宣司，按月勘請，今既罷，合漸立法，庶無冒請之弊。傳曰：『平亂責武臣。』望以數事悉付右府，俾經畫之，而酌其可否。他日攻守進退，彼不得以爲言矣」。未幾，除剛中寶文閣直學士、樞密都承旨。

詔三省、樞密院依在京舊例，分班前後奏事。參知政事王次翁以樞密副使岳飛已官少保，乞班其下。詔從之。王伯庠撰王次翁叙紀曰：〔四四〕「紹興辛酉，虜人有飲馬大江之謀〔四五〕，大將張俊、韓世忠皆欲先事深入，惟岳飛駐軍淮西，不肯動。上以親札促其行者，凡十有七，飛偃蹇如故。最後又降親札曰：「社稷存亡，在卿此舉。」飛奉詔移軍三十里而止。上始有誅飛意〔四六〕。又世忠軍中親校温濟者，以世忠陰事來告，朝廷置濟於湖南。世忠連上章，乞遣濟至軍中，語甚不遜。是時，三大將皆握重兵，輕視朝廷。其年柘皐之捷，有旨令大將入，論功行賞。俊、世忠已到，而飛獨未來。秦檜爲相，先臣參知政事，大臣止二人，檜憂之甚。先臣爲之謀，以明日率三大將置酒湖上，欲出，則語直省官曰：『姑待岳少保來。』益令堂厨豐其燕具，如此展期以待者六七日。飛既到，以明日鎖院，皆除樞密使，趣令入院供職，罷其兵柄。晡時，有旨鎖院，明日宣麻。是夜將半，以制分命三大帥。軍中列校，使各統所部，自爲一軍，更其銜曰統制御前軍馬。凡其所統，陞黜賞罰，得專達之。諸校喜於自便，莫不欣然受命。明日，三大帥入授元樞之制，既出，則其所部皆已散去，導從盡以密院之人。上之此謀，惟先臣與秦檜預之，天下歎服。三帥既罷兵柄，先臣語伯庠等曰：『吾與秦相謀之已久，雖外示閒暇，而終夕未嘗交睫，脱致紛紜，滅族非所憂，所憂宗社而已。事幸而成，上之英斷，與天合也，吾何力之有？』」

癸巳，上謂宰執曰：「昔三宣撫之兵，分爲三軍，故有此軍作過，而往投彼軍者。今合爲一，則前日之弊革矣。」

【新輯】乙未，上謂韓世忠、岳飛、張俊曰：「朕昔付卿等以一路宣撫之權尚小，今付卿等以樞府本兵之權甚大。卿等宜合爲一心，勿分彼此，則兵力全而莫之能禦。顧如兀朮者，何足掃除乎？」是日，詔罷宣撫司，遇出師臨時取旨，逐司統制統領官並帶「御前」字，其兵皆隸樞密院，依舊駐劄。統制官以次輪入見。（輯自皇朝中興紀事本末卷五六，參考宋宰輔編年録卷一六）

五月己亥，以給事中、直學士院范同爲翰林學士。

時御前軍屯駐處，並置總領錢糧，辛丑，乃命太府卿曾慥於湖北，司農少卿胡紡於淮東，太府少卿吴彦璋於淮西，悉帶報發御前軍馬文字，蓋使之預聞軍政，不獨職餉饋而已。慥，布孫也〔四七〕。

癸卯，詔諸軍統制官王勝、劉寶、岳超、成閔等，克殲醜類〔四八〕，宜頒賞典，勝、寶並爲四廂都指揮使，超承宣使，閔防禦使。

辛亥，上謂宰執曰：「朕與諸將論兵，未嘗論勝，惟先論敗。漢高祖屢戰屢敗，終成帝業；項羽屢勝，終不能成事，一敗遂亡。故凡論兵者，不必論勝，惟先慮敗，冀終成也。」

上遣樞密使張俊與副使岳飛同往楚州，總淮東一全軍，還駐鎮江府〔四九〕。壬子，上謂宰執曰：「士大夫言恢復者，皆虚辭，非實用。用兵自有次第〔五〇〕，朕往遣二樞使按閱軍馬〔五一〕，措置戰守，蓋按閱於先，則兵皆可戰，兵既可戰，則能守矣。待彼有釁，然後可進討，以圖恢復，此用兵之序也。」

言者以謂：「綱紀正，則朝廷尊，向者三宣撫司有軍期文字，進奏院不以時達，故權宜各置承受官。今韓世忠、張俊、岳飛既除權樞密，文字自經通進司投進，則承受官宜罷。」丙辰，詔從之。

是日，開府儀同三司汪伯彦卒于饒州〔五二〕。

甲子，御前都統制田師中、王德並除節度使，師中定遠軍〔五三〕，德清遠軍，賞破虜之功也〔五四〕。

六月辛未，【新輯】上曰：「夷狄不可責以中國之禮，朕觀三代以後，惟漢文帝待匈奴最爲得體。彼書辭倨傲，則受而弗較；彼軍旅侵犯，則禦而弗逐。謹守吾中國之禮，而不以責夷狄，此最爲得體也。」

時，（輯自皇朝中興紀事本末卷五六）戶部具贖刑文字。壬申，上曰：「朕謂凡爲政之本，必抑彊扶弱，民乃能立。今使富者犯死法，得以金自贖，則貧無金者，豈能獨立乎？贖刑既非祖宗法，似未可用也。」

乙亥，以右僕射秦檜爲左僕射〔五五〕，仍兼樞密使，封慶國公。

初，樞密使韓世忠宣撫淮東，日與虜戰〔五六〕，常以尅敵弓取勝。至是，獻其式，辛巳，上謂宰執曰：「世忠以尅敵弓勝金賊〔五七〕，朕取觀之，誠工巧，然猶未盡善。朕籌累日，乃少更之，遂增二石之力，而減數斤之重，今方盡善。後雖有作者，無以加矣。」秦檜曰：「百工之事，皆聖人作，非諸將所及也。」乃詔工部下軍器監，選良工製之。

光州探到金虜内亂事宜〔五八〕。癸巳，上謂宰執曰：「探報虛實，未可盡信，自治可也。在我者既自治矣，待彼自亂，方可臣服。漢武帝乘文、景富庶之後，竭天下之力，不能致匈奴之服。其後，五單于爭國，自相殘滅，而孝宣兵革事力，不及武帝十之三四，足以臣匈奴矣。今當自治以待彼之釁，乃可致中興也。」

三京招撫使劉光世以疾丐祠。上謂宰執曰：「光世功臣，朕未嘗忘。聞其疾中無聊，昨日以玩好物數種賜之，光世大喜，秉燭夜觀，幾至四更。朕於宮中，凡玩好之物，未嘗經目，止要賜勳舊賢勞爾。」秦檜曰：「不寶遠物，則遠人格；所寶惟賢，則邇人安。書以戒武王，而陛下優爲之，賢古帝王遠矣。」詔以光世爲萬壽觀使。

奉使洪皓在虜中求得皇太后書〔五九〕。是夏，遣邵武布衣李微齎來，上大喜，因御經筵，謂講讀官曰：「不知太母消息幾二十年，雖遣使百輩，不如此一書。」遂命微以官。

初，有詔史館修徽宗實録，至是，書纔成六十卷。秋七月戊戌，左僕射秦檜等上之，尋加檜少保。

庚子，以翰林學士范同爲參知政事。

右諫議大夫萬俟卨言：「樞密副使岳飛議棄兩淮地，專守大江以南。且飛提重兵十餘萬，無橫草之勞，倡言棄兩淮，以動朝廷，此不臣之漸也。」〔六〇〕癸丑，宰執奏事，上曰：「山陽要地，屏蔽淮東，無山陽，則通、泰不能固，賊來徑趨蘇、常〔六一〕，豈不摇動？其事甚明。比遣張俊、岳飛往彼措置戰守，二人登城行視，飛於衆中倡言，楚不可守，城安用修？蓋將士戍山陽厭，久欲棄而之他。飛意在附下以要譽，故其言如此，朕何賴焉？」秦檜曰：「飛對人之言乃至是，中外或未知也。」

時有上殿官趙公煥自言：「罪廢累年，老幼不給。王室孤弱，同姓凋零，宗子無在朝者。且侍從之臣，當參用皇族。陛下欲求其人，臣願備數。」辛酉，上以語宰執，且言：「公煥持捭闔之説，自鬻求進。朕爲大元帥時，公煥嘗率宗子勸進，因是識之。亦屢與陞擢，今其言僭妄，不循分守，不顧廉恥，當議竄責，以爲小人之戒。」秦檜曰：「公煥非佳士，昨爲湖南郡守，陵蔑監司，與之交訟，幸而善罷。陛下識於潛藩而用之，今知其小人而竄之，賞罰無私，真天地之心也。」

先是，臨安境大旱，上自是月初不御葷，遣有司歷走羣望。又命執政、宗室、從臣奏告天地、宗廟、社稷，禱祝無所不至，決滯獄，出繫校〔六二〕，詔令之下相踵，凡二十有四日。癸未，大雨，自午未達旦，遠邇霑足。甲子，宰執稱賀。上曰：「朕日來臥不安席，夜分猶未交睫，懼德不類，或政有闕失，每事循省殆徧，恐旱災必有致之之由。若乃祈禱之禮，但具其文耳。」秦檜等曰：「雲漢美周宣王能遇烖而懼，側身修行。陛下躬行之，實允符前王，天心安得不昭答乎？」

是月，端明殿學士徐俯卒。

先是，樞密使張俊奏事，乞催淮西之賞。上曰：「功賞後時，在將帥，不在朝廷。」俊問所以然。上曰：「軍士有出戰者，有輜重及守營者，凡所謂戰功，皆戰士也〔六三〕。今更不分，全軍皆要推賞，動數萬人，朝廷何以行之？」俊曰：「誠如聖諭。初因一軍如此，故諸軍効之。臣今既蒙專任，當戒諸統制官，只保明實出戰者，庶可漸革前弊也。」八月庚午，宰執奏功賞事，上以此語之。

辛未，宰執擬除吏部郎官姜師仲等爲卿監，上曰：「凡事必謹始，館職、寺監丞乃郎官、卿監之選也；郎官、卿監乃侍從官之選也。凡除館職、寺監丞，必擇他日可補郎官、卿監之闕者；凡除郎官、卿監，必擇他日可補侍從之闕者。如此，則士安分守，而奔競之風息矣。若不謹始，用非其才，久而不遷，則士有留滯之歎；以序遷之，又有不稱職之誚。不可不謹。」於是秦檜等仰承聖訓，願遵守之。

時樞密使張俊、副使岳飛皆在鎮江府〔六四〕，而右諫議大夫萬俟卨等論飛罪，以謂今春虜騎犯淮西〔六五〕，張俊全師遇敵，趣飛來援〔六六〕，而飛固稽嚴詔，略至舒、蘄而不進。比與俊按兵淮上，又執偏見，欲棄山陽不守。致誼外議，所幸俊止其言，紛紜遂定。於是，飛上章丐罷。甲戌，以少保、武勝定國軍節度，充萬壽觀使。飛既罷，而俊獨留鎮江爲備。

癸巳，【新輯】上謂宰執曰：「監司、郡守朝廷委任之意，未嘗有異，而近來妄分彼此，莫相協和，州郡或有闕乏，監司不肯移那；監司或有措置，州郡不肯應副。如此，何以濟國

乎？可令御史臺察其尤者，措置行遣，庶肯協和，共濟國事也。」（輯自皇朝中興紀事本末卷五七）

陝西宣撫副使胡世將方乘機進討，遣節制陝西諸軍吳璘出秦州，本司都統制楊政出隴州，樞密院都統制郭浩出商州。而世將母康氏亡于晉陵，癸巳，詔特起復世將，仍治軍事。後數日，下秦、隴二州，及破岐下諸屯，取華、虢二州，又入陝府。

時大理寺有未結公事，甲午，上曰：「省刑罰，薄稅斂，王道之本。國步方艱，未能弭兵，斯民稅斂，無術可以薄之，朕心實不足。至於刑罰，豈可不省？而獄繫淹延，或至逾歲，何也？可令提刑司覺察州縣，提刑失職，令御史臺彈奏，務要訟平刑清，以副朕意。」

是月，資政殿大學士顏岐卒〔六七〕。

資政殿學士翟汝文卒〔六八〕。

湖南漕臣汪叔詹以書白左僕射秦檜，言：「岳飛頃於鄂渚置酒庫，日售數百緡，襄陽置通貨場，利復不貲。自飛罷，未有所付。乞令統制官張憲主之，庶杜欺弊。」九月辛丑，檜奏其事，以爲可行。乃詔統制官王貴與憲同掌。時有上殿官鮑琚頗疏通〔六九〕，上因命遣琚往軍前根括錢物，歲入幾何？諸路月椿以贍本軍，有名無實，而斂於民者幾何？當議省之。

【新輯】癸卯，上曰：「聞飛軍中有錢二千萬緡，昨遣人問之，飛對所有之數，蓋十之九，人言固不妄也。今遣琚往，縱不能盡，若得其半，亦不少矣。又歲計入，供軍之餘，小約亦數百緡，比之頭會箕斂，不知幾户民力可以辦此。」檜曰：「軍興以來，間有取於民者，皆非得已。今無横賦，而上朝夕軫念，蓋務稍廣儲蓄，以備緩急，不待取於民而自足矣。」（輯自皇朝中興紀事本末卷五七）

丁未，宰執論進退人材及内外除授，上曰：「朝廷用人，初無内外之異。士大夫唯以仕進爲心，奔競苟得。居内則爲遷，在外則爲黜。夫外任責以民事，自朕觀之，其勢實重於内。而數十年間，風俗隳壞，趍嚮倒置，要思所以革其弊也。」

初，朝廷遣工部侍郎莫將、知閤門事韓恕奉使金虜〔七〇〕，爲虜所留。至是，虜不因聘諭，忽自遣將、恕等歸。戊申，泗州奏至，上諭宰執曰：「此殆上天悔禍，虜有休兵之意爾。朕料所以致此者有二：夫今春兀朮提兵南來，謂我可陵，而淮西濠、梁之敗，有所懲創，一也；始謂我將帥各自爲家，莫相統一，今聞盡歸朝廷，綱紀既立，軍政必修，望風畏懾，二也。朕每欲與講和，非憚之也。重念祖宗有天下二百年，愛養生靈，惟恐傷之，而日尋干戈，使南北之民，肝腦塗地，所願天心矜惻，消弭用兵之禍耳。」秦檜曰：「每恨虜情難保，未能仰副陛下憫亂之意。」

甲寅，將等還至近郊，上曰：「將等來，虜意未可知。但敕諸軍，嚴爲之備，彼若議和，何傷於好？如懷姦詐，初無失策。昨張俊奏事，嘗與議及此，俊亦深曉，云兵交使在其間，和與戰自不相妨也。」

丙辰，詔利州觀察使劉光遠充金國通問使，忠州防禦使曹勛副之。

著作佐郎鄧名世，臨川人也。初，劉大中宣諭江西，薦之，自布衣除刪定官。洎入館，久兼史職。左僕射秦檜過局，嘗書其史藁之後，以爲得體。然媢嫉者衆，至是〔七一〕，因擅寫日曆，爲言者所劾罷去。久之，卒于家。

冬十月丁卯，以樞密都承旨鄭剛中爲川陜宣諭使。

時川陜宣撫司都統制楊政駐兵寶雞，金虜萬户通檢孛堇屯渭北〔七二〕，政欲拔其城，戊辰，黎明，通檢將精甲萬衆出戰，政賈勇士鏖戰縣旁。至日晡，五十餘合，勢未分。政遣裨將單騎突出陣後山上〔七三〕，執幟以招，陽爲麾軍〔七四〕。虜望見〔七五〕，大呼曰：「伏發矣。」遂驚而潰。政乘勝掩殺，通檢至城門，而橋已絶，遂擒之。

【新輯】初，宗正寺所修仙源慶系屬籍總要，其書已成。至是，宗正丞邵大受言：「宗正舊有四書：曰玉牒，曰仙源積慶圖，曰宗藩慶系録，曰宗枝屬籍。建炎南渡，寺官失職，舉四書而逸於江滸。陛下比命重修仙源慶系屬籍總要，乃合三者而一之，固已無愧於昔。獨玉牒未修，望詔有司討論一書，以備中興之盛典。」丙子〔七六〕，詔從之。於是，始建玉牒所，以左丞相秦檜提舉，其修玉牒官則侍從兼焉。大受，建德人也。（輯自皇朝中興紀事本末卷五

八，參考繫年要録卷一四二戊寅條及輿地紀勝卷一所）

己卯，上曰：「凡事必謹於微，若事已成則難改。故書稱『制治于未亂，保邦于未危。』荆襄守臣辟差者，勿令久任，以漸易之，非特謹微，亦所以保全之也。」

先是，少保岳飛舊所部統制官、節制鄂州兵馬張憲陰謀冀朝廷還飛，復掌兵，而己爲之副。未發間，爲御前都統制王貴所告。時樞密使張俊在鎮江府，亦奏其事。左僕射秦檜乘此治飛〔七七〕。詔委俊收憲，送大理寺，命中丞何鑄、大理卿周三畏鞫之。戊子，宰執奏制勘院乞追人證張憲公事，上曰：「刑所以止亂，若妄有追證，動摇人心，非用刑之本意。至於兵亦然，王者兵以仁義爲本，故惡夫人之害仁敗義者。若兵出無名，反致害敗，亦豈惡人之意哉？」此據野史修入。

太保、樞密使韓世忠乞罷，癸巳，以爲太傅、醴泉觀使。其兄主管步軍世良，亦罷爲提舉醴泉觀使，仍加奉國軍承宣使〔七八〕。此據野史及墓誌。世忠自此杜門謝客，絶口不論兵，時跨驢携酒，從一二童奴，游西湖以自樂，平時將佐罕得見其面云。

金虜大酋兀朮率衆復侵泗州〔七九〕，詔樞密使張俊於鎮江府置司，措置江淮戰守。俊命其姪統制官子蓋提兵於淮陽、盱眙之間，伺賊進止〔八〇〕。俊不以兵渡江，恐妨和議。既而，虜騎久不至〔八一〕，俊以問鎮江府劉子羽曰：「北虜異時入寇，飄忽如風雨，今更遲迴，是必有他意也。」

初，嘉州界外虚恨蠻人歷堦等〔八二〕，領衆犯中鎮銅山寨，官兵力不能制，寨將茹大猷遂爲掠去。本州連年防範，所費不貲。是月，歷堦降，遣蠻將軍葉遇帶蠻子送大猷等還本州〔八三〕，委知峩眉縣梁端修同權中鎮寨曹謹修於界首與之折箭〔八四〕，重立盟誓，自後不敢犯邊。遂申川陝宣撫司，依便宜黜陟，補歷堦進義校尉，仍以錦袍銀帶給之。

十一月丙申，辛執擬李迨知洪州，上曰：「迨能吏，肯以身任怨，不恤人毁譽，朕深知之。但此州寄居多，必有造謗者，不可不察也。治道無他，但不以毁譽爲賢否，常核實以行賞罰，則治道成矣。齊威王封即墨而烹阿〔八五〕，齊國大治。蓋知核實以爲政，而不狥毁譽之空言也。」

丁酉，【新輯】上謂宰執曰：「唐太宗除亂比湯、武，致治幾成、康，可謂賢君矣。然誇大而好名，雖聽言納諫，然不若漢文帝之至誠也。人君惟至誠臨下，何患治道之不成哉！」秦檜曰：「文帝雖至誠而少學，太宗雖問學而未誠，猶可以揚名于後。今陛下至誠問學，度越二君，則堯、舜、三代何遠之有？」

先是，轉對官有乞試補貼司，仍許告吏罪，使補其闕，以懲吏强官弱之弊者。戊戌，上謂宰執曰：「此説若用，則相告訐，而州縣擾矣。治天下當以清静鎮之，若妄作生事，乃亂天下，非治天下也。昔人有言：『省官不如省事，省事不如清心。』朕常躬行此語。」顧謂秦檜曰：「邊事既息，可以弭兵，卿爲相，亦當效曹參之清静也。」（輯自皇朝中興紀事本末卷五八）

參知政事范同或自奏事，不稟秦檜，而衆方以建和議及罷諸帥皆同之謀。檜與同共政纔四月，至是疑而忌之。此據野史修入。故言者論同，以謂：「自初執政，即至建康遷葬，所過多擾州縣。又朝廷收天下兵柄，歸之宥密，同乃貪天之功，以爲己有。望罷其機務。」己亥，以同爲提舉嵩山崇福宮，既而再論，遂降分司。

癸卯，宰執奏言者乞詔六部守法，不得妄有申明事。上曰：「祖宗法令嚴備，付在有司，吏舞文出入，而六部長貳不肯任責，事事申明，取決朝廷，此何理耶？朝廷選爲長貳，乃苟簡自便，甚失委任之意。當顯出一二以懲之。長貳盡心，則吏不敢舞文矣。」

時虜遣行臺户部侍郎蕭毅〔八六〕、翰林待制、同知制誥邢具瞻爲使、副，來審議，而我所遣通問使魏良臣、王公亮等，與之同入界。乙巳，詔公亮先奏事，良臣權充接伴。劉子羽墓誌曰：「虜使臣揭大旗舟上，書曰『江南撫諭』，子羽時守鎮江，見之怒，夜以他旗易之。翌日，接伴使者見其有異，大懼以爲請，且以語脅子羽，子羽曰：『某爲守臣，朝論無所與，然欲揭此於吾州之境，則吾有死而已。』請不已，竟出境乃還之。」

言者論資政殿學士李光，因近日二使遽還，鼓倡萬端，致會稽之民騷然。原光之意，蓋幸有警，以覬復用。乃詔光責授散官，藤州安置。上曰：「司馬光言，政之大本，在於賞刑。

朕於光輩，聞其虛名而用之，見其不才而罷之，逮其有罪而責之，皆彼自取，朕未嘗有心也。若用虛名而不治其罪，則有賞無刑，政何以成？譬之四時，有陽無陰，豈能成歲乎？」

時虜使在驛，見有日，而殿陛之儀議猶未決。左僕射秦檜訪於知閤門事鄭藻，藻曰：「單禁衛則非所以隆國體，嚴環列則適駭虜情〔八七〕。先聲一出，異端蠭起，或誤大事。惟臨期戒設仗，蔽以帟幕，班定徹帷，出不意，則無復措詞矣。」自是，卒爲定制。藻，開封人也。

壬子，金國審議使蕭毅等入見，於是，宰執奏誓書：「自古盟會，各出意以爲之誓，未有意自彼出，而反復更易，必欲如其所要者。」上曰：「朕固知之。然朕有天下，而養不及親，徽宗既無及矣，太后年逾六十，朕日夜痛心。今雖與之立誓，當奏告天地、宗廟、社稷，明言金若歸我太后，則不憚屈己以與之和。如其不然，則此要盟，神固不聽。朕亦不憚用兵也。」

乙卯，【新輯】以御史中丞何鑄爲端明殿學士、簽書樞密院事、充金國報謝使，知閤門曹勛副之。上諭鑄委曲致詞，事在必濟。又召勛至内殿，喻之曰：「朕北望庭闈，逾十五年，幾於無淚可揮，無腸可斷。所以頻遣使指，又屈己奉幣者，皆以此也。切計上天亦默相之。」言已淚下。左右皆掩泣。上曰：「汝見虜主，當以朕意與之言曰：『惟親若旋，久賴安存，朕知之矣。然閱歲滋久，爲人之子，深不自安。況亡者未葬，存者亦老，兄弟族屬，見餘無幾。每歲時節物，未嘗不北首流涕。若大國念之，使父兄子母如初，則此恩當子孫千萬年不忘也。且慈親之在上國，乃常常老人，亦在本國，則所繫甚重。』任用此意，以天性至誠説之，彼亦必且感動也。」（輯自皇朝中興紀事本末卷五八）

以右諫議大夫萬俟卨爲御史中丞。時張憲之獄未成，何鑄以除執政奉使，乃改命卨推勘，而少保岳飛與其子忠州防禦使雲皆繫獄矣。初，飛之在湖北也，新湖南提刑辛次膺舟行過鄂，飛燕待之。既而，延入小閣，盡出所被宸翰，具言上眷之渥。且執次膺手曰：「前夕夢爲棘寺逮對獄，獄吏曰：『辛中丞被旨推勘。』飛方懼，不敢告人。而公適至。公自諫官補外，他日必爲獨坐，飛或不幸下獄，願公救之〔八八〕。」次膺悚然，不知所對。至是，飛悟昨夢，乃新中丞也。此據洪邁夷堅志，然邁以新中丞爲何鑄。

是月，户部侍郎張澄遷尚書〔八九〕。

十二月乙丑朔，上謂宰執曰：「和議已成，軍備猶不可弛。宜於沿江築堡駐兵，令軍中自爲營田，則斂不及民，而軍食常足，可以久也。仍修建康爲定都之計，先宗廟，次太學，而後宮室。」於是，秦檜等仰服聖訓，知所先後，禹卑宮室，不足過也。

壬申，上謂宰執曰：「晉平吳之後，天下混一，武帝又勤於政事，宜若可見太平，而旋致禍亂，天下分裂，何也？」秦檜等方思所以對，上曰：「惟禮可以立國，君臣上下，如天地定位，不可少亂。武帝字呼羣臣，又以珊瑚株等助臣下〔九〇〕，以侈靡相勝。廢禮如此，其能國乎？子太叔謂『禮，天之經，地之義』。自古明禮，無如子太叔者也。」

癸酉，工部侍郎莫將遷尚書。

左僕射秦檜言：「考之經傳，人君莫難於聽納。」上曰：「朕觀自古人君不肯聽納者，皆因有心，或好大喜功，或窮奢極欲。一實其衷，則凡拂心之言皆不能入矣。若清心寡欲，豈有不聽納乎？朕於宫中，觀書寫字之外，並無嗜好，凡事無心，故羣臣之言，是則從，非則否，未嘗惑也。」檜曰：「詩稱『學有緝熙于光明』。陛下光明之性，如日並照，又力學以緝熙之，則羣臣進言，豈能妄説以惑聖聽乎？」

【新輯】己卯〔九一〕，上曰：「有帝王之學，有士大夫之學。朕在宫中，無一日廢學，然但究前古治道有宜於今者，要施行耳。不必指摘章句以爲文也。士大夫之學則異於此，須用辯古今以爲文，最不可志於利，學而志於利，則上下交征，未有不危國者。」（輯自皇朝中興紀事本末卷五八）

戊子，詔以新刊米芾字畫本分賜宰執。上曰：「芾雖無事業，不見於世。至於字畫，古今一絶也。」

中丞萬俟卨、大理卿周三畏同勘岳飛等獄成，飛坐金人侵淮南〔九二〕，受親札凡十五，逗遛不赴援，及指斥乘輿； 又因罷兵權，令右朝散郎孫革作書與憲，令措置擘畫，看畢焚之。又令憲虛申探得四太子兵犯上流，雲又與憲咨目，稱「可與得心腹兵官商議」。憲爲收飛及雲書，遂謀反。僧澤一向憲言，宜先以兵兩隊守總領轉運司。癸巳，詔賜飛死，斬憲、雲於市，令殿前都指揮使楊沂中莅其刑，家屬並遷廣南，且籍其家資，而配澤一。初，秦檜之居永嘉也，今秘閣修撰、主管玉隆觀薛弼嘗遊其門〔九三〕。又卨爲湖北提刑，弼時經撫本路，除劇盗伍俊，歸功于卨。至是治飛獄，弼雖嘗爲飛參謀官，無一辭累及。先是，獄之成也，太傅韓世忠嘗以問秦檜，檜曰：「飛子雲與張憲書不明，其事體莫須有〔九四〕。」世忠曰：「相公言『莫須有』，此三字何以使人甘心？」因争之〔九五〕，檜不聽。飛知書而待士，且濟人之貧，用兵秋毫無犯，民皆安堵，不知有軍。先計後戰，屢勝强虜〔九六〕，號爲良將。其死也，天下寃之。後謚曰武穆。此據野史〔九七〕。

時朝廷以淮東、湖北諸屯不安，命樞密使張俊往撫循之。或謂俊盍爲備？俊曰：「何自疑如此？」於是宣布德意，遣人諭武昌，皆帖然安堵。

〔校勘記〕

〔一〕金虜元帥兀朮自順昌戰敗而歸 「虜」原無，據皇朝中興紀事本末卷五五補。

〔二〕上亦逆知虜情必不一挫便已 「虜」原作「敵」，據皇朝中興紀事本末卷五五改。下同。

〔三〕兀朮果來侵　「來侵」，皇朝中興紀事本末卷五五作「入寇」。

〔四〕案：繫年要録卷一三九己未條注文考證：「案：淮西從軍記云：『正月，金人犯壽春。是月十九日，錡被命北渡江。』己未，十九日也。據此則錡先被命，但此日出師耳。克恐小誤。」

〔五〕虜遂陷壽春　「虜」原無，據皇朝中興紀事本末卷五五補。

〔六〕殺守兵千餘人　「千」原作「十」，據皇朝中興紀事本末卷五五及繫年要録卷一三九改。

〔七〕虜騎大集　「虜」原作「敵」，據皇朝中興紀事本末卷五五改。

〔八〕錡少退以避其鋒　「錡」原作「騎」，據皇朝中興紀事本末卷五五及繫年要録卷一三九改。

〔九〕虜人盜邊　「虜」原作「敵」，據皇朝中興紀事本末卷五五改。

〔一〇〕虜犯壽春　「虜犯」原作「敵侵」，據皇朝中興紀事本末卷五五改。

〔一一〕錡未爲善戰者　此六字原脱，據皇朝中興紀事本末卷五五補。

〔一二〕案：繫年要録卷一三九繫此事於「庚辰」。

〔一三〕以遏虜衝　「虜」原作「敵」，據皇朝中興紀事本末卷五五改。下同。

〔一四〕虜元帥兀朮既踐淮西　「虜」原作「金」，據皇朝中興紀事本末卷五五改。

〔一五〕案：繫年要録卷一三九癸酉條注文考證，兀朮并未據和州。

〔一六〕時淮民渡江避寇者不知其數　「寇」原作「敵」，據皇朝中興紀事本末卷五五改。

〔一七〕案：繫年要録卷一三九癸酉條注文考證云：「趙甡之遺史、熊克小曆皆稱兀朮以鐵騎十餘萬夾道而陳。案：三宣撫所申，止稱邢王、韓將軍、王太子大兵及自廬州前來兀朮軍馬。蓋兀朮自廬州濟師，非其親出也。甡之、克小誤。」

〔一八〕先薄其左隅 「左」，皇朝中興紀事本末卷五五作「右」。
〔一九〕賊陣動 「賊」原作「敵」，據皇朝中興紀事本末卷五五改。
〔二〇〕案：繫年要録卷一三九此事繫於「己丑」。
〔二一〕虜果使叛將酈瓊以輕兵來犯 「虜」原作「敵」，據皇朝中興紀事本末卷五五改。下同。
〔二二〕金人擾邊報至 「金人擾」，皇朝中興紀事本末卷五五「自虜犯」。
〔二三〕蓋人情方擾 「擾」原作「轉」，據皇朝中興紀事本末卷五五改。
〔二四〕惟當鎮之以静 原脱，據皇朝中興紀事本末卷五五及繫年要録卷一三九補。
〔二五〕世稱衛青不薦士爲賢 「衛青」，皇朝中興紀事本末卷五五作「衛霍」，衛指衛青，霍蓋指霍去病。
〔二六〕知福州張浚以緡錢六十萬助軍。「六十萬」，繫年要録卷一三九作「六十三萬」。
〔二七〕癸卯 繫年要録卷一三九繫於「庚子」。
〔二八〕虜雖遁 「虜」原作「金人」，據皇朝中興紀事本末卷五五改。
〔二九〕自虜犯淮西 「虜」原作「金人」，據皇朝中興紀事本末卷五五改。
〔三〇〕皆言虜去已遠 「虜」原作「敵」，據皇朝中興紀事本末卷五五改。
〔三一〕乙巳 原作「凡巳」，據繫年要録卷一三九改。
〔三二〕諜報虜攻濠州甚急 「虜」原作「金」，據皇朝中興紀事本末卷五五改。
〔三三〕而城陷王進被殺 「而城陷」，繫年要録卷一三九作「而聞城陷」是，因城陷在前一天丁未。「王進被殺」，繫年要録卷一三九丁未條注文考證，王進被執，没有被殺。
〔三四〕虜已退去 「虜」原作「敵」，據皇朝中興紀事本末卷五五改。下同。

〔三五〕虜得一州而遽去　「虜」原作「彼」，據皇朝中興紀事本末卷五五改。
〔三六〕撻攬既死　「撻攬」原作「達蘭」，據皇朝中興紀事本末卷五五及繫年要録卷一三九改。
〔三七〕即合隸臺察　「察」原脱，據皇朝中興紀事本末卷五六補。
〔三八〕虜之寇淮西也　「虜」原作「金」，據皇朝中興紀事本末卷五六改。
〔三九〕己卯　原作「乙卯」，案本月己巳朔，無乙卯日，據宋宰輔編年録卷一六及繫年要録卷一四〇改。
〔四〇〕時世忠後已至行在　「世」原脱，據皇朝中興紀事本末卷五六補。
〔四一〕置酒湖上　「上」原作「山」，據皇朝中興紀事本末卷五六及繫年要録卷一四〇改。
〔四二〕且覺朝廷欲罷其兵權　「兵」原脱，據皇朝中興紀事本末卷五六補。
〔四三〕有如塵高使誰糾合　「塵高」，廣雅本及繫年要録卷一四〇作「塵蒿」。
〔四四〕王伯庠撰王次翁叙紀曰　原作「王次翁敍紀曰王伯庠傳」，據繫年要録卷一四〇改。
〔四五〕虜人有飲馬大江之謀　「虜」原作「金」，據皇朝中興紀事本末卷五六改。
〔四六〕上始有誅飛意　「誅」原作「謀」，據皇朝中興紀事本末卷五六及繫年要録卷一四〇改。
〔四七〕慥布孫也　案：皇朝中興紀事本末卷五六載慥爲公亮孫，據晁公武所云，當是。然曾布、曾公亮爲兄弟行，稱慥爲布孫亦不誤。
〔四八〕克殲醜類　「醜類」原作「大敵」，據皇朝中興紀事本末卷五六改。
〔四九〕還駐鎮江府　「還」原脱，據皇朝中興紀事本末卷五六補。
〔五〇〕用兵自有次第　「用」原脱，據皇朝中興紀事本末卷五六補。
〔五一〕朕往遣二樞使按閲軍馬　「往」，廣雅本、皇朝中興紀事本末卷五六及繫年要録卷一四〇作「比」。

〔五二〕案：繫年要録卷一四〇丙辰條注文考證：「伯彦除儀同在此月乙丑，方囊時第以檢校官爲節度使也。」

〔五三〕師中定遠軍　「定遠軍」，繫年要録卷一四〇作「平江軍」。

〔五四〕賞破虜之功也　「虜」原作「敵」，據皇朝中興紀事本末卷五六改。

〔五五〕以右僕射秦檜爲左僕射　「右」原脱，據皇朝中興紀事本末卷五六補。

〔五六〕日與虜戰　「虜」原作「敵」，據皇朝中興紀事本末卷五六改。

〔五七〕世忠以剋敵弓勝金賊　「賊」原作「敵」，據皇朝中興紀事本末卷五六改。

〔五八〕光州探到金虜内亂事宜　「虜」原作「人」，據皇朝中興紀事本末卷五六改。

〔五九〕奉使洪皓在虜中求得皇太后書　「虜」原作「敵」，據皇朝中興紀事本末卷五六改。

〔六〇〕案：繫年要録卷一四一癸丑條注文考證，此非萬俟卨奏章語，而是孫覿撰卨墓誌文。

〔六一〕賊來徑趨蘇常　「賊」原作「敵」，「徑」原作「往」，據皇朝中興紀事本末卷五七改。

〔六二〕出繫校　「校」，皇朝中興紀事本末卷五七作「囚」。

〔六三〕皆戰士也　「士」原作「功」，據皇朝中興紀事本末卷五七及繫年要録卷一四一改。

〔六四〕案：繫年要録卷一四甲戌條注文考證，岳飛當時不在鎮江府，小曆誤。

〔六五〕以謂今春虜騎犯淮西　「謂」原脱，「虜騎」原作「敵」，據皇朝中興紀事本末卷五七補、改。

〔六六〕趣飛來援　「援」原脱，據皇朝中興紀事本末卷五七補。

〔六七〕資政殿大學士顏岐卒　「大學士」，繫年要録卷一四一及中興禮書卷二九七均作「學士」。

〔六八〕案：翟汝文卒年，本書卷五四紹興十年十月末已記載。此處又載，兩處必有一誤。考繫年要録分别於卷一三八紹興十年九月庚子及卷一四二紹興十一年十一月戊寅記載翟汝文薨。未知孰是。待考。

〔六九〕時有上殿官鮑琚頗疏通　「上殿官」，繫年要録卷一四一作「軍器少監」。

〔七〇〕知閤門事韓恕奉使金虜　「虜」原作「敵」，據皇朝中興紀事本末卷五七改。下同。

〔七一〕案：繫年要録卷一四三繫於「十二月庚午」。

〔七二〕金虜萬户通檢孛堇屯渭北　「虜」原作「人」，「檢」原作「吉」，據皇朝中興紀事本末卷五八改。

〔七三〕政遣裨將單騎突出陣後山上　「單」，皇朝中興紀事本末卷五八及繫年要録卷一四二作「將」。

〔七四〕陽爲麾軍　「陽」原作「揚」，據皇朝中興紀事本末卷五八及繫年要録卷一四二改。

〔七五〕虜望見　「虜」原作「金人」，據皇朝中興紀事本末卷五八改。

〔七六〕丙子　繫年要録卷一四二據日曆繫於「戊寅」。

〔七七〕左僕射秦檜乘此治飛　「左」原作「右」，據前文及繫年要録卷一四二改。

〔七八〕案：韓世良被罷，繫年要録卷一四二癸巳條注文考證云：「此事在今年四月，克蓋誤也。」

〔七九〕金虜大酋兀朮率衆復侵泗州　「虜」原無，「酋」原作「帥」，據皇朝中興紀事本末卷五八補、改。

〔八〇〕伺賊進止　「賊」原作「敵」，據皇朝中興紀事本末卷五八改。

〔八一〕虜騎久不至　「虜」原作「敵」，據皇朝中興紀事本末卷五八改。下同。

〔八二〕嘉州界外虛恨蠻人歷堦等　「恨」原作「限」，據繫年要録卷一四二改。

〔八三〕遣蠻將軍葉遇帶蠻子送大猷等還本州　「葉遇」原作「葉過」，據皇朝中興紀事本末卷五八及繫年要録卷一四二改。

〔八四〕委知峩眉縣梁端修同權中鎮寨曹謹修於界首與之折箭　「梁端修」，繫年要録卷一四二作「梁端」，并考證熊克誤。「曹謹修」，繫年要録卷一四二作「曹慎修」，蓋避孝宗名諱改。

〔八五〕齊威王封即墨而烹阿　「齊威王」原作「齊宣王」，據皇朝中興紀事本末卷五八及繫年要録卷一四二改。
〔八六〕時虜遣行臺户部侍郎蕭毅　「虜」原作「金」，據皇朝中興紀事本末卷五八改。下同。
〔八七〕嚴環列則適駭虜情　「虜」原作「敵」，據皇朝中興紀事本末卷五八改。
〔八八〕願公救之　「願」原脱，據皇朝中興紀事本末卷五八補。
〔八九〕案：繫年要録卷一四六紹興十二年七月己酉條注文考證云，張澄遣户部尚書在紹興十二年十一月。小曆誤。
〔九〇〕又以珊瑚株等助臣下　「株」原作「林」，據廣雅本、皇朝中興紀事本末卷五八及繫年要録卷一四三改。
〔九一〕己卯　原作「乙卯」，案本月乙丑朔，無乙卯，據繫年要録卷一四三改。
〔九二〕飛坐金人侵淮南　「淮」原脱，據皇朝中興紀事本末卷五八補。
〔九三〕今秘閣修撰主管玉隆觀薛弼嘗遊其門　「玉」原作「王」，據皇朝中興紀事本末卷五八改。
〔九四〕其事體莫須有　「莫」，皇朝中興紀事本末卷五八作「必」。
〔九五〕因争之　「因」，皇朝中興紀事本末卷五八作「固」。
〔九六〕屢勝强虜　「虜」原作「敵」，據皇朝中興紀事本末卷五八改。
〔九七〕此據野史　「野」原作「里」，據皇朝中興紀事本末卷五八改。

中興小紀卷三十

紹興十二年歲在壬戌春正月癸卯，【新輯】上謂宰執曰：「朕於宮中無嗜好，惟觀書考古人行事，以施於政。凡學必自得乃可用。苟學無可用，第與古人點姓名，何所益也？」（輯自皇朝中興紀事本末卷五九）

樞密使張俊措置江淮戰守回，參議官以下分三等推恩，行府結局。俊乞罷樞務，不許。且薦其將定遠軍節度使田師中掌故岳飛之兵，又薦清遠軍節度使王德往金陵。於是，並詔爲御前都統制。師中於鄂州〔一〕，德於建康駐劄。此據野記修入。

戊申，言者論敷文閣待制、知徽州朱芾，秘閣修撰、知宣州李若虛，皆嘗爲岳飛謀議官，主帥有異志，而不能諫，望黜以示戒。詔並落職。

初，奉使何鑄、曹勛等至金國，見其主亶於春水開先殿〔二〕，具陳上意，力加祈請，伏地者再。鑄不能言，虜主令起之〔三〕，曰：「先朝已如此行，豈有輒改〔四〕？」勛反覆懇請，語甚切至。虜主首肯數四。大酋兀朮傳命〔五〕，使之歸館。尋有館伴張鈞來言：「皇帝及國王見使人所言甚喜，次第有恩也。」是晚，館伴耶律紹文等到館，又傳虜主命：「早來使人上殿，所請宜允。」仍出回書示之，有許還梓宮及太母語。至是，勛等以書歸〔六〕，羣臣猶疑，獨上兩操和戰之策，以兵威摧折虜勢〔七〕，而厚禮至誠，以感動之。虜雖驕暴，亦回心革面，以順上之志也。

是月，太保、萬壽觀使劉光世卒於行在〔八〕。後謚曰武僖。光世遺奏，援例乞免其家差徭科斂。中書舍人張擴持之，以爲不可。時擴在後省，見事有不當人心者，皆爲上言之。

二月辛未，詔建國公某出外第。丁丑，〔九〕進封普安郡王，王天性忠孝，自幼育宮闈，晨省昏定，未嘗離膝下，上與皇后尤所鍾愛〔一〇〕。至是，出就外第。初，太祖受命北征，次于陳橋，軍中有知星者苗訓，引親吏楚昭輔仰視日色，其下復有一日，訓舉手加額曰：「此天命也。」及王既受封，有日者尤若訥私謂：「普乃『並、日』二字，合乎易所謂『明兩作離』。」蓋不特同符藝祖，而大人繼明照四方之象已兆于此矣。

己卯，【新輯】殿前都指揮使楊沂中賜名存中。（輯自皇朝中興紀事本末卷五九）

殿中侍御史胡汝明論監司不按州縣之吏，壬午，上謂宰執曰：「汝明所論甚當，朝廷分道命使，正要幾察州縣，可申嚴行下。若州縣贓污不法，而監司不能按，致有臺諫章疏者，當併黜之。」汝明，黟縣人也。

己丑，詔：「吏部尚書吳表臣、禮部尚書蘇符、侍郎陳桷〔一一〕、郎官方雲翼，討論典禮，不詳具祖宗典故，專恃己意，懷姦附麗。可並罷。」雲翼，永嘉人也。

三月【新輯】辛亥，上謂宰執曰：「朕兼愛南北之民，屈己講和，非懼於用兵也。若敵國交惡，天下受弊，朕實念之。今通好休兵，其利博矣。士大夫狃於偏見，以講和爲弱，以用兵爲强，非通論也。」（輯自皇朝中興紀事本末卷五九）

貢院上博學宏辭合格人京官洪遵，選人沈介、洪适。詔賜遵出身，适同出身，介循一資。介，德清人；遵、适，皆徽猷閣待制皓子也。皓奉使，久在虜中〔一二〕，至是，和議定，皓報太后歸耗。辛酉，宰執賀太后來有期，上曰：「洪皓身陷虜區〔一三〕，乃心王室，誠可嘉也。二子並中詞科，亦忠孝之報。」遂詔遵館職，适勅局删定官。自中興設詞科以來，即入館，自遵始。上又言：「遵之文於三人中最勝。朕謂文貴適用，若不適用，譬猶畫虎刻鵠，何益於事哉？」

知貢舉、給事中鄱陽程克俊上合格進士何溥等，仍乞以取應宗子善能附正奏名試〔一四〕，以示勸奬。上謂宰執曰：「天孫之貴，溺於晏安，往往自陷非法。若一以邦典繩之，則非所以示惇睦之恩；置而不問，又無以立國家之法。惟擇其好學從善者，稍加崇異，以風厲其餘，是亦教化之術也。」

乙卯，上御集英殿策試，遂賜陳誠之以下二百五十三人及第、出身。初，秦熺第一，熺有官，左僕射檜子也，遂降第二。溥，永嘉人；誠之，侯官人也。

川陝宣撫副使胡世將時在鳳州之河池，方結陝西、河東忠義首領，俾爲内應。而朝廷與金虜講和〔一五〕，就差川陝宣諭使鄭剛中照舊吴玠、劉豫所管，分晝地界。世將奏秦、商二郡元不係玠所管，合自二州以南爲界，惟和尚原係玠立寨，元非劉豫地分，宜依舊保守。且言：「探報虜人欲以鐵山爲界，果爾，鐵山在河池縣裏，則和尚原等關隘悉爲所占，其四川並無限隔。雖金州殺金坪、仙人原稍險，别有平路，得以入川，利害灼然，不可許也。」時，世將已病，丙辰，卒。尋詔川陝津置其喪以歸。

夏四月丁卯，上曰：「孫近嘗言：『用人乃人主獨斷，不可委之臣下。』朕以爲用人雖人主之權，然深宫之中安能盡知賢否？惟在論一相耳。一相得人，遴簡乃僚而薦之，則人主當斷而用之。若人君好要則百事詳，好詳則百事荒，此善論人君之道者也。」

廣西買馬，歲額一千五百匹，而去年買發二千四百匹。至是，詔經略使胡舜陟，提點買馬官、知邕州俞儋以下，各進一秩。

上以淮上用兵，成不戰却敵之功。丙子，詔推恩宰執。於是，秦檜等言：「此皆睿筭無遺，諸將戮力，臣等何功之有？」上曰：「漢高祖善馭羣臣，每諸將奏功，必賞蕭何、張良，蓋以指蹤之功也。卿等同寅輔朕，以底成績，朕何敢忘？」檜等再拜而退，相謂曰：「君能下下以成其政，何以仰稱隆遇之意哉？」

兩浙漕臣王喚等進銀，以助迎奉兩宮之費。【新輯】辛巳，詔令户部別椿，專充迎奉文用。上曰：「若常賦之外，不取於民，庶幾副朕愛民之意。朕在宫中，服食器用，惟務節儉，不敢分毫妄費。常戒左右曰：『此中視錢物不知艱難，民雖一錢，亦不易出。』周公作無逸戒成王，惟在知小民之艱難，朕不敢妄也。」（輯自皇朝中興紀事本末卷五九）

己丑，皇后邢氏已上仙，丁亥，訃音纔至〔一六〕。於是，太常寺討論服制。上謂宰執曰：「先王制禮，無過不及，適于中而已。宜參古今之制，使等威有辨，而合於禮，庶可垂法於後世也。」

金虜遣其臣烏陵贇謀至陝西〔一七〕，議分地界，川陝宣諭使鄭剛中出白馬關外見之，贇謀欲盡取階、成、岷、鳳、秦、商六州，指鐵山以西爲界。剛中曰：「此難即割，須俟旨可也。」贇謀曰：「講和而不退和尚原兵，何也？」剛中曰：「割地之旨朝下，兵晚退矣〔一八〕。」贇謀不能奪。剛中乃上奏曰：「秦、商二州并和尚原，皆陝、蜀要害，不可許也。」〔一九〕其後，割秦、商地之半，棄和尚原，仍於大散關内得興趙原，以爲控扼之所。

五月甲午，就除剛中端明殿學士、宣撫副使。先是，宣撫司嘗居閬中，自移于河池縣，饋餉不繼，人以爲病。剛中奏移司利州，務從省費。既而，剛中欲移屯一軍，都統制楊政不從，剛中呼政語曰：「宣撫欲移軍而都統制不肯，某雖書生，不畏死也。」聲色俱厲，政即日聽命。

丙申，詔于盱眙軍置榷場，其後安豐軍、光州皆置〔二〇〕。

甲辰，詔諸州無教官處，令尚書省選差。既而，禮部立到試教官法，上謂宰執曰：「士大夫不可不學，惟學故能考前世興衰治亂，以爲龜鑑，則無過舉，而政皆適當矣。朕在宮中，未嘗一日廢也。」立法在是月乙卯，今聯書之。

丙午，詔禮部住給度僧牒，雖特旨，亦令執奏。先是，臨安府乞度牒修觀音殿，上不與，第給錢五千緡。上曰：「朕觀人主欲消除釋、老二教，或廢其像，或廢其徒，皆不適中，往往愈熾。今不放度牒，可以漸消，而吾道勝矣。」

庚戌，工部尚書莫將等議上大行皇后謚曰懿節。

先是，上以太后回鑾，普天同慶，可召和氣。猶慮諸處以奉迎爲名，緣此科率，却致嗟怨。已降詔悉令户部自支，不侵諸州經費，庶不擾民。

言者論：「夔路有殺人祭鬼之事，乞嚴禁止之。」己未，上謂宰執曰：「此必有大巫唱之，但治巫，則此自止。西門豹投巫于河，以救河伯取婦，蓋知此道也。」

六月甲子，大金國送觀文殿學士、前東京留守孟庾〔二一〕，徽猷閣待制、前知淮寧府李正詔放罪民還朝。庾等奏：「昨兵渡河，不能死節，陷身辱國，乞正典刑。」詔放罪，任便居住。在是月癸未，今聯書之。

乙亥，宰執奏上殿官晏孝純乞禁止父母在，別籍異財之事。上曰：「此固當禁。然恐行法有弊，州縣之吏科率不均，民畏户口大而科率重，不得已而爲，誠可憐者。宜併申嚴科率之條。」於是，秦檜等仰歎聖聰周知民情如此。

時川陝都統制吳璘入覲，上問璘前此所以勝敵之方，璘曰：「先令弱者出戰，强者繼之。」丁丑，宰執奏璘功賞事〔二二〕，上因以璘所對語之，且曰：「璘善用兵，此正孫臏三駟之説，一敗而二勝者也。」上又曰：「當須令適中，政有賞罰，如醫之用藥，不及則不能治病，太過又傷氣也。」

時有學子上書，乞用王安石三經新義，爲言者所論。癸未，上曰：「六經所以經世務者，以其言皆天下之公也。若以私意妄説，豈能經世乎？王安石學雖博，而多穿鑿以私意，不可用。」

甲申〔二三〕，宰執奏言者所論鹽禁事。上曰：「古今事異，今國用仰給煮海者十之八九，豈可捐以與人？散利雖王者之政，然使人專利，亦非政之善也。吳王濞之亂，漢實使之。使濞不專煮海之利，雖欲爲亂，得乎？」

初，興元府有六堰，引褒水溉民田，至數千頃，故漢中地極膏腴。兵興以來，歲久弗治，堰壞而田多荒。至是，帥臣武當軍節度使兼川陝宣撫司都統制楊政，率衆修復，偶夏水堤決，政親往督役。其後堰成，歲省漕計二十餘萬石。又城南並漢江岸水數至城下，政仍作長堰捍之，水遂趨南岸，城賴以安。

是年〔二四〕，召宣州觀察使趙密於建康，爲龍神衛四廂都指揮使、主管步軍。

秋七月，言者論：「福州僉書判官胡銓，文過飾非，用欺羣聽。士之無知者，往往從而宗之。望竄斥以爲惑衆之戒。」癸巳，詔銓除名，新州編管。

皇太后回鑾，大金國遣少府少監高居安等扈送〔二五〕。甲午，起發。

癸卯，【新輯】上諭宰執曰：「吳璘説川、陝可招衛兵，今璘尚留此，可諭鄭剛中令處之。」仍更呼璘與議。璘又言：「胡世將嘗招得數千人，近緣歲飢，皆餓死。今必有流民願就招者。」

時，（輯自皇朝中興紀事本末卷六〇）吳璘乞用初任團練承宣使，爲其子換文資〔二六〕。上許之。中書舍人張擴以爲不可。乙卯〔二七〕，上謂宰執曰：「武臣換文資，恐將帥之材後難得矣。」張俊曰：「須試而後換文可也。」上曰：「俊言甚是，宜降指揮，以革其後。」上因舉杜甫詩「將軍不好武，稚子總能文」之句，謂甫意蓋有在也。於是，秦檜等仰見聖心之不忘武備如此。

戊申，宰執奏事，因論車服有用玉者。上曰：「將來郊廟玉器當先製。朕觀今所用祭器皆别，山樽自有山樽之制，犧樽自有犧樽之制，如玉甇、玉爵之類，今皆未備，豈可不先製也？」上尊事天地，奉先思孝，故凡服食器用，必以祀事爲先。秦檜等不勝嘆服。

上自南巡，儀物草創。至是，諸王宫教授石延慶言：「國朝郊廟大禮，有三駕之制，恭聞皇太后鑾輿還闕，陛下將迎于郊，而儀衛未講。望詔大臣集禮官蒐舉往憲。」有詔車輅儀仗委工部尚書莫將、户部侍郎張澄，同内侍邵諤制造。己酉，太常寺言：「五輅之制，惟玉輅以玉飾之，今當先玉輅。又按本朝黄麾仗，共二千二百六十五人，其數最爲酌中，欲依此製造。」從之。

是日，上又諭宰執曰：「吴璘功賞事早與了，使之歸。」秦檜曰：「已與張俊議，呼璘到堂面定，庶幾允當。」上可之。且曰：「賞須令適中。今日邊面正賴將士協力守之，賞須當，乃慰其意，且免姦人動摇軍情也。」

大金國遣金吾衛大將軍完顔宗賢、秘書監劉裪等來。

癸丑，上謂宰執曰：「郡守條上五事，其間頗有可采。又有欲衡見行法者，宜詳之，可行即行。」秦檜曰：「如莊綽所上，有可行者。」何鑄曰：「守臣中有志於民者，所論定不苟。」

上曰：「然。」於是，檜等仰見上厲精庶政，臣寮所上利害，躬覽不怠，如此，中興豈難致乎？

時因有宗子犯法，乙卯，上謂宰執曰：「見宗學教官，令日率宗子講書作功課，庶使用心，不爲惡事。」於是，秦檜等仰見上留意宗子，以教爲先，惇叙之實，莫大於此。

上殿官宇文剛言：「湖外米賤，乞行收糴。」戊午，上諭宰執，令即行之。且曰：「水旱，堯、湯所不能免，惟有以備之，則民免流移之患也。」

八月乙丑，宰執奏湖北帥臣劉錡言沅州猺人作過事。上曰：「蠻夷但當綏撫，不可擾之，慮致生事。」於是，秦檜恭稟聖訓，以諭錡焉。

丙寅，皇太后渡淮。

言者論：「端明殿學士、僉書樞密院何鑄，首董岳飛之獄，閱日滋久，初無一言叙陳。既而，以樞臣使虜〔二八〕，乃謂以讞獄不合，遂致遠行。」又言：「飛之獄，本其徒所告，反狀甚明。而鑄所遷延，乃在黨惡。」遂罷鑄，以本職提舉太平觀。尋詔落職，責徽州居住。既又論殿中侍御史胡汝明及察官歸安施鉅、長洲李益〔二九〕，皆鑄所薦。詔悉與外任。

先是，迎護梓宮，當差大臣，而左僕射秦檜辭不行。乃詔少保、判紹興府孟忠厚爲迎梓宮禮儀使，又以參知政事王次翁爲迎太母禮儀使，並往楚州迎接。戊辰，上問宰執曰：

「界首猶未得皇太后的報〔三〇〕。」秦檜曰：「據王次翁奏，九日可到界首，以理揆之，此事必不爽約。前蕭毅行，陛下明與約言，若太后果還，自當謹守誓約，如今歲未也，則誓文爲虛設，此最切當。」上曰：「亦以此事卜和議諧否，若還我太后，則是大金亦守和議也。」

【新輯】甲戌，以御史中丞萬俟卨爲參知政事、充大金報謝使，保信軍承宣使邢孝揚副之。上顧卨曰：「勉爲朕行。」卨對曰：「陛下屬時艱難，嗣承大統。日者獨斷，屈己銷兵，以交與國，天人同符。捷逾響報，送往事居，悉如聖志，臣將命絶域，實與榮焉。」（輯自皇朝中興紀事本末卷六〇，參考宋宰輔編年録卷一六）

皇太后回鑾已近，辛巳，上至臨平鎮奉迎。上入幄朝見，宰臣、文武百官班幄外起居。上初瞻慈容，喜深感極，淚濕龍綃〔三一〕。軍衛歡呼，聲震天地。父老童稚，携持夾道擁看，以手加額，咸歎曰：「不圖復見今日聖神子母之重驩如此也〔三二〕！」太后以北方聞太傅、醴泉觀使韓世忠名，召至簾前，曰：「此爲韓相公耶？」慰問良久。

【新輯】壬午，皇太后還居慈寧宮。太后雅性清浄，不喜喧囂，聰明有遠慮。雖自古賢后，無以過之。上因夜侍慈寧，語良久，冀以順其意。太后令上早卧，且曰：「聽朝宜早起，不然恐妨萬機。」上不欲遽離左右，太后遂示以倦意，上不得已，恭揖而退。太后復坐，凝然不動，遂解衣登榻，交足而坐，至三四鼓而後就枕。其静專如此。又嘗謂：「給使者不必

分，宜通用之。蓋分則自爲彼我，其間佞人希旨，必肆間言，自古兩宮失懽，未有不由此者。」（輯自皇朝中興紀事本末卷六〇）

乙酉，上以語秦檜等，且言：「太后既歸，宮中事一切不復顧矣。」於是秦檜等仰歎聖德之至，宜其篤生上聖，以建中興，而鑾馭言旋，爲天下之母也。

徽宗及顯肅、懿節二后梓宮回，己丑，上至臨平迎奉以歸。初，太常少卿施坰請於皇城近處權設龍德別宮，至是，即奉安焉。

九月乙未，以少保、護國軍節度、判紹興府信安郡王孟忠厚爲樞密使〔三三〕。

戊戌，詔皇太后俸錢月一萬貫，冬、年、寒食、生辰，各二萬貫，生辰加絹一萬匹。

左僕射秦檜進所撰徽宗哀册。辛丑，上諭檜曰：「哀册極佳，蓋語皆紀實故也。向昭慈挽詞，衆人所作，文雖可觀，皆不紀實。朕當時所撰，有『俯隨遺詔日，猶想御簾時〔三四〕』。要紀實爾。」檜曰：「向陛下書扇賜經筵官，皆當其實。」上曰：「朕閱唐史，見太宗面評羣臣才德短長，似有所感。朕所書皆杜甫詩，蓋因以見意也。」

有阿李者，本乾明寺尼，法名善靜，因被擄在北界，詐作柔福帝姬逃歸。後朝廷差宣政使馮益并宗婦吳心兒往紹興府識認，遂收入內，加爲福國長公主，降駙馬都尉高世榮。至是，因內侍李愕等隨梓宮回〔三五〕，具言柔福帝姬在北界降徐還，去年已死，還近自北界以其骨歸，後因還父中立訴于朝，遂下法寺勘實。是日辛丑〔三六〕，詔阿李杖死，益、心兒以識認不審，編管外州。

乙巳，少保、左僕射秦檜加太師，檜面辭新命。上曰：「梓宫歸喪〔三七〕，慈寧就養，皆卿之功。此未報百分之一，不必辭也。」

詔福建官買茶送榷場，仍戒有司，即時支價錢。上曰：「官中買物，往往不即支還價錢，故人憚與官交易。」蓋上通察民情如此。

戊申，詔參知政事王次翁充大金報謝使，德慶軍節度錢愐副之〔三八〕。

製玉輅畢工。

大金國遣中書侍郎劉筈〔三九〕、刑部尚書完顏宗表等來。庚戌，引見〔四〇〕。

以給事中、直學士院程克俊爲翰林學士。

辛亥，詔差内侍藍珪主管慈寧殿事務。上謂宰執曰：「朕戒諸人，凡有闕，不得白太后，只來白朕。蓋太后年已六十，惟胷中無一事，動作如意，即壽考康寧無窮矣。」於是，秦檜等仰服聖孝，以謂養志曾參之所難，而上優爲之。此舜之盛德也。

初，中書舍人張擴爲左僕射秦檜所知，不數年至侍從，屢繳詞頭，人多不樂。至是，吏部引赦行詞，擴每秉燭草制，言者謂其太遽，而文不工。擴乃罷去〔四一〕。

丁巳〔四一〕，詔户部侍郎沈昭遠爲大金賀生辰使，知閤門事王公亮副之。新除中書舍人楊愿爲大金賀正旦使，知閤門事何彦良副之。愿，山陽人也。

冬十月壬戌，言者論：「錢塘駐蹕之地，而城壁摧剥，儻不加飾，何以肅遠近之瞻？況臨安府昨被旨置回易庫，收其嬴以備此舉幾年矣，今宜取而用之。」詔臨安府措置。

初，卜地爲永固陵，得于紹興府會稽山昭慈聖獻后殯宫之西北。乃遣中丞萬俟卨，又詔資政殿學士鄭億年相繼按行，皆以其地可用。丙寅，權殯徽宗聖文仁德顯孝皇帝及顯肅、懿節二后〔四三〕。

戊寅，詔隨從梓宫官吏，扶護萬里，勤瘁可嘉，自内侍官李愕以下四十四人〔四四〕，推恩有差。

庚辰〔四五〕，詔鎮江府依沿海制置使例，罷帶沿江安撫使。

癸未，詔車輅院復置官吏。

甲申，皇太后生辰，始燕于慈寧宫。

時朝廷欲以福建臘茶就行在置局給賣。丁亥，詔福建見任提舉市舶官，更不兼茶政，别差官提舉茶事，置司於建州。

初，參知政事萬俟卨奉使大金國，行次汴京，奴隸輩有爲人致書訪其子者，彼之伴使以爲言。喦曰：「兩朝以玉帛相見，而後敢以私書入境。然父子之情，不過候安否爾。」發書視之，果然。及次涿州，又以南官歐擔夫告者，且曰：「一行裝齎，悉以車載，不復調夫矣。」喦曰：「歐擔夫者請得其名治之，不調夫則止於此，以聽大國之命。」伴使語塞，遂已。至是，使還，詔喦提舉詳定一司敕令。孫覿誌喦之墓曰：「喦之復命也，宰相秦檜假金人譽已數十言，屬喦紿上。喦退而歎曰：『丞相訹我面謾，吾戴天履地，忍爲此乎？』卒不從。他日，與檜議，怒，無復同寅之意矣。」

十一月庚寅，上謂宰執曰：「人君惟虛心，則事至自見。」秦檜曰：「虛心，則臣下或有迎合，亦無所逃。」上曰：「臣下迎合，孟子所謂『逢君之惡』，其罪大。」程克俊曰：「此不容誅也。」秦檜曰：「陛下虛心照臨，百官士庶，孰不精白以承休德哉？」

左朝奉大夫黄達如者〔四六〕，前守南雄州，爲提點坑冶鑄錢官韓球所按〔四七〕。至是，任滿奏事，言：「太后回鑾，梓宮還闕，茲爲盛事，望宣付史館。然後大明黜陟，異論者正典刑，主和者加旌賞。庶上慰徽宗、二后在天之靈，少紓太母滯鬱之氣。」遂擢達如爲監察御史。辛卯，禮部侍郎、直學院王賞編付史館。達如，建陽人；賞，開封人〔四八〕；球，璜弟也。

初，太師、左僕射秦檜與太傅、樞密使張俊同主和議，約盡罷諸將，獨以兵權歸俊，故俊力助其謀。及諸將已罷，而侍御史江邈數言俊之過〔四九〕。於是，俊求去位，癸巳，罷爲醴泉觀使，復還三鎮舊節，封清河郡王。邈，建德人，公望猶子也。此據野記修入〔五〇〕。

兩浙轉運副使李椿年言〔五一〕：「臣聞仁政必自經界始。自兵火之後，文籍散亡，豪民猾吏，因緣爲姦。有田者未必有税，有税者未必有田。富者日益兼併，貧者日益困弱，皆由經界不正。」且言：「其利害有十。臣比訪得平江府歲收七十萬石，著在石刻，今按籍雖有四十萬〔五二〕，而實入纔二十餘萬，皆以爲逃田。嘗聞朝廷有按圖覈實之請，其事始於吴江縣，而知縣石公轍盡復其數，蓋按圖而得之也。欲望陛下斷而行之，將吴江之驗施之一郡、一路以及天下，則經界正，而仁政行矣。」上謂宰執曰：「椿年之論，頗有條理。」秦檜曰：「其説簡易可行。」程克俊曰：「比年百姓避役，止緣經界不正，若行之，誠公私之久利也。」乃詔專委椿年措置。椿年請：「先往平江諸縣，俟其就緒，即往諸州，要在均平，爲民除害，更不增税額。」從之。椿年遂即平江創經界司，於是，守臣周葵見椿年曰：「今欲均税耶？增税耶？」椿年曰：「何敢增税。」葵曰：「若不欲增税，何言本州苗米七十萬石？」椿年曰：「倉記云爾。」葵曰：「倉記云穀七十萬石，謂倉中所容總數耳。五穀皆穀也，豈獨米乎？」椿年曰：「審爾，則用圖經三十萬爲準。」未幾，葵罷去。

【新輯】初，言者屢請復太學以養人材，上以戎事未暇。至是，上謂宰執曰：「太學，教化之原。宜復祖宗舊法。」程克俊曰：「東晉設學于鼎沸之中，今兵息矣，興學正其時也。」秦檜曰：「久有此議，今當舉行之。」（輯自皇朝中興紀事本末卷六〇）己亥，始詔立太學養士。既而，權以三百人爲額，仍復置祭酒、司業、博士、正、録等官〔五三〕。

初，永固陵殯宫，以户部侍郎張澄爲橋道頓遞使。澄熟知會稽地里，自發引至復土反虞，皆先事而備。至是，遷澄爲尚書〔五四〕。

右諫議大夫歙縣羅汝楫言：「陛下近因臣寮之奏，以前日異論者，明正典刑，此誠今之先務。然初定議和，而謗議紛然，往往出於愚而無知，不足深責。惟趙鼎、王庶、曾開、李彌遜四人者，同心併力，鼓率其黨，必欲沮害此事。賴皇明洞照，不惑浮言。今開與彌遜，尚以美職而食祠禄，失刑已甚。望賜貶黜。鼎、庶見在謫籍，近赦恐合量移，乞令有司勿復舉行，亦足少懲。」丙午，詔從之。於是，開、彌遜並落職。汝楫又言：「前殿中侍御史張戒最與鼎厚，引居言路，凡鼎之風旨，奉承不暇，故助鼎以沮和議。鼎罷相，戒失所賴，復請留之。既被黜，則往依岳飛於江夏，其趨操可知。」庚戌，詔停戒官。

少保、樞密使孟忠厚求去位，罷爲少傅，依舊信安郡王、判福建〔五五〕。既而，與知建康府、觀文殿學士葉夢得兩易其任。時，閩中之寇未平，詔夢得挾御前將士便道之鎮〔五六〕。

十二月庚申，上謂宰執曰：「梁汝嘉頃爲户部尚書，號稱經制財用，徒耗官錢，公私交易，無補於國，爲汝嘉身謀則得矣，如國計何？」

初，命户部尚書張澄等詳定重修六曹寺監庫務敕令格式〔五七〕。至是，書成，壬申，太師、左僕射秦檜上之。

言者爲南巡以來，三歲之祀，獨於明堂，而冬至郊天，曠歲未舉。今既治安，願於來歲用郊祀之儀，庶應祖宗故事。詔禮部、太常寺討論申省。

甲申，上曰：「祥瑞何用？朕所不取。唯年穀豐登，乃莫大之瑞也。」

〔校勘記〕

〔一〕案：繫年要録卷一四四壬寅條注文考證云：「師中之除，在三月丁未。」熊克繫於此誤。

〔二〕見其主亶於春水開先殿　「開先殿」，金史卷四熙宗紀及卷二四地理志作「天開殿」。

〔三〕虜主令起之　「虜」原作「金」，據皇朝中興紀事本末卷五九改。下同。

〔四〕豈有輒改　「輒」原作「輙」，據廣雅本及皇朝中興紀事本末卷五九改。

〔五〕大酋兀朮傳命　「酋」原作「帥」，據皇朝中興紀事本末卷五九改。案：繫年要録卷一四四二月戊子考證：「自去冬及今春，兀朮皆在軍中，但遣鑄往北地。」

〔六〕案：何鑄、曹勛等出使回，繫年要録卷一四五繫於「五月乙卯」，并以小曆繫於正月末誤。

〔七〕以兵威摧折虜勢　「虜」原作「敵」，據皇朝中興紀事本末卷五九改。下同。

〔八〕案：劉光世卒年，繫年要録卷一四七繫於「紹興十二年十一月辛丑」，并考證云：「熊克小曆載光世薨在今年正月，蓋林泉野記之誤，而克又因之。」

〔九〕詔建國公某出外第丁丑　「某出外第丁丑」原脱，據皇朝中興紀事本末卷五九補。

〔一〇〕案：繫年要録卷一四四丁丑條注文考證：「熊克小曆云：『上與皇后尤所鍾愛。』蓋因張闡聖德事蹟所云也。

案：此時憲聖慈烈皇后初封婉儀，鬮所云乃追書之耳。克不考詳，是以小誤。」

〔一一〕侍郎陳桷　「桷」原作「桶」，據廣雅本及皇朝中興紀事本末卷五九改。

〔一二〕久在虜中　「虜」原作「敵」，據皇朝中興紀事本末卷五九改。

〔一三〕洪皓身陷虜區　「虜區」原作「敵國」，據皇朝中興紀事本末卷五九改。

〔一四〕知貢舉給事中鄱陽程克俊上合格進士何溥等仍乞以取應宗子善能附正奏名試　「進士何溥等仍乞以取應」原脱，據皇朝中興紀事本末卷五九補。

〔一五〕而朝廷與金虜講和　「虜」原作「敵」，據皇朝中興紀事本末卷五九改。下同。

〔一六〕丁亥訃音纔至　「丁亥」，繫年要録卷一四五繫於「辛巳」。

〔一七〕金虜遣其臣烏陵贊謀至陝西　「虜」原無，據皇朝中興紀事本末卷五九補。

〔一八〕兵晚退矣　「兵」原脱，據皇朝中興紀事本末卷五九補。

〔一九〕案：繫年要録卷一四六紹興十二年八月辛酉條注文考證，此段記載與費士戣根據案牘寫成的蜀口用兵録所載全不同，因此疑是綱中行狀飾説。

〔二〇〕丙申詔于盱眙軍置榷場其後安豐軍光州皆置　案：繫年要録卷一四四癸卯條注文認爲錯誤，并考證云：「蓋是日户部狀云：『近承指揮，於盱眙建置榷場。』而克誤以爲事始耳。兼盱眙升軍在五月辛丑，克重疊差誤。」「安豐軍」原作「安撫軍」，據皇朝中興紀事本末卷五九改。

〔二一〕大金國送觀文殿學士前東京留守孟庾　「觀文殿學士前東京留守」，繫年要録卷一四五作「前觀文殿學士東京留守」，并考證云：「案：庾紹興十年閏六月已追奪官職，克不詳考耳。」

〔二二〕辛執奏璘功賞事　「事」原作「士」，據廣雅本及皇朝中興紀事本末卷五九改。

〔二三〕甲申　繫年要録卷一四五繫於「壬午」。

〔二四〕案：繫年要録卷一四七繫於十一月丙午，所以此條應移至本年末爲宜。

〔二五〕大金國遣少府少監高居安等扈送　「少府」原脱，據皇朝中興紀事本末卷六〇補。

〔二六〕爲其子换文資　「换」原作「授」，據皇朝中興紀事本末卷六〇改。

〔二七〕乙卯　案：據干支順序，應在下條戊申之前。繫年要録卷一四六於戊申記載吴璘兒子吴援因换文資而試策一道。因此「乙卯」當是「乙巳」之誤。

〔二八〕以樞臣使虜　「虜」原作「金」，據皇朝中興紀事本末卷六〇改。

〔二九〕長洲李益　「李益」原作「李溢」，據皇朝中興紀事本末卷六〇及繫年要録卷一四六改。

〔三〇〕界首猶未得皇太后的報　「的」原脱，據皇朝中興紀事本末卷六〇及繫年要録卷一四六補。

〔三一〕淚濕龍綃　「濕」原作「温」，據廣雅本及皇朝中興紀事本末卷六〇改。

〔三二〕不圖復見今日聖神子母之重驩如此也　「今日」原脱，據皇朝中興紀事本末卷六〇補。

〔三三〕以少保護國軍節度判紹興府信安郡王孟忠厚爲樞密使　「護國軍」，繫年要録卷一四六作「鎮潼軍」。

〔三四〕猶想御簾時　「猶想」，皇朝中興紀事本末卷六〇作「尤以」；繫年要録卷一四六作「猶似」。

〔三五〕因内侍李愕等隨梓宮回　「李愕」原作「李鄂」，據皇朝中興紀事本末卷六〇及繫年要録卷一四六改。

〔三六〕是日辛丑　「辛丑」，繫年要録卷一四六繫於「甲寅」，并在注文考證云：「熊克小曆載此事于辛丑，蓋誤。今依日曆附此。」

〔三七〕梓宮歸喪　「喪」，皇朝中興紀事本末卷六〇及繫年要録卷一四六作「葬」。

〔三八〕德慶軍節度錢愐副之　「德」原作「得」，據廣雅本、皇朝中興紀事本末卷六〇及繫年要録卷一四六改。

〔三九〕大金國遣中書侍郎劉筈「筈」原作「筈」，據皇朝中興紀事本末卷六〇及繫年要録卷一四六改。

〔四〇〕案：繫年要録卷一四六庚戌條注文考證：「筈等丙午日已朝見，此日乃再引見也。熊克小曆于此始書之，蓋誤。」

〔四一〕案：繫年要録卷一四六辛亥條注文考證：「熊克小曆于此書張（廣）〔擴〕罷中書舍人，實甚誤矣。（廣）〔擴〕于此始爲舍人，其罷乃在明年六月。」

〔四二〕丁巳　案：繫年要録卷一四六繫於「甲寅」，並在注文考證云：「熊克小曆載遣生辰正旦四使，在九月丁巳，誤也。生辰使已先見五月乙未。愿等九月丁巳乃降旨借官。克不細考耳。」

〔四三〕權殯徽宗聖文仁德顯孝皇帝及顯肅懿節二后「德」原作「聖」，據皇朝中興紀事本末卷六〇、宋史卷一〇九禮志及中興禮書卷一〇八改。

〔四四〕自内侍官李愕以下四十四人「李愕」原作「李鄂」，據皇朝中興紀事本末卷六〇及繫年要録卷一四七改。

〔四五〕庚辰　案：繫年要録卷一四七繫於「辛巳」，并以小曆誤。

〔四六〕左朝奉大夫黄達如者「左朝散大夫」，繫年要録卷一四七作「左朝散郎」，并以小曆誤。

〔四七〕爲提點坑冶鑄錢官韓球所按「點」原作「黜」，據廣雅本、皇朝中興紀事本末卷六〇及繫年要録卷一四七改。

〔四八〕賞開封人「開封」，皇朝中興紀事本末卷六〇作「眉山」。

〔四九〕而侍御史江邈數言俊之過「侍御史」，繫年要録卷一四七作「殿中侍御史」，并以小曆誤。

〔五〇〕此據野記修入「記」原作「史」，據皇朝中興紀事本末卷六〇及繫年要録卷一四七改。

〔五一〕兩浙轉運副使李椿年言「兩浙轉運副使」，繫年要録卷一四七作「左司員外郎」，并考證云：「蓋李椿年自都司上此奏，乃除浙漕爾。」

〔五二〕今按籍雖有四十萬　「四十萬」，宋會要輯稿食貨六作「三十九萬」。
〔五三〕仍復置祭酒司業博士正録等官　「等」原作「管」，據皇朝中興紀事本末卷六〇改。
〔五四〕案：繫年要録卷一四七繫於「癸巳」，并考證，小曆於去年十一月已書此事，此又書之，重複差誤。
〔五五〕依舊信安郡王判福建　「信安郡」，繫年要録卷一四七作「鎮潼軍」。
〔五六〕詔夢得挾御前將士便道之鎮　「將」原脱，據皇朝中興紀事本末卷六〇補。
〔五七〕命户部尚書張澄等詳定重修六曹寺監庫務敕令格式　「定」原脱，據皇朝中興紀事本末卷六〇補。

中興小紀卷三十一

紹興十三年歲次癸亥春正月癸巳〔一〕，詔祖宗朝殿幄，悉用純綵，後來寖多文繡。今當屏去，止用緋、黄二色。既而，知信州葉三省乞宣付史館。上未允。左僕射秦檜曰：「此陛下盛德事，合付史館。」於是，檜等仰歎，真所謂示敦樸以先天下者也。三省，桐廬人也。

戊戌，加上徽宗尊謚曰體神合道駿烈遜功聖文仁德憲慈顯孝皇帝。

先是，陰雲欲雪，己亥，上親饗太廟，日霽霧澄，皆誠孝所格。禮部侍郎王賞請付宣史館。從之。

【新輯】壬寅〔二〕，左僕射秦檜等上表，乞立后，不允。（輯自皇朝中興紀事本末卷六一，參考繫年要録卷一四八）

壬子，上謂宰執曰：「近有士人進説，以爲春秋無褒，議論似偏，恐非聖人本意。」程克俊曰：「觀春秋命名，正寓褒貶賞罰之意。」上以爲然。

二月己巳，上謂宰執曰：「古今琴制不同，各有所寓。朕近出意作盾樣，示不忘武備之意。」於是，秦檜等稱贊。

時殿中侍御史晉江李文會，以朝廷方守和議，不言兵，乃奏仁義之説曰：「陛下文德柔遠，兼愛南北之民，仁也。昔金人猖獗，陛下毅然請行。既即位，猶念二聖遠狩，宵旰圖治，宗廟再安，義也。願陛下力行此道，天下幸甚。」庚午〔三〕，上謂宰執曰：「文會力陳仁義甚善〔四〕。朕今録一本，置之几案，欲常觀鑒。」

己卯，宰執奏福建安撫使葉夢得措畫弭盜之事，上曰：「盜之竊發，多緣守令非人，掊克所致。宜令帥司條具，凡有害於民者除之。」自此夢得或招、捕〔五〕、或誘之相戕，三策並用，然頗與監司相異，至交奏其事。監司謂盜魁林元仲必不可致。既而，夢得遂招致之。又俞徹明必再叛，萬少隆必大熾〔六〕，而夢得處之皆定。異議遂息。此據葉夢得行述。

【新輯】先是，國子司業高閌言：「陛下復興太學，凡養士、取士之法，當取聖裁。」上曰：「自有祖宗成法。」閌曰：「有慶曆、元豐、紹聖、崇寧法，有司未知適從。若出於聖裁，則行之乃久。」閌又奏，舊太學辟雍皆有御書，今亦乞建閣，以藏御書，仍願特灑宸翰，加惠多士。上許之。閌又奏，有一事最先，經術是也。上曰：「經不易通，士習詩賦已久，遽能使之通經乎？」閌曰：「先王設太學之意，惟講經術而已。」上曰：「近侍讀官程瑀亦論經術。」閌曰：「國初猶循唐制〔七〕，用詩賦，神宗始以經術造士，遂罷詩賦。又慮不足以盡人材，乃設詞學一科，試以雜文。」上曰：「詩賦亦雜文也。」閌曰：「取士以經義爲主，不過三場，後加詩賦爲四場，不能無礙。蓋太學之法，旬有課，月一周之。月有試，季一周之。若加一場，則課試之法遂紊。自元祐以來，雖增爲四場，終不可行者，蓋以此也。今欲經義第一，詩賦第二，論、策各一第三。」上可之。

庚辰，閎具分三場，乞永爲定式。時閎又請在學人定三年歸省之限。詔可。上曰：「舊有九年之法，徽廟方改作三年。豈有士人九年而不省其親者乎？」

舊例，廷試第一人歷任回，始得館職。時秦熺已爲秘書少監。是月，遂除左承事郎陳誠之爲正字，蓋特恩也〔八〕。（輯自皇朝中興紀事本末卷六一，參考繫年要録卷一四七紹興十二年十一月丁未條）

三月，禮部侍郎王賞奏將來郊禮宿齋處及祭等事。乙未，上謂宰執曰：「三年郊禮，止一宿，毋枉費人力，只隨宜絞縛，務從簡省。」秦檜等曰：「茲誠陛下盛德之事，臣等敢不奉詔。」

言者謂：「自元豐始廣景靈宫，以奉祖宗衣冠之遊，即漢之原廟也。自艱難以來，庶事草創，而原廟神遊，猶寄永嘉，四孟薦饗，旋即便朝設位，未副廣孝之意。望命有司擇地，倣景靈舊規，以建新廟，迎還列聖睟容，庶幾四孟躬行獻禮，用慰祖宗在天之靈。」丁酉〔九〕，詔禮部、太常寺討論中省。既遂建於新莊橋之西，其地乃故劉光世妻向氏所獻。

庚戌，上曰：「將來郊祀，詣景靈宮，可權宜乘輦，此去十里，若乘輅，則拆民居必多。」蓋上愛民之誠如此。

【新輯】言者以謂：「社稷之祠，王者所重，故漢光武東遷，則置于雒陽。國家南渡以來，上戊之祭，寓于佛祠，未副事神保民之意。望下禮官，講明擇地爲壇，以備春秋之禮。」乙巳，詔從之。（輯自皇朝中興紀事本末卷六一，參考輿地紀勝卷一郊社）

言者以謂：「吏部告身在官告院，其監官但置籍授吏，而弗預書告，萬一姦弊，無由察知。乞亦命書告。」甲寅〔一〇〕，詔從之。

兵部侍郎程瑀言：「將來郊祀用國初大駕儀仗，總一萬一千二百餘人，除已有黄麾半仗及玉輅法物儀仗外，見闕金、象、木、革四輅，望下所屬製造。」詔以纈代繡，仍差兵部郎官錢時敏、軍器監劉才邵、主簿宋貺同監視之。貺，歙縣人也。

【新輯】夏四月庚申，上諭宰執曰：「郡政以循良稱者，更與擢用，庶爲諸郡守之勸。今兵事少息，當以民事爲先，卿等且博詢之。」（輯自皇朝中興紀事本末卷六一）

辛酉，宰執奏上殿官范正國論廣南鹽事。上曰：「法必有弊而後改。若未見其弊，遽議更作，非特無利，必至爲害。凡法皆然，不止鹽也。」

癸酉，以右諫議大夫羅汝楫爲御史中丞。

前知漳州韓岊請復孝悌力田科。丙子，上曰：「漢有此科，固可以厚風俗，然祖宗時未嘗行，宜令講究，不可輕易創立。」岊，侯官人也〔一一〕。

兩浙漕臣張淑獻相度秀州華亭縣，宜置閘以捍鹽鹹潮事。【新輯】庚辰，上諭宰執，令委叔獻便置。且曰：「今邊事息，當以民事爲急，民事當以農爲先。朕觀漢文帝詔書多爲農而下，以農者天下之本。置閘，其利久遠，不可憚一時之勞也。」（輯自皇朝中興紀事本末卷六一）

丁亥〔一二〕，宰執奏事，上曰：「數日來，太后趣行册命中宫之禮，朕乞太后降一指揮，太后不肯，云：『我但知家事〔一三〕，豈豫外庭？』太后知國體，故重如此。」秦檜等曰：「太后有定命，陛下奉行可也。」

五月癸亥〔一四〕，【新輯】上諭宰執曰：「人言南地不宜牧馬，昨朕自創行，雖所養不多，方二三年，已得駒數百，此後不患不蕃。與自川、廣市來，病不堪乘，而沿路所費不少，計之一疋自省數百千〔一五〕。」秦檜曰：「儉以足用，寬以愛民。魯頌專言牧馬。」上曰：「然。」上又曰：「國家自有故事，京城門外便有孳生監，每年所得甚多，祖宗用意可見也。」（輯自皇朝中興紀事本末卷六一，參考繫年要録卷一四九）

中書舍人楊愿請依唐乾元及國朝故事，詔天下置放生池祝聖壽。乙亥，詔諸路監司措置申省。

先是，詔立聖節紫宸殿上壽儀已成，丁丑，天申節，百官上壽如儀。【新輯】壬午，上諭宰執曰：「承平時大燕，及策中宫事，太后一一能記，考之故事，所説皆同。」秦檜曰：「太后聰明如此。」上曰：「太后在虜中十六年，未與皇后相識，今此一見便相喜。如太后飲食衣服，皆皇后親自供承，太后未嘗有所需求。每云飲食衣服只取飽暖，不欲以細故擾思慮。自太后歸，朕於宫中事，更不費力，遂得專意外治。」檜曰：「時與運至，陛下凡事皆如意，正家而天下定矣。」（輯自皇朝中興紀事本末卷六一）

知大宗正、權主奉濮王事士㒟言：「自前嗣濮王仲湜權奉神貌〔一六〕，安於紹興府之光孝寺，今欲以法堂權充園廟。」從之。

臨安府并屬縣並獄空。甲申，詔獎守臣、敷文閣待制王㬇。㬇，珪孫也。

六月戊子，詔知興元府、川陝宣撫司都統制楊政，令再任〔一七〕，仍改爲四川宣撫司都統制。

臨安府宗子學生師閔、師顔訟教官鮑同不法事，己丑，上謂宰執曰：「此乃論師長，恐起告訐之風，可送宗司拘管。教官須先正己，然後可以率人，若自爲不法，人豈服之？鮑同令本府體究，果有不法，亦當黜之。」既而體究上，所論多不實。上曰：「朕不罪同，師閔、師顔須與行遣。」秦檜奏：「乞送大宗正士㒟庭訓，同不可爲教官，欲罰銅，對移別職。」從之。

殿中侍御史李文會論江陰軍僉幕蔡寀不法事。壬辰，上諭宰執曰：「不按發監司須當行遣，天下事臺諫安能盡知？監司乃朝廷耳目之官，豈可容縱不舉？且與降官，自知所畏矣。」

鄂州御前都統制田師中奏：「諸軍統制等官有老病者，已蒙朝廷與差遣離軍，今不可闕官。」乃詔鋒軍統制李道爲前軍統制，餘以次陞焉。

初，詔權住鬻度牒〔一八〕，至是壽星寺乞每歲撥放。【新輯】癸巳，上謂宰執曰：「朕觀昔人有惡釋氏者，欲非毁其教，絶滅其徒，二者皆不得其中。朕於釋氏，不使之太盛耳。獻言之人，謂賣度牒，可資國用，朕以爲不然。一度牒所得不過一二百緡，而一夫不耕，其所失豈止一度牒之利？若住撥放，十數年之後，其徒當自少矣。」（輯自皇朝中興紀事本末卷六一）

詔以故岳飛宅葺爲太學，丁酉，【新輯】知臨安府王喚言：「太學將畢工，而養士之費當預備。已撥到居民冒占白地錢，月得二千八百餘貫，養士三百，恐可足用。」詔從之。未幾，除喚爲工部侍郎。

戊戌，宰執奏鈞容直推賞事，上曰：「樂人無出官法，可與支賜及轉資。昔有教坊官求爲郡者，太祖以唐莊宗爲監，不與之，止令於樂部遷轉，此祖宗之良法也。」（輯自皇朝中興紀事

本末卷六一，參考輿地紀勝卷一臺閣）

端明殿學士、僉書樞密院事程克俊求去位，壬寅，詔依前職、提舉洞霄宮。

甲辰，宰執擬差太學官。上曰：「師儒之任，尤當遴選，須得心術正者爲之。將以經旨諭後進，萬一有邪說，學者從而化之，爲害非細。」秦檜曰：「謹遵聖訓。」

翰林學士秦梓引疾乞退。辛亥，以爲龍圖閣學士、知宣州。

先是，詔守臣到任半年，具上民間利害及邊防五事。癸丑，上謂宰執曰：「近觀諸處所奏，固有法已該載，亦有一方之便，朝廷未知者。宜委都司詳之。其便民者，即與行，無事虛文也。」

初，徽猷閣學士胡舜陟知靜江府，因奉詔捕郴賊駱科餘黨，以饋餉不繼，與廣西轉運副使呂源有隙，舜陟劾源沮軍事。時有府吏徐竿者〔一九〕，因獲罪，舜陟杖而逐之。竿乃陰求舜陟之失，得其邕州買馬折閱事以告源，源即誣奏舜陟受金。且以書抵秦檜，言舜陟非笑朝政。檜素惡舜陟，遂入其言，差大理寺丞袁柟、燕仰之於靜江府制勘。竿亦對獄，舜陟入獄二十日，至是死，人皆寃之。竿歸纔及家而卒。既而，舜陟妻汪氏訴於朝。上曰：「舜陟是從官，兼罪未至死，勘官不可不繩。」柟、仰之並送吏部。柟等送吏部，在明年二月，今聯書之。

是月，資政殿學士張徵卒。

時虜寇擾江西及閩、廣，而州縣多無備，又官兵有常屯，不敢越他界。以故賊得往來如志，環數千里，民被其害。於是，殿中侍御史李文會言：「州縣事同一家，願令三路帥臣、監司共議合兵將，以據要衝。仍定期會，共爲掩襲，使賊出輒遇兵，則竄無所逃，庶易殄滅。」從之。

秋七月己未，復置國子監書庫官一員。

禮部、太常寺修定景靈宮四孟朝獻儀。詔從之。

温州進士蔡大中上書，論人主誠心等十事，謂當有始有終，其説頗有理。詔與永免文解。〔二〇〕辛酉，上謂宰執曰：「朕觀史書，自古人君未見有始無終，而能長久者也。」秦檜曰：「終始惟一，時乃日新，有始有終，乃聖人日新之德。」上曰：「然。以唐太宗之明，而魏鄭公有不克終之戒，終始惟一，古所難也。」

帶御器械吴益以皇后受册，陳乞恩數。丁卯〔二一〕，上諭宰執，令依例與之。上曰：「皇后甚嚴，無例事必不敢乞。皇后意欲除内祠，且令閉門讀書也。」

壬申，宰執奏池州都統制王俊申乞將官陞任〔二二〕。上令樞密院：「約束諸軍，揀去老弱，存其强壯，日加訓練，以備朝廷不測差官按試。」上曰：「此事今日所當爲者，異時緩急調發〔二三〕，恐誤事也。」

時國學新成，試補生員，四方來者甚衆，幾六千人。丙子，揭榜取徐驤等三百人。驤，浦城人。

時上出孟饗，有唐突者四人，其一乃宗子，爲注籍事。八月乙酉朔，上謂宰執曰：「既來唐突，恐須有説。且令其近屬保明，若是宗室，不可使之失所。不然，須與行遣。既到朕前，當別其是非也。」

乙未，詔有司檢太宗幸學，曾令學官講經及各有恩例故事。

川陝宣撫副使鄭剛中進金一萬兩。己亥，上謂秦檜曰：「頃年張浚曾獻金三萬兩，是時錢物有餘。卿可諭與剛中，不須循舊，有餘則進。若取於民不可也。」

舊制，三年科舉，川、廣、福建例先諸路一月引試。至是，言者以謂：「駐蹕吳會，則福建爲甚近，恐試下舉人，或冒名再試他州，請以八月五日鎖院。」詔從之。

初，奉使洪皓、張邵、朱弁自金國歸，上眷皓厚。嘗曰：「雖蘇武不能過也。」是月，除皓徽猷閣直學士、提舉萬壽觀、權直學士院。時，金人取趙彬輩三十家〔二四〕，詔悉歸之。皓言：「昔韓起買環於鄭，鄭小國也，能引義不與。虜既限淮〔二五〕，按疑有脱誤。官屬皆吳人，留不遣，蓋慮知虛實也。彼方困於蒙兀〔二六〕，姑示强以嘗中國。若遽從之，彼將謂秦無人而輕我矣。」又言：「王倫輩以身徇國，棄之不取，緩急何以使人？」至是，皓見秦檜，又言：

「張浚虜所憚〔二七〕，乃不得用。」又言：「錢塘暫駐蹕〔二八〕，而景靈宫、太廟皆極土木之工，示無中原意耶？」檜不悅。

兵部侍郎程瑀遷尚書。

九月丁巳，宰執奏江東提刑洪興祖欲進石碑事。上曰：「石碑安用？不善刻者，皆失其真。學書惟視筆法精神，朕得王獻之洛神賦墨跡六行，置之几間，日閲十數過，覺於書有所得。近已寫尚書終篇，學字若便寫經，不惟字進，而經亦熟。」秦檜曰：「平時諸生，未有能寫經一部，此仰見聖學之不倦也。」

御史李文會論徽猷閣直學士、提舉萬壽觀、權直學士院洪皓，以謂皓在朝必生事，亦因及宇文虛中事。甲子，上謂宰執曰：「朕嘗觀書，見臣之事君，不可有二心，臣而有二心，春秋之所不恕。」乃詔皓以本職出知饒州。

丁卯，以御史中丞羅汝楫爲吏部尚書。

戊辰，上曰：「諸處有癃老廢疾之人，依臨安府例，令官司養濟。窮民無告，王政之所先也。」

以兵部尚書程瑀爲龍圖閣學士、知信州。

太府寺丞張子儀言：「乞三歲考守令，以户口復業登耗爲陞黜之典。」己巳，乃詔淮東、京西監司，歲終取州縣所增户口以聞。

右司郎官梁弁以病乞祠〔二九〕。【新輯】壬申，上曰：「士大夫操守安分，而以疾乞去者，甚可惜，不比奔競之人。嘗觀寶訓，太宗朝士有奔競躁進，必痛抑之。抑奔競，則廉耻之道興矣。」乃除弁直龍圖閣。（輯自皇朝中興紀事本末卷六二）

是月〔三〇〕，司業高閌因經筵講畢，奏曰：「國學落成，臣奉詔試補諸生幾六千人，自中興以來，雖三年省闈，亦未有如此之盛。」上曰：「乍脱干戈，人皆向學，此誠可喜。」閌曰：「近來場屋，不無懷挾假授之弊，目前日頓革，皆不敢犯。」上曰：「朕亦聞之，此美事也。」閌曰：「臣待罪學官，見此美事。諸生以謂，陛下方偃武修文，與太祖初定天下之時同符，輒舉建隆故事，願陛下講臨雍之禮。」言未畢，上曰：「已令討論矣。」蓋是時上已有幸學之意，閌未之知也〔三一〕。先是，閌請修監學法，以元豐法爲主，詔敕令所參修，至是成。冬十月己丑，太師、左僕射秦檜上之。

秘書丞嚴抑言〔三二〕：「國朝會要，仁宗時，自建隆修至慶曆；神宗時，自慶曆修至熙寧。而後來尚未編集，事無所考。望令儒臣續而爲書。」抑又言：「渾儀之制，祖宗所留意，渡江以來，闕然無有。乞下太史局重創。」皆從之。抑，歸安人也。

時，景靈宮成，祖宗帝后神御，初自温州海道迎來，上曰：「此事至重，朕甚慮之。」及聞出陸，上心始安。秦檜曰：「念祖宗如此，益見聖心之孝誠也。」至是，達行在，上乃詣天章閣西殿，告遷徽宗及顯恭、顯肅二后神御。乙未，並奉安於景靈宮。

侍御史李文會論新除國子監丞石安慶輕儇無行〔三三〕。丁酉，上曰：「太學風化之本，使此人充監官，何以取重於士人？」即詔罷之。

【新輯】十一月戊午，朝獻景靈宮，上初乘玉輅。

己未，朝饗太廟。庚申，冬至，合祀天地于圜丘，以太祖、太宗並配。大赦天下。

上以親寫尚書付出，丁卯，太師、左僕射秦檜奏：「欲宣示從官，不惟觀陛下書法之妙，又令知陛下聖學不倦如此。」上曰：「朕之性與人異，無事惟静坐觀書，所得甚多。」又曰：「朕觀古之人君有嗜殺人者，蓋不能養性，故多姿暴。大率知足便無事，貴爲天子，誰能制之？若不知足，更爲侈靡，未有不亂，如唐明皇是也。」檜曰：「陛下聖德如此，三代顯王何以加諸？」時上所寫六經與論語、孟子之書皆畢，檜因請刊石于國子監，仍頒墨本，賜諸路州學。詔可。檜記于篇末，略曰：「天降下民，作之君，作之師。自古聖王在上，則君師之任，歸于一致，堯、舜之世，比屋可封，此其效也。陛下天錫勇智，撥亂世，反之正。又於投戈之際，親御翰墨，書六經以及論語、孟子，朝夕從事，爲諸儒倡。堯舜君師之任，乃幸獲親見之。夫以乾坤之清夷，世道之興起，一人專任其責，所爲經綸於心，表儀以身者，勤亦至矣。所望於丕應者豈淺哉？詩不云乎：『思皇多士，生此王國，王國克生，維周之楨。』臣願與學者勉之。」

己巳，上謂宰執曰：「福建漕司所進錦樣，將令織造，須官支見緡，不可科民，又生一段搔擾也。」（輯自皇朝中興紀事本末卷六二）

辛未，宰執奏差郡守。上曰：「其中有老不任事者，又無顯過可論，第千里之民受其害爾。朕嘗與言官説此。」秦檜曰：「有不奉行詔令，如朝廷免税，仍舊催科者，皆緣守非其人也。」上曰：「如此者當懲一二，人自懼矣。」

秘閣修撰張九成與徑山主僧宗杲爲莫逆交，時緇流之赴宗杲者皆百舍重趼，凡二千餘衆。徑山雖巨刹，至無所容，宗杲更敞千僧閣以居之，而九成往來其間。左僕射秦檜恐其議己，故言者論九成、宗杲謗訕朝政。詔九成落職，謫居南安軍，而宗杲編管衡州。〔三四〕先是，九成寓鹽官縣僧刹，一夕夢水陸遠行，至一城郭，亦寓小刹，似悒悒不樂，及至南安，皆如所夢。十二月甲申，九成私識之。

辛卯，宰執奏禁止江西私鑄錢事。上曰：「卿等見錢樣否？此事更不成錢，皆消錢而私自鑄者。當嚴禁止，公私皆不得用。不然，盜鑄愈多，尤費力也。」

自建炎中罷内轡庫，是日，始詔復置。

新知永州熊彦詩上言：「欲依嘉祐、治平故事，補中監學生，命詞給綾紙。」從之〔三五〕。

甲午，上詣景靈宮行恭謝禮，乙未，再詣。

【新輯】祕書丞嚴抑言：「本省藏祖宗國史、歷代圖籍，舊有右文殿、祕閣、石渠及三館四庫，自渡江後，權寓法慧寺，與居民相接。深慮風火不虞，欲望重建，仰副右文之意。」從之。乃建祕書省于天井巷之東。於是，復置三館，詔求遺書於天下。首命有司即直祕閣陸宰之家録所藏書來上，一時爲盛。宰，佃之子也。（輯自皇朝中興紀事本末卷六三，參考輿地紀勝卷一臺閣）

皇后遷葬父母，欲青石作墓前羊、虎。己亥，上謂宰執曰：「此石出平江，朕不欲行下郡邑，恐科率於民，只支錢，付守臣王鐵〔三六〕，依市價置買，卿等可諭與之。」鐵，南昌人也。

大金國遣右宣徽使完顔日曄〔三七〕、祕書少監馬諤，來賀正旦。己酉，見於紫宸殿，貢金注椀、金盤各一，金盞四，雜色綾羅紗縠三百，良馬六。上謂宰執曰：「今次使人來，事體皆正，大體既正，則小節不足較。觀虜人之意〔三八〕，和議必須堅久。」秦檜曰：「此皆陛下御得其道。」上曰：「非卿學識過人，堅主和議，豈能至此？」自是，使命往復不絶，而歲貢物數亦無增損。

初，北使之來也，命户部尚書張澄館伴，是禮久不講，澄頗知舊制，凡使人入見，及謝辭、燕犒、賜予之儀，澄皆傳之，悉合朝度。遂爲定式。至是，以澄兼權兵部尚書。

先是，虔州有統兵官程師回，本蕃將來降，時詔歸北境人，而師回有兵數百人，憚不欲行，守臣薛弼諭之曰：「公從卒多不可芘，公能遣此屬，朝廷必多公，芘不遣矣。」師回即承命。既而，省符趣師回就道，遂去。師回舟行過大孤山，舟人告毋作樂，恐龍怒。師回故命其徒奏蕃樂，少頃，黑雲四合，有物湧波間，目如金盤。師回射中其目，即還入水，風亦息，安流而濟，人皆服其勇也〔三九〕。

紹興十四年歲在甲子春正月戊午，【新輯】上諭宰執曰：「前日虜使必欲講射，朕令館伴諭之云：『射者所以較勝負，今兩國講和，正櫜弓矢之時，不欲較勝負。』以使人須要射，不得不從。況南地卑濕，不宜弓矢，勝負之間，可不須較。既而，虜使射不勝，緣先曾諭意，亦大喜。」

初，（輯自皇朝中興紀事本末卷六三）衢州龍游縣士民舉知縣黄鉞有政績，乞令再任，下兩浙漕司究其實。至是，漕司奏鉞無治狀可稱，且有違法事，爲人所訴。庚午，上謂宰執曰：「此必計會來，不可從也。朕嘗謂天下惟在賞罰，若賞當賢，罰當罪，則人知勸沮，天下無不治。朕每留意民事，如縣令治狀顯著，不特再任，便當拔擢，方欲激勸也。」

癸酉，以侍御史李文會爲中丞。

殿前都指揮使楊存中請刺本軍人，以防諸處互招，仍乞嚴賜約束。丙子，太師、左僕射秦檜奏：「舊有二法：一招别軍人，並依軍法。此太重難行。一立賞，許人告，以犯人所請，計贓坐罪，將校取旨。此法可行。」上曰：「善。立法不貴太重，而貴必行，法必行，則人莫敢犯矣。」

【新輯】普安郡王瑗以父子偁身故，乞持服。詔吏部尚書羅汝楫等集議，照國朝典故，宗室率府率以上〔四〇〕，許解官持服。上曰：「初議養宗室子，今子偁死，若不使之持服，則非國朝典故。宜從其議。」（輯自皇朝中興紀事本末卷六三，參考繫年要録卷一五一）

二月庚辰〔四一〕，詔太學養士三百太少，宜更增二百人。

秦檜與參知政事萬俟卨一日同奏事，退坐殿廬中，批上旨，除某官，吏鈐紙尾進。卨曰：「偶不聞聖語。」檜怒，於是御史中丞李文會、右諫議大夫詹大方皆論卨違詔，除職與郡，而給事中楊愿駁奏。丙午，乃以卨提舉太平觀。己酉，文會又論中書舍人劉才邵、祠部郎官王觀國皆附卨以進，亦詔與外任。大方，建德人也。

以資政殿學士、新知建康府樓炤爲僉書樞密院事。

時左僕射秦檜方專政，而軍監陳康伯於檜有舊，澹然無求，檜雖稱其靖重，然常越次用他人。是月，始遷康伯爲吏部侍郎，蓋欲遣之出疆。康伯，弋陽人也。

三月甲午〔四二〕，宰執奏鎮江府御前都統制王勝軍中減放兵數。上曰：「昨嘗指揮諸軍減放人數，令即招填，可嚴戒目下招足。不然，恐暗損軍額，緩急誤事，宜預備之也。」時皇太后修宅，有起居民處。詔臨安府守臣張叔獻倍支搬挈之費，及對撥官屋，毋令失所。

丁卯，宰執奏故將官劉實死事，特給文曆，以養其弟通事。上曰：「實驍勇忠實，昨在淮西，遇敵力戰有功。朕聞其死，爲之不食者一日。」秦檜曰：「陛下記功恤孤如此，將士安得不盡死節以圖報乎？」

己巳，上幸太學，祗謁先聖先師，止輦於大成殿門外，步趨登降，執爵灌獻，注視貌像，翼翼欽慕。復覽太祖、真宗、徽宗所製贊文。又命有司悉取從祀諸贊，併録以進。遂升堂，頒手詔，示樂育詳延之意。賜諸生坐，命國子司業高閌講易泰卦，學官、内外舍生推恩有差。復幸養正、持志二齋，顧諸生肄業之所，徘徊久之，即除閌禮部侍郎。言者以爲盛事，請宣付史館〔四三〕。從之。於是，上親製文宣王贊曰：「大哉宣聖！斯文在兹。帝王之式，古今之師。志則春秋，道由忠恕。賢於堯舜，日月其譽。維時載雍，戢此武功。肅昭盛儀，海宇聿崇。」閌奏曰：「陛下頒示御製宣聖贊文，形容盛德，無愧於古。」上曰：「唐明皇嘗作贊文，乃斥先聖先師之名，非尊儒重道之意。」閌曰：「此尤見聖學高出前代帝王之上。」既又御製七十二子贊，其序略曰：「朕茲幸太學，延見諸生，因作文宣王贊，機政餘閒，歷取顔回而下七十二人，亦爲製贊。」并刊石，置於太學。

夏四月己卯〔四四〕，宰執奏太史局製渾儀，乞依舊例差官。秦檜曰：「在廷之臣，罕能通曉。」上曰：「此事闕典，已即宫中製成小範，可以測日晷，夜度以樞星爲則，蓋樞星，中星也。非久降出，當以爲式，但廣其尺寸爾。」檜曰：「固天縱之將聖，又多能也，聖主有焉。」於是，命檜提舉修製。

辛巳〔四五〕，上謂宰執曰：「昨日蘇籀上殿，乞以近世儒臣所著講説纂而成編，以補唐之正義，其言甚當。若取善者頒諸學官，使學者有所宗一，則師王安石、程頤者不至紛紜矣。」

秦檜因乞禁野史〔四六〕。上曰：「此尤爲害事，如靖康以來，私記極不足信。上皇有帝堯之心，禪位淵聖，實出神斷，而一時私傳，以爲事由蔡攸、吴敏矣。上皇曾諭宰執，謂：『當時若非朕意，誰敢建言？必有族滅之禍。』」樓炤曰：「上皇聖諭，亦嘗報行，天下所共知也。」檜曰：「近時學者不知體者，謂司馬遷作謗書，然武紀但盡記時事，不敢自立議論。臣嘗委史局官撰神宗史志，有一日而成者，輕率如此，豈可用也？」上曰：「朕向嘗論范冲修徽宗實録，惟當記政事之大可爲法者，其細事自不必書。大抵史官須有經學，乃可用也。」

北境泗州移文揚州約發淮北人數〔四七〕。丁亥〔四八〕，上謂宰執曰：「但令揚州回報云〔四九〕，朝廷見依誓書津遣。蓋誓書所載，淮北遺歸者，取其願也。卿等謂如何？」檜曰：「如此誠便。」樓炤曰：「早來檜所論，仰符聖訓。」上曰：「人情不相遠，理之所在，自然契合。」

福建羣盜未滅，而海賊朱明熾甚。是日，詔統制官張守忠往討之。上曰：「民愚爲盜不足平，第憂被驅脅者，雖釋其罪，縱之歸業，生理已蕩析矣。」

時秘書省所校祖宗實録，猶多舛誤。戊戌，詔令再校，後更有差，即具名以聞。

南蕃來貢，是日〔五〇〕，詔廣西經略司依舊例，於横山寨管設遣之回。

五月辛亥朔，宰執奏諸路已置放生池。上曰：「此事固善，但恐妨細民漁採，所害亦大。止令元有處復舊可也。」

李文會、詹大方同論資政殿學士、僉書樞密院事樓炤不可以居政塗。甲子，炤罷，依舊職提舉太平觀。

乙丑，以御史中丞李文會爲端明殿學士、僉書樞密兼權參知政事。

先是，經筵講畢，上謂禮部侍郎高閌曰：「向來張九成嘗問朕云：『左傳載一事或千餘言，春秋只一句書之，此何也？』朕答之云：『聖言有造化，所以寓無窮之意。若無造化，即容易知，乃常人言爾。』」閌曰：「説春秋者雖多，終不能發明，正如窺造化也。」上曰：「九成所問極是。」閎曰：「陛下答語亦極是。」既而，秦檜奏事，上問及九成，檜疑閎薦之。時給事中楊愿亦在經筵，檜呼愿詢其事，丙寅，言者論閎，遂罷去。

時有宗室子攸獻文，欲換文資。上曰：「朕固欲宗室嚮學，然文資豈可僥倖，須令後省試策乃可也。」

己卯，以右諫議大夫詹大方爲御史中丞。

【新輯】是月，江、浙、福建大水。

内侍白鍔乃從皇太后北歸者，宣言燮理乖盭，洪皓名聞華夷，顧不用。左僕射秦檜聞之，奏繫鍔大理寺〔五一〕。鍔有館客張伯麟題太學壁云：「夫差汝忘越國之殺而父乎？」伯麟亦下獄，獄具，流鍔於萬安軍，伯麟於吉陽軍。中丞詹大方因奏知饒州洪皓與鍔刎頸交，更相稱譽，遂提舉太平觀。

先是，嚴州水暴至，城不没者數版。通判洪光祖城下集舟以援民，且區處山阜，給之薪粥，卒無溺者。光祖，丹陽人，擬子也。（輯自皇朝中興紀事本末卷六三，參考輿地紀勝卷一二六）

六月〔五二〕，右正言何若請進君子、退小人。丙午，上諭若曰：「朕擢卿爲諫官，正要別君子小人，何時無小人？但時察而去之，乃不害治矣。」〔五三〕若，江寧人也。

是月，大金國主亶生子，詔其境内童行有籍於官者，悉度爲僧，道士亦如之〔五四〕。

秋七月庚戌朔，【新輯】上以太后微不豫，諭宰執曰：「朕侍太后，每一食減少，即不勝憂懼。朕平日先意承志，太后意之所嚮，便竭力供應。然太后聖明，大事未嘗言及，凡所須，皆是小事易從。」秦檜曰：「陛下聖孝如此，天下之福也。」（輯自皇朝中興紀事本末卷六四）

新知濠州李觀民上殿，上戒令毋招集流亡。戊午〔五五〕，上復以語宰執，俾申諭之。

初，端明殿學士王倫爲大金國所留，居河間府者六年，虜欲用之爲平欒三路轉運〔五六〕，倫不從。是日，被縊而死。未幾，其子述使北人訪其骨，得之以歸。其後，上嘗語宰執曰：「倫雖不矜細行，乃能死節，此爲難也。」得骨而歸，在是冬，上語在十月。

先是，諸軍請衣賜，所差使臣多弊，易取良縑，而軍所得，皆怯薄者。庚申，始詔户部委官封記，仍令總領所差官，偕本軍使臣同領，以絶其弊。

秘書省舊有提舉官，見麟臺故事。先是，少監游操言：「肇建新省，望依故事。」壬戌，乃詔以禮部侍郎秦熺兼之。操，建陽人也。

丙子，上幸秘書省，賜本省詔，略曰：「仰惟祖宗，肇開册府。累朝名世之士，由是以興；一代致治之原，自此而出。朕一新史館，親御牓題。肆從望幸之誠，以示右文之意。」於是，本省及實録院官各進一秩。

八月癸巳，【新輯】上諭宰執曰：「言者多勸朕變法，朕思祖宗舊法，豈宜輕改？」秦檜

曰：「遵先王之法而過者，未之有也。」上然之。（輯自皇朝中興紀事本末卷六四）

吏部尚書兼侍讀羅汝楫請外，丁酉，除龍圖閣學士、知嚴州。既而，以刑部侍郎周三畏兼權吏部尚書。

庚子，【新輯】上謂宰執曰：「朕於晉書取王羲之傳，凡誦五十餘過，蓋其與商皓書及會稽王牋，所謂『自長江以外，羈縻而已』。其論用兵，誠有理也。」秦檜曰：「誠如聖訓。」（輯自皇朝中興紀事本末卷六四）

殿中侍御史汪勃言：「國學初建，方衆拭目以觀取舍。今次舉場，乞諭諸生，俾皆知正習。」甲辰，上謂宰執曰：「勃所論極善。曲學臆說，誠害經旨，抑之則人之心術自正矣。」勃，黟縣人也。

户部侍郎晁謙之言〔五七〕：「議者謂自古來理財用之臣，皆無善終。所以近世習而成風，不復以理財爲言。臣以爲不然，聚斂而興利，固非所宜。如經常賦，以足國裕民，又安可緩？今日官物多陷失，而州縣漫不加省，宜有以救其弊而革之。至於勸農欲墾無遺利，督賦欲輸無逋期〔五八〕，廣儲蓄之計，以備水旱，遵茶鹽之法，以通商賈，凡若此者，宜悉令條上。」謙之，任城人也。

九月〔五九〕，顯謨閣待制、提舉明道宫葛勝仲，自紹興初築室於寶溪之上，奉祠累任，至是十有四年。辛亥，卒。勝仲，江陰人，在宣和間爲大司成，以文鳴於世。及卒，士悼惜之。其後，謚曰文康。

庚申，上因與宰執論治道，秦檜曰：「數十年來，止是臣下互爭勝負，致治道紛紛。今當平其勝負之端〔六〇〕，以復慶曆、嘉祐之治，乃國家之福。」上曰：「正與朕意合，如是，則宗社有無窮之慶矣。」

辛酉，四川宣撫副使鄭剛中言：「欲分利路爲兩路，西路以吴璘，東路以楊政，並充安撫使。其金房開達安撫使郭浩欲除落『經略』二字，文、成、階、鳳等州帶沿邊安撫，亦合除落。」從之。上因曰：「川、陝地遠，爲將尤難。璘統兵有法，肯爲朝廷出死力，諸將所不及也。」時和議方堅，而璘獨嚴備，日爲敵至之虞，故西路之兵爲天下最。初，璘與政共佐其兄玠守蜀，同心協力，義均手足。至是，分鎮蜀門，政雖貴亞於璘，而執門下之禮益恭，世頗賢之。此據璘、政墓誌。

壬戌，宰執奏大理寺詞訴事。上曰：「此皆官吏弛慢所致，可委長吏親察之。如非其人，即與沙汰。又獄吏但以諸州吏充，逐時更易，漏泄獄情，非便。宜令吏久於其職，不可替也。」

先是，趙鼎在潮州，有編管人王文獻與鼎相見，歷問行朝事宜，因及禮部侍郎高閌。

閎，鼎所厚也。鼎又嘗語守臣龔寬，稱文獻切直，令縱其自便。鼎復以錢米饋之。初，閎患近世禮學不明，凶禮尤甚，嘗著厚終禮。鼎因以書寓文獻達閎，求所作厚終禮。文獻至行朝，閎已罷去，文獻偶坐事，送臨安府鞫之，獄具，文獻與寬皆已行遣。於是，中丞詹大方請竄鼎，以禦魑魅，使天下曉然知其終身不齒。壬申，上謂宰執曰：「可遷之遠地，庶其門生故吏知不復用。」於是，移鼎吉陽軍安置。寬，建陽人也。

時鼎子汾力乞侍行，鼎不使之以無事而俱死瘴地〔六一〕，手批付之曰：「紹聖初，呂微仲丞相謫嶺南，惟一子曰景山，愛之，不令同行，而景山堅欲隨去，不可却。既至虔，將過嶺，呂顧其子泣曰：『吾老矣，罪如此，萬死何惜？汝何罪，欲俱死瘴鄉耶？我不若先死，使汝護喪而歸，吾猶有後也。』呂遂縱飲而死。吾不令汝侍行，亦呂之意。」微仲，大防字也。

時，秦檜用事久，職臺諫者多其耳目，每薦進，必先諭以己意。檜嘗謂秘書郎張闡曰：「君久次，欲以臺中相處如何？」闡曰：「丞相苟見知，老死秘書幸矣。」檜默然。先是，席益爲潭帥，嘗辟闡，置之幕下。而檜初罷相，益蓋有力，故深憾之。至是，殿中侍御史汪勃論闡昔助附益〔六二〕。冬十月戊寅朔，宰執奏其事，有詔罷闡。檜因言：「近臣學者多説春秋，乃不知孔子作經本意，在尊王而已。蓋盛則周、召佐之，衰則桓、文扶之，使桓、文不僭，與周、召何異？」上曰：「春秋蓋爲諸侯之僭也。學者明其綱領，方達聖經之旨。若泛然無主，徒誦其文，何益哉？」

宣州守臣秦梓遣官軍入魔寇巢穴，擒俞一等殆盡。戊子，詔梓與通判趙公智各遷一秩。

壬辰，上謂宰執曰：「祖宗實録多有不必書者，謂之實録，蓋紀其實，可爲後世之法也。」

以工部尚書莫將爲敷文閣學士、知福州〔六三〕。

十一月戊申朔，以御史中丞詹大方爲工部尚書。

癸丑，以給事中楊愿爲御史中丞。

壬戌，上諭宰執曰：「冬至假内，朕欲閲戰士，稍精者優賞，庶諸軍不至怠惰。」秦檜曰：「陛下不忘武備如此，將見人百其勇也。」

先是，觀文殿學士朱勝非自罷相，居湖州，嘗就除知本州，既而得提舉洞霄宫，食祠禄八年，寓天聖僧舍，杜門却掃，留心内典，與世事相忘。乙亥〔六四〕，卒。

時吏部闕官，壬申，宰執乞以軍器監趙子厚壍權侍郎。秦檜曰：「今日宗室，當崇奬之，令聚於朝。」上曰：「如曾中第，不生是非之人，寺、監、秘書省皆可處之。祖宗不用作宰執，其慮甚遠，可用至侍從而止。」檜曰：「欲置宗學以教育之。」乃令討論舊法。

是月，金國黄龍府之北大雪，色如血赤，至春暮方消〔六五〕。

十二月，户部郎官邊知白乞臨安及諸郡復置漏澤園。詔可。上曰：「此仁政所先。」知白，吴縣人也。

新知明州秦棣乞戒守臣，無好奇以生事，無玩習以曠官。辛巳〔六六〕，上諭宰執曰：「郡守之職，惟奉法宣化爲急，正不當爾。」棣，檜弟也。

戊子，【新輯】雪，百官入賀。上諭宰執曰：「天下窮民，宜加養濟。孟子所謂『文王發政施仁，先此四者。』」於是，詔諸路常平官以時散米，務令實惠及之。（輯自皇朝中興紀事本末卷六四）

中丞楊愿、殿中侍御史汪勃、右正言何若，交論端明殿學士、僉書樞密院事李文會邪險害政，不協衆望。乃與編管人王文獻締結〔六七〕，俾之游説。又私養臺吏，伺臺中章疏，梟心虺志，無所不爲。文會亦請罷。丁酉，詔文會落職，提舉太平觀。既而，愿等又論文會薦冒官人陳洵，於奉使王師心濫轉四資，遂貶筠州。勃，歙縣人也；師心，金華人也。

辛丑〔六八〕，【新輯】以御史中丞楊愿爲端明殿學士、簽書樞密院事。（輯自皇朝中興紀事本末卷六四）

時諸路多獻資餘〔六九〕，獨潼川路漕臣楊椿無所獻，嘗曰：「今瘡痍未瘳，愧不能裕民力，其忍掊尅以資進身耶？」故一路無横斂之擾。是年，改椿本路提點刑獄，吏有抑配官鹽而盜其贏者，椿按治之。椿，眉山人也。

大金國主亶改元皇統〔七〇〕。

〔校勘記〕

〔一〕紹興十三年歲次癸亥春正月癸巳　「癸巳」，繫年要録卷一四八據日曆繫於「三月辛卯」。

〔二〕壬寅　繫年要録卷一四八繫於「癸卯」，并以小曆誤。

〔三〕庚午　原作「庚子」，案：此月己未朔，無庚子日，據皇朝中興紀事本末卷六一改。

〔四〕文會力陳仁義甚善　「仁義」原作「二義」，據皇朝中興紀事本末卷六一改。

〔五〕捕　皇朝中興紀事本末卷六一及繫年要録卷一四八此字上有「或」字，此蓋誤脱。

〔六〕萬少隆必大熾　「隆」，皇朝中興紀事本末卷六一作「全」，廣雅本及繫年要録卷一四八作「佺」。

〔七〕國初猶循唐制　「循」原作「盾」，據繫年要録卷一四八改。

〔八〕案：繫年要録卷一四七繫於紹興十二年十一月丁未，并在注文中考證云：「熊克小曆載此事于十三年二月，蓋據本省題名也。然題名乃以供職日爲始，非初除之日。克小誤。」

〔九〕丁酉　繫年要録卷一四八據日曆繫於「二月乙酉」。

〔一〇〕甲寅　繫年要録卷一四八繫於「三月乙卯」，并以小曆誤。

〔一一〕岊侯宮人也　「官」原作「宮」，據廣雅本及皇朝中興紀事本末卷六一改。

〔一二〕丁亥　皇朝中興紀事本末卷六一繫於「乙亥」；繫年要録卷一四八繫於「丙戌」。

〔一三〕我但知家事　「知」原作「以」，據繫年要録卷一四八改。

〔一四〕五月癸亥　「癸亥」，繫年要録卷一四九繫於「庚申」，并以小曆誤。

〔一五〕計之一疋自省數百千　「省」原脱，據繫年要録卷一四九補。

〔一六〕自前嗣濮王仲湜權奉神貌　「神貌」，廣雅本作「神主」。

〔一七〕令再任　「再任」原脱，據皇朝中興紀事本末卷六一補。

〔一八〕初詔權住鬻度牒　「住」原作「任」，據皇朝中興紀事本末卷六一改。

〔一九〕時有府吏徐竿者　「竿」，繫年要録卷一四九作「竽」。

〔二〇〕温州進士蔡大中上書論人主誠心等十事　「蔡大中」，繫年要録卷一四九作「蔡大忠」　案：繫年要録卷一四九繫於「六月辛丑」，并考證云：「熊克小曆在七月己未。按日曆，實在此日降旨，但七月辛酉上語及之，克不詳考耳。」

〔二一〕丁卯　宋會要輯稿后妃二繫於「七月十二日」，即「七月己巳」。

〔二二〕宰執奏池州都統制王俊申乞將官陞任　「陞」原作「申」，據皇朝中興紀事本末卷六二改。

〔二三〕異時緩急調發　「發」原脱，據皇朝中興紀事本末卷六二補。

〔二四〕金人取趙彬輩三十家　「彬」原作「郴」，據繫年要録卷一五〇改。

〔二五〕虜既限淮　「虜」原作「金」，據皇朝中興紀事本末卷六二改。

〔二六〕彼方困於蒙兀　「蒙兀」原作「蒙古」，據原注及皇朝中興紀事本末卷六二回改。下文徑改，不出校。

〔二七〕張浚虜所憚　「虜」原作「敵」，據皇朝中興紀事本末卷六二改。

〔二八〕錢塘暫駐蹕　「蹕」原作「畢」，據皇朝中興紀事本末卷六二改。

〔二九〕右司郎官梁弁以病乞祠　「右」原作「知」，據皇朝中興紀事本末卷六二及繫年要録卷一五〇改。

〔三〇〕是月　案：繫年要録卷一四九繫於「八月乙未」。

〔三一〕案：繫年要録卷一四九八月乙未條注文考證云：「則恐不然，蓋討論故事乃因閎所奏。又云：『所乞上表，可依所請。』則閎安得不知？意者閎以乞幸學事，爲胡寅移書切責，故後來作行述者稍潤飾之。克不細考耳。令從日曆本文，庶不失實。」

〔三二〕案：繫年要録卷一五〇繫於「庚寅」。

〔三三〕侍御史李文會論新除國子監丞石安慶輕儇無行　「石安慶」原作「石延慶」，據皇朝中興紀事本末卷六二及宋會要輯稿崇儒一改。

〔三四〕案：繫年要録卷一四九紹興十三年五月甲子條注文考證云：「熊克小曆於今年方書九成落職謫居，宗杲編管，皆誤也。九成落職、宗杲編管，在十一年五月甲子。」

〔三五〕從之　案：繫年要録卷一五〇繫於「癸巳」。

〔三六〕付守臣王鐵　「鐵」，皇朝中興紀事本末卷六二作「鉄」。當是，下同。

〔三七〕大金國遣右宣徽使完顔日曄　「完顔日曄」，皇朝中興紀事本末卷六二作「元顔畢」，繫年要録卷一五〇作「完顔暈」。

〔三八〕觀虜人之意　「虜」原作「金」，據皇朝中興紀事本末卷六二改。

〔三九〕案：程師回射龍事，繫年要録卷一五三繫於「紹興十五年三月辛酉」，并以小曆誤。

〔四〇〕宗室率府率以上　「府率」原脱，據繫年要録卷一五一補。

〔四一〕二月庚辰　案：二月壬午朔，無庚辰日，庚辰屬於正月。因此，「二月」應删去，移至下文丙午前。

〔四二〕三月甲午　繫年要録卷一五一據日曆繫於「二月甲午」；皇朝中興紀事本末卷六三繫於「三月甲子」。

〔四三〕言者以爲盛事請宣付史館　案：繫年要録卷一五一繫於「壬申」，而言「以爲盛事請宣付史館」的是秦檜，小曆誤。

〔四四〕夏四月己卯　案四月壬午朔，無己卯日，繫年要録卷一五一作「丙戌」，當是。

〔四五〕辛巳　案四月壬午朔，無辛巳日，繫年要録卷一五一作「丙戌」，當是。

〔四六〕案：秦檜乞禁野史，繫年要録卷一五一繫於「丁亥」。

〔四七〕北境泗州移文揚州約發淮北人數　「淮北」原脱，據皇朝中興紀事本末卷六三補。

〔四八〕丁亥　繫年要録卷一五一繫於「甲午」。

〔四九〕但令揚州回報去　「云」原作「去」，據皇朝中興紀事本末卷六三改。

〔五〇〕是日　繫年要録卷一五一繫於「丁未」。

〔五一〕奏繫鍔大理寺　「奏」原作「秦」，據繫年要録卷一五一改。

〔五二〕六月　原脱，據皇朝中興紀事本末卷六三補。

〔五三〕案：此段記事，繫年要録卷一五一六月丙午條注文考證云：「熊克小曆但書何若乞『進君子、退小人』六字，非其本旨。今依日曆所載摘書之。克又稱：『上諭若云云』。此乃秦檜進呈所得聖語。克誤也。」

〔五四〕案：繫年要録卷一四九紹興十三年六月庚戌條注文考證，金主肆赦，當在紹興十三年正、二月間。

〔五五〕戊午　繫年要録卷一五二繫於「壬戌」。

〔五六〕虜欲用之爲平樂三路轉運　「虜」原作「金」，據皇朝中興紀事本末卷六四改。「平樂三路轉運」，繫年要録卷一五二作「平灤三路都轉運」。

〔五七〕案：繫年要録卷一三二繫於「紹興九年九月癸未」，并考證小曆誤。

〔五八〕督賦欲輸無逋期　「賦」原作「撫」，據皇朝中興紀事本末卷六四及繫年要録卷一五二改。

〔五九〕九月　原脱，據皇朝中興紀事本末卷六四及繫年要録卷一五二補。

〔六〇〕今當平其勝負之端　「負」原作「員」，據皇朝中興紀事本末卷六四及繫年要録卷一五二改。

〔六一〕以無事而俱死瘴地　「事」，皇朝中興紀事本末卷六四及宋宰輔編年録卷一五作「罪」。

〔六二〕殿中侍御史汪勃論闡昔助附益　「昔」原作「借」，據皇朝中興紀事本末卷六四改。

〔六三〕案：繫年要録卷一五二十月末考證云：「熊克小曆於此月末書，工部尚書莫將知福州。按：將罷尚書已久，此月甲辰，自知明州依所乞提舉太平觀。十二月戊子，除知福州。克實甚誤也。」

〔六四〕乙亥　宋史卷三〇高宗本紀七與此同。繫年要録卷一五二繫於「乙丑」。

〔六五〕至春暮方消　「春」原脱，據繫年要録卷一五二補。

〔六六〕辛巳　繫年要録卷一五二繫於「庚辰」。

〔六七〕乃與編管人王文獻締結　「與」原作「言」，據繫年要録卷一五二改。

〔六八〕辛丑　繫年要録卷一五二及宋史卷三〇高宗本紀七繫於「庚子」。

〔六九〕時諸路多獻資餘　「資」，皇朝中興紀事本末卷六四作「羡」。

〔七〇〕案：金改元皇統事，繫年要録卷一四三附於紹興十一年末，并考證小曆誤。

中興小紀卷三十二

紹興十五年歲在乙丑春正月丁未朔，上御大慶殿，行大朝會之禮。

初，四川宣撫副使鄭剛中於階、成二州開營田，抵秦州界，凡三千餘頃，歲收十八萬石。至是，剛中言：「川路軍興以來，人户賦外，對糴米惟成都最多。臣今欲以營田所積，對減三之一。并本司激賞犒錢一百八十萬貫外，更減二十萬貫。」丁卯，詔從之。上曰：「累年民力已覺少寬，此皆休兵之效也。」

三月，宰執奏步軍司乞换手射弓事〔一〕，上曰：「朕頃在京，見内庫弓箭皆太宗、真宗所製，經歷百年，記識如新，蓋其製造之精故也。」

知舉、右諫議大夫何若上合格進士林機等。己巳，上御集英殿試，所問略曰：「朕所賴以濟，惟真賢實能〔二〕，而德行或同於鄉原，智略或專於謀身，從政而苟趣辦，摛文而徒華藻，平居則肆貪得，臨事則蔑首公。」上謂宰執曰：「策題蓋欲入仕者知趨向之正。」秦檜曰：「士人趨向不正久矣，願陛下力變此風。」上曰：「朕觀五十年前人材，皆自仁宗時涵養，爲累朝之用。以此知人材正，須養育成就。」既遂賜劉章以下三百人及第、出身。機，侯官人；章，龍遊人也。初，主司擬章第三，及進呈，上親擢爲首。

夏四月，彗出東方。上諭宰執曰：「彗星見，朕甚懼焉。卿等可圖所以消弭之道。」秦檜因奏太宗、真宗朝，嘗緣彗星疏決等事。上曰：「可且降詔，以四事爲主。」癸未，詔略曰：「朕慮征科苛擾〔三〕，獄繫淹延，致傷和氣，上干垂象。令監司、郡守條上便民之事，務在必行，以施實德。」

丁亥，大赦天下。

【新輯】初步軍副都指揮使王貴因告張憲、岳雲之事，擢爲管軍〔四〕。至是，宰執擬除貴爲福建副總管。五月己酉，上曰：「此輩處之優穩如此，則見在軍者有所激勸矣。」秦檜曰：「聖慮及此，可謂深遠。」上曰：「若不如此慮，豈所謂『爲君難，爲臣不易』也。」（輯自皇朝中興紀事本末卷六十五，參考繫年要録卷一五三）

五月壬戌，宰執奏湖北帥司放散迎神百姓事〔五〕。秦檜曰：「臣觀其意，似欲以此邀功希賞。」上曰：「古人所以不賞邊功，蓋有深意也。」

大理寺丞周彬請復置六部架閣官〔六〕。是日，詔從之。

秋七月，初，皇后嘗臨蘭亭帖逸在人間。太傅、醴泉觀使、咸寧郡王韓世忠以錢百萬得之，識者以爲真修禊所書，世忠表而獻之。上除驗璽文，乃知爲中宮異時臨本。是月，以賜保康軍節度使吳益，益刊之於石。

時金國境内大旱，飛蝗蔽日。是月，詔蠲民税。

八月，【新輯】丙子，宰執奏事，上論曰：「朕謂進用士大夫，一相之責也。一相既賢，則所薦皆賢矣。」楊愿曰：「陛下任相如此，蓋得治道之要。」上因論史事，秦檜曰：「是非不明久矣。靖康之末，圍城中失節者，相與作私史，反害正道。壬子之後，公肆擠排不遺力，然豈知人臣遭變，夫豈得已？」上曰：「卿是時獨不推戴異姓，圍城中人自然不容。」愿曰：「檜非獨是時不肯雷同，宣和間，耿延禧爲太學官，以其父在東宫，勢傾一時，士皆靡然從之，以徼後福。獨檜守正，雖延禧傾害，略不爲之易節。」檜曰：「臣嘗聞范仲淹與其友書云：『致意某官，爲渠作東宫官，不敢通書。』惟聖主於忠義之臣，與夫失節之徒，灼見如此，誠立國之本也。」

知南康軍張元禮乞免税牛一年。九月丙辰〔七〕，上謂宰執曰：「天下之物有不當税者甚多，如牛、米、柴、麪之類是也。」秦檜曰：「去歲浙中艱食，陛下令不收米税，故江西客販俱來，全活者不可勝計矣。」元禮，侯官人也。（輯自皇朝中興紀事本末卷六十六，參考繫年要録卷一五四）

自南渡以來，六曹長貳廳皆未知壁記〔八〕。至是，户部侍郎王鈇始攷建炎逮今一十九載〔九〕，凡任常伯、亞旅者三十餘人，列其姓名，刊於石。九月戊午，本部郎官邊知白爲之作序，略曰：「六官之設，凡以爲民。而地官獨稱民部，蓋於民爲最親，故獻其數則王拜而受，有負版則聖人式之，不已重哉？」鈇，南昌人；知白，吴縣人。是時，他部亦未有繼爲之者。

自建炎初，省諸路提舉常平官，併其職於提刑司。次年，朝議復置，且討論其法〔一〇〕，書成未頒，而上南渡。繼而言者謂常平之法不可行，遂寢。中間常平之職嘗隸發運司，亦隸經制司，已而復隸提刑司。至是，王鈇言〔一一〕：「常平一司錢穀斂散，宜專使領之，乞復置諸路提舉官。」己未，詔以諸路提舉茶鹽官爲提舉茶鹽常平公事，川、廣以憲臣兼領。

知和州劉將乞展免夏税一年。壬戌〔一二〕，上謂宰執曰：「言事與行事不同，若此行等事，便有實利及民。」秦檜曰：「儒者所陳王道，不過愛民而已。」上曰：「然。」

上御書「一德格天之閣」，賜太師、左僕射秦檜〔一三〕。又以金鍍銀洗鑼、唾盂、照匣等物賜之〔一四〕。

時虔、梅及福建劇盜有號管天下、五黑龍〔一五〕、滿山紅之屬，其徒稍衆，攻刼縣鎮，鄉民多作山砦自保〔一六〕。先是，福建帥臣莫將言：「漳、泉、汀、劍四州接江西、廣東之境，緣遊手輩從賊，熟識山路，引其直衝縣鎮，如入無人之境。官軍不習山險〔一七〕，多染瘴癘，艱於掩捕。乞委四州守臣，募强壯遊手，每州一千人爲效用。」時統制官張淵措置本路盜賊，有旨委淵同措置。淵請逐州先招五百人。既而，將改帥廣東，以知虔州、集英殿修撰薛弼爲福建帥。是月，弼入閩境，寇方盛，道上客勸弼改途避之，及迓兵至，弼趣隊伍揚金鼓旗幟〔一八〕，分道並進，聲言新帥以虔兵全將至矣。賊無敢近者。

【新輯】端明殿學士、簽書樞密院事楊愿自請罷〔一九〕。冬十月丙子，詔仍舊職、提舉太平觀。（輯自皇朝中興紀事本末卷六六，參考繫年要録卷一五四）

十月癸未，【新輯】以敷文閣直學士、樞密都承旨兼侍讀李若谷爲端明殿學士、簽書樞密院事，尋兼權參知政事。若谷，永平人也。（輯自皇朝中興紀事本末卷六六）

以翰林學士承旨秦熺爲知樞密院〔二〇〕。熺力請依李淑故事，避親而罷。庚寅，以爲資政殿學士、提舉萬壽觀，恩數視執政。

主管馬軍司事田晟乞支軍器。上諭宰執曰：「戎器不用則蠹〔二一〕，宜令善護之。」又奏鎮江府御前統制王勝秋教武藝出格人，上曰：「自教習以來，軍人之武藝頗精，師固不可不素練也。」

侍御史汪勃請置四川總領，庚子，詔從之。遂除太府少卿趙不棄，以總領四川宣撫司錢糧爲名〔二二〕。既而上謂秦檜曰：「卿前日所論置四川總領甚當，如此，方與諸軍一體。」

上諭檜在是月癸亥，今聯書之。

是月〔二三〕，以左承事郎劉章爲秘書省正字〔二四〕。章，今春廷試首擢，不待一任回，便除館職，蓋用往歲陳誠之例也〔二五〕。

【新輯】知潯州杜大舉奏便民事〔二六〕。十一月己酉，上謂宰執曰：「大舉所陳頗有條理，蓋曾留心。士大夫所言有益於事者，不可不行也。」（輯自皇朝中興紀事本末卷六六，參考繫年要録卷一五四）

十一月戊午，以右諫議大夫何若爲御史中丞。

先是，司封郎中李潤言：「端拱之初，固嘗親耕帝耤〔二七〕，以先天下，乞講求故事。」既而，禮官討論，元豐中，度地國南，以合先王之制。而政和新書品式具載，今可行之。既而，宰執奏將來耤田降詔。上曰：「先帝耤田，亦不每歲常講，惟務勸農〔二八〕，祇蓋席屋，事畢撤去，庶不至擾。」秦檜曰：「陛下紹述先朝勸農之意，戒諭如此，憂民深矣。」己未，乃詔以來歲之春，親耕耤田。

閏月，秘書省請下諸路訪遺書及先賢墨跡。戊寅，上謂宰執曰：「所訪圖書，邇來所得甚多。非時平無事，安能及此？今欲訪臣寮藏書之家，從本所説諭關借，仍令所在州軍送秘書省，抄畢給還。」

十二月，太尉、醴泉觀使郭仲荀卒於台州。

初，建康府御前都統制王德，以清河郡王張俊之姪子蓋，及俊親將馬立、顧暉並爲統制官。至是，俊解兵柄已久，德乃背俊，不禮子蓋等而罷之。俊怒，每訴諸朝。左僕射秦檜亦忌其勇，詔乃罷德爲浙東總管〔二九〕，以統制官王權代之。

時福建羣寇未平，本路鈐轄李貴領兵討管天下，貴失利，爲賊生得。有統制官張淵在本路措置盜賊〔三〇〕，自爲一所。或語帥臣薛弼，事惡二三，盍請以措置所隸帥司。弼不從，曰：「惟和則可以濟事。」先是，舊帥莫將嘗乞招游手爲效用，及將移鎮，而轉運司以軍須浩汗，申樞密院，言：「閩中人勇於私鬬，怯於公戰，此等游手，易聚難散。慮賊平之日，官軍既還，或能作過，亦未爲便。」遂下安撫司共議。弼以謂：「廣東總管韓京每出必捷，正以所部多土人。今本路素無此等，故連年受弊。」弼又謂：「前守贛上，有武翼郎周虎臣、成忠郎陳敏各有家丁數百人，皆能戰，比之官軍，一可當十。」遂辟虎臣爲本路將官，敏爲汀漳巡檢，皆從所請。弼又揀取二人家丁，日給錢米，責以捕賊，期於必滅。與漕司合奏，選一千人，號奇兵。詔可。自此，歲費錢三萬六千緡，米九千石，而草寇遂平。虎臣，開封人；敏，石城人也。

時監司、郡守多獻羨餘以希進，袁州雖小，是年帑廩適充溢，或謂知州事王師心，盍獻諸朝。師心不欲諸縣民有逋租，乃悉爲代輸之。

福建措置盜賊張淵所部統領官邵宏淵，性質直而喜功，淵惡不用，且恨其嘗對衆相折，杖之百，斥入卒伍。宏淵之客蜀士鍾鼎走行在，上書爲辨曲直。左僕射秦檜怒，始創聽讀之名〔三一〕，羈鼎于福之郡學。鼎禱帥臣薛弼，求依所親於永福縣，弼聽之。鼎復詣闕上書，弼自劾，降一秩。

紹興十六年歲在丙寅春正月戊寅，上諭宰執曰：「將來耤田降詔，須語簡意足，使民曉然知勸農之意。如漢文帝每歲親耕降詔〔三二〕，當時民知務農，遂致富庶也。」【新輯】遂下詔，略曰〔三三〕：「朕惟兵興以來，田畝久荒，故不憚卑躬，與民休息。今疆場罷警，流徙復業。朕親耕耤田，以先黎庶。三推復進，勞賜耆老。嘉與世俗，躋于富壽。昔漢文帝頻年下詔，首惟農事之本，至於上下給足，減免田租，光于史册。朕心庶幾焉。」此給事中、直學士院段拂之辭。拂，江寧人也。（輯自皇朝中興紀事本末卷六七，參考輿地紀勝卷一郊社）

壬辰，上親饗先農，行耤田之禮。三推畢，耕耤使秦檜請以耒耜授有司，上不從，遂推至九。癸巳，檜乞付史館，從之。甲午，檜又奏曰：「陛下耕耤過三推之數，少勞聖躬。」上曰：「朕本欲終畝，以卿屢奏，乃止。」僉書樞密院李若谷奏曰：「父老觀陛下躬耕，極感悦。」上曰：「太宗朝，每駕出城，必宣集父老，訪以民間利病。況耕耤爲農之勸，朕豈憚勞耶？」

丁酉，宰執奏除直龍圖閣高世定浙西提刑。上因諭曰：「監司、郡守若奉職，宜加擢；若不恤民奉法，郡守令監司按劾，監司令御史彈劾，如此，上下有紀綱，不至委靡也。」

二月辛亥，【新輯】上謂宰執曰：「聞建康都統王權教閱依時，仍不擾民，諸將頗畏服，良可嘉也。」後數日，權申所揀老弱。上曰：「所汰人須令招填〔三四〕，恐暗消兵數也。」（輯自皇朝中興紀事本末卷六七）

初，史館修日曆，凡藩邸舊事，與帥府建置本末，人無能知者。時慶州觀察使、提舉佑神觀開封韓公裔悉省憶上送。書成，論者謂尚多放逸。時楊愿爲史官〔三五〕，左僕射秦檜請遣愿質之，公裔所記皆實，檜欲賞，公裔摘使來請〔三六〕。會有詔〔三七〕，除公裔保康軍承宣使，檜疑公裔舍己而自求於上。是月，言者因論公裔罪，謂與愿往來。詔罷之。

初，建炎間，復置新科明法。自紹興十一年，禮部始定本科中選人，將來廷試賜第，次年遂得黄子淳一人〔三八〕。至是，禮部復言：「崇寧初，此科已併進士額。今有官人自許試法，其新科明法欲罷。」己巳〔三九〕，詔從之。

上以文武之道不可偏廢，三月庚午朔，詔興武學養士。其後，以百人爲額，置博士員。

新除資政殿學士秦梓卒。癸酉〔四〇〕，詔依執政贈典，仍令江東漕司爲辦葬事。

先是，茶馬司設買馬兩務，一在成都府，市於文、叙、黎、珍等州，號川馬。一在興元府，市於西和之宕昌寨〔四一〕，階之峯貼峽，號秦馬。凡馬五十四爲一綱，然涉數千里之遠，故多斃於道。至是，眉州進士侯鳳獻馬綱利害。丁丑，上諭宰執，謂：「其言雖未足取，然朕固知其弊，未有一處無之。每一綱到，所損甚多，皆緣部綱人作過。卿等宜措置革之。」

初，詔展皇城及創修外闕。臨安府守臣、端明殿學士張澄以天府之力，與漕臣分綜其半，及親耕耤田，所設靈壇、御耦、幄殿、次舍、倉廩、什器，澄悉先具。至是，除澄慶遠軍節度使。從官得旄鉞，本朝絶少，中外榮之。

自建炎中，湖南猺人楊再興父子占奪民田，且招叛亡〔四二〕、添寨栅，意欲作過。先是，委帥臣劉昉審度措置，遣屬官諭以逆順禍福之理，許令改過自新。再興即散其徒，且還侵地，誓永不敢犯邊。失業之人，遂獲安處。下本管憲司保明，昉委有前績。夏四月壬寅，上謂宰執曰：「猺人久侵省地，今盡以歸，可見向化。大抵猺人須加存撫，此既不擾，彼亦豈敢爲過？」詔除昉直寶文閣。

先是，宰執奏修圓壇，詔付臨安府。上因曰：「昨所進禮器極精緻，制頗近古。三禮圖之謬，誠無足取。」癸卯，上又曰：「昨降祭服，令禮官考古以製，庶將來不闕也。」知道州李佾言：「真宗御製七條，仁宗慶曆中常再舉行，乞下諸路，於守令廳揭示。」己酉，詔從之〔四三〕。

庚戌，上謂宰執曰：「近日全無事。」秦檜曰：「御前諸處奏到可見。」上曰：「前此文字極多，朕有至夜分不寐。頓減如此，豈非和議之效？」蓋上聽覽萬機，夙夜留心如此。

禮器局成鑄鐘，甲寅，上曰：「須聲和而應律，乃可用，更令禮官審之。」

初，再置諸路提舉學事官，通選本路監司之有出身者兼之。至是，有獻言者，乞於憲、漕二司事專委其一，下禮部。既而國子監申請：「專令轉運司有出身者兼領〔四四〕，如俱有出身，即從上一員。」五月壬申，詔從之。

時臨安府北關外河道堙塞，漕舟往往卸於門外，再搬入倉，極爲費力。而商販亦阻。是日，詔令開治。

【新輯】前知信陽軍馮榮叔乞京西、淮南合起租稅，比内地二畝而賦一，仍假之五七年，以勸其墾。六月癸卯，上謂宰執曰：「荒田若墾得徧，大爲國家之利。今已寧靖，然逐處尚有占留之弊，宜令户部措置還之。」（輯自皇朝中興紀事本末卷六七）

淮東鹽課增羨，丁未，宰執奏推賞。上曰：「法不足改，只循其常。若改而稍增，次年必虧。大抵民食鹽，每歲止如此也。」

戊午，宰執奏大理寺、臨安府決獄事。上曰：「隆暑之際，恐諸郡未能悉體朕懷，逮繫淹延。可令監司徧詣所部決遣。」

詔禮器局鑄景鐘（四五）。故事，學士撰銘，宰臣書之。己未，上謂秦檜曰：「卿一就撰銘，以爲萬世不朽之傳。」於是，檜撰銘以進，曰：「皇宋紹興十六年，中興天子以好生大德，既定寰宇，乃作樂暢天地之化，以和神人。惟兹景鐘，首出衆樂，天子專用諸禋祀。有詔臣檜銘且書，臣竊惟文德武功，猶陰陽之時，而虞舜、周文之用心，世莫之識。蓋較勝則績顯，兼懷則度宏，不可使後世無傳也。夫銘天子令德，臣敢對揚休命，謹拜手稽首而獻銘曰：『德純懿兮舜、文繼，躋壽域兮孰內外。薦上帝兮偉兹器，聲氣應兮同久視（四六）。貽子孫兮彌萬世。』」既而上謂檜曰：「卿所進銘，詞翰甚美。」檜曰：「天子銘德，諸侯記功。臣淺陋，豈能形容盛德？」上語在七月甲午，今聯書之。

乙丑，監察御史石埭、王鎡請建高禖祠壇（四七），庶獲聖嗣。詔付禮部。既而，本部言：「祖宗以來，未嘗親祠高禖，惟兩制攝事。」詔用親祠禮，仍改大禮使爲親祠使。

初，春補就試者五千人，遂分數場，有改名冒試，至於再三。秋七月辛未，中丞何若言：「今秋補試人數又多，乞於貢院引試。」上曰：「士人進取之弊，一至於此，所係甚大，不可不革。今日之所養，則他日之所爲可見也。」

八月戊戌朔，司封郎中邊知白除將作監，吏部郎中【新輯】周執羔除右司郎中(四八)。上曰：「人材須廣訪而選用之，所薦者君子，其人自君子；所薦者小人，其人自小人。觀所薦者，其人可知矣。」執羔，弋陽人也。

殿前司統制官張淵乞遣招安人周宙等回寨。壬寅，上謂宰執曰：「福建盜皆無知之民，若招安未爲要術。須是監司、守令恤之不擾，自然寧息。如海州賊，皆本處大姓，資給使然，可嚴立賞罰，收捕者賞，資給者痛治，此要術也。」（輯自皇朝中興紀事本末卷六八）

初，宣州有晉太守桓彝廟，封忠顯王，其子温亦封宣威公。至是，請加封。於是，太常寺丞王湛、主簿陳積中皆預討論。而中丞何若論奏擬封不當。甲寅，上曰：「桓温逆迹，屢移晉祚，賴大臣扶持，不然，晉不血食久矣。昨推恩顔真卿子孫，今推封温，事屬相戾。」積中與湛俱令外任(四九)。

時臨安府河道已濬通，壬戌，詔居民不得填塞，舟船並令泊城外。

興化進士方子寳獻所訪遺書。丙寅，上曰：「昨較遺書，至今獻者尚少，蓋監司、郡守視爲不急，可申嚴制。」

先是，以湖南都鈐轄戚方爲步軍司統制〔五〇〕。九月己丑，宰執奏方已到供職。上曰：「自兵興以來〔五一〕，諸將出入，若身之使臂，無不如意，茲爲可喜也。」

初，右朝請大夫無錫袁復一爲廣南提舉市舶。至是，三佛齊國王寓書市舶官，言近年商販乳香，頗虧直。市舶遂以繳進。壬辰，上謂宰執曰：「市舶之利，頗助國用，宜循舊法，招徠遠人。」於是，鐫復一官一等。

時禮器新成，十月戊戌，太師、左僕射秦檜言：「制作甚精。」上曰：「所用皆足〔五二〕，今次大饗，太廟一新。」

戊申，上曰：「昨日三衙習射皆精，宜加賞以激之。」秦檜曰：「今天下無事，可見陛下之不忘武備也。」上又曰：「秘府求書，進者未多，宜加賞格，以勸來者。」

己酉，上曰：「今天下無事，民事最急。監司、郡守須是擇人，得人則爲縣者自不作過〔五三〕。蓋縣官皆銓注，難别賢否，全在考察。昏繆不任者，别與差遣；清强有才，則宜擢用之。」

知臨安府沈該乞展兩淮起税之限。庚戌，上謂宰執曰：「財賦須知取予之道，如知取之爲取，不知予之爲取，非久利也。淮南民若盡歸業，則其利甚廣也。」

甲寅，三省擬右朝奉大夫唐遵除淮南漕。上曰：「淮南漕别無事〔五四〕，只不生事便了。」秦檜曰：「今天下無事，第恐庸人擾之。」又曰：「若無庸人擾之，天下自治。」

十一月，言者乞以科舉餘分人數取經義。庚午，詔從之。

甲戌，朝獻景靈宮。乙亥，饗太廟。丙子，合祀天地於南郊，大赦天下。【新輯】初，宰執奏肆赦事，上曰：「居養、安濟、漏澤，先帝之仁政。居養、安濟已行，惟漏澤未措置。」乃令增入。

癸未，復置御書院，依祖宗法隸翰林院。（輯自皇朝中興紀事本末卷六八）

初，上致齋而雪作，及朝獻則杲日麗空。至郊夕微陰，登壇即霽，三台星見。【新輯】於是，秦檜言：「陛下好生之德，既定宇内，乃不居其聖，歸功于天。前郊祀之朞年，稽古制作，禮樂大備，討論訂正，悉出聖學。有司效使惟謹，曾不能措一辭。及將祀，則至誠感通，天意饗答，雪呈瑞於齋居之先，日穿雲於朝獻之旦。既升紫壇，則星宿明潤；旋御端闕，則霄漢廓清。允謂先天弗違，諸神受祀（五五）。至於率履不越，又可爲萬世法。有司請設小次，則拒而不答。宮廟載葺既畢，則宸翰摽題，皆極於恭恪，此所宜書者也。臣職在後從，親見不誣，望宣付史館。」甲申，詔從之。（輯自皇朝中興紀事本末卷六八）

時知南外宗正司士源將滿，甲寅，上論宰執曰：「士源可與合得恩數，別選人替之。宗司得人，則宗室皆循理；不得人，則紀綱廢，至於擾州縣。宜謹擇之也。」

初，明橐宣諭廣東，薦洛陽遺民朱敦儒，召至闕，賜進士出身，除館職，遷吏部郎中。至是，任浙東提刑，而右諫議大夫汪勃言其疏繆。辛卯，上謂宰執曰：「爵禄所以勵世，如其可與，則文臣便至侍從，武臣便至建節。如其不可，雖一命亦不容輕授。」乃詔罷之。

初，選人改京秩，用舉主五員，數中之一，必得轉運副使，或提點刑獄，號爲職司。至是，吏部侍郎林乂請待制以上官帥一路者〔五六〕，其薦牘視此。遂著爲令。故事，告身書史不過一二人，時大禮後，奏補封贈填委，乂請擇善書吏，窮日力繕寫，且識其姓名，以備稽考。乂，尤溪人，與秦檜有舊，引至侍從，其才雖未協衆望，然頗勤於所職。選人薦舉應格未引驗，而舉主有故，或差之一日，則失之終身。乂雖休日亦引於其私第。以此人亦稱之。

十二月己亥〔五七〕，彗見，越七日乃伏。

進士章公奎上言〔五八〕：「今國家偃兵，而未免有預借之税，望即除之。」上曰：「此事有否？朕與鄰國通和，正爲百姓，若預借以擾民，失朕本意。」乃詔户部條上。

丁巳，上謂宰執曰：「諸寨屋令主帥措畫，給錢與之自蓋。不然，恐勞民力也。」

庚申，秦檜奏臘前已見三白，上曰：「二麥可望。」又曰：「上殿官論捕獲私販茶鹽，往往枝蔓，可令有司看詳，恐追逮無辜，傷和氣也。」

時秦檜以爲時已太平，日興彌文，諱言兵事，深忌崇信軍節度使、萬壽觀使張浚。初，浚居長沙，蓋屋六十楹，且爲堂，牓曰「盡心」，蓋以奉其母。而言者論浚卜宅逾侈，至擬五鳳建樓。上不以爲然。檜遣起居舍人吴秉信以使事至湖南，有所案驗。秉信造浚，見其所居不過中人常産可辨，不覺歎息，反以檜意密告之。歸而被黜。秉信，鄞縣人也。至是，浚因星變言：「今日事勢，譬如養成大疽於頭目心腹之間，不決不止，決遲則害禍大而難測，決速則禍輕而易治。惟陛下斷之以獨，謹察情僞，豫備倉卒，庶幾社稷有安全之理。不然，日復一日，後將噬臍。異時以國與敵者，反歸正議。此臣所以食不下咽，而不能一夕安也。」於是，中丞何若言：「浚也包藏禍心，惟冀天下多事，則僥倖再用。」乃詔浚落節，以特進、提舉太平興國宫、連州居住。〔五九〕浚之學尤深於易，自至貶所，精思大旨，述之於編。以謂：「易有太極，是生兩儀，太極一也，兩儀二之也，分爲二，而七八六九之數，成五行之象。」於是大著於書〔六〇〕。又曰：「天數二十有五，地數三十。凡天地之數五十有五，此天地之中數也。何以知其然？蓋一三五七九合爲天數，而天數不過五；二四六八十合爲地數，而地數不過五。天地奇耦，合之爲十，總之爲五十有五。自然之數，皆不離於中，中故變，變故其道不窮，聖人神而明之。用數之中，故消息盈虚之妙、闔闢造化之機，皆在於我，而動静不違焉。中其全矣！」又嘗論剛柔之義，以示子姪曰：「君道主剛，而動則用柔。接下撫民，莫非柔也。故乾動爲坤，臣道主柔，而動則用剛。犯顔正色，莫非剛也，故坤動爲乾。故觀於剛柔之中，而究其所以用，則可以類推矣。」

先是，奉使金國者得自辟十人以從，賞典既厚，願行者多，納金以請，遂爲故事。時禮部侍郎周執羔爲賀大金國生辰使，始拒絶之。

集英殿修撰鄭望之上章告老〔六一〕。從之。時望之居上饒，築室名「寓居」，蓋取晉陶潛寓形宇宙之意。後嘗有詔落職復召〔六二〕。上語近臣曰：「鄭望之不特是君臣，乃是故人。」望之時已八十一，不復出矣。

〔校勘記〕

〔一〕案：皇朝中興紀事本末卷六五繫此事於「甲子」，繫年要録卷一五三繫於「丙寅」。

〔二〕惟真賢實能　「實」，皇朝中興紀事本末卷六五及繫年要録卷一五三作「碩」。

〔三〕朕慮征科苛擾　「慮」原脱，據皇朝中興紀事本末卷六五補。

〔四〕案：繫年要録卷一五三己酉條注文考證云：「按飛以紹興十一年誅死，明年三月，貴罷爲福建副總管，以田師中代之。未嘗除管軍。又按：是時步帥乃韓世良，後改用趙密。蓋貴止是帶軍職。克誤以爲步帥也。」

〔五〕宰執奏湖北帥司放散迎神百姓事　「百姓」，皇朝中興紀事本末卷六五作「百戲」。

〔六〕大理寺丞周彬請復置六部架閣官　「周彬」，繫年要録卷一五三作「周懋」。

〔七〕案：繫年要録卷一五四繫於「八月丙戌」，并以小曆誤。

〔八〕六曹長貳廳皆未知壁記　「知」，皇朝中興紀事本末卷六六作「立」。

〔九〕户部侍郎王鈇始攷建炎逮今一十九載　「鈇」原作「鐵」，據皇朝中興紀事本末卷六六改。下同。

〔一〇〕且討論其法　「法」原作「非」，據皇朝中興紀事本末卷六六改。

〔一一〕王鈇上奏，案：繫年要録卷一五四繫於「八月己亥」。

〔一二〕壬戌　宋會要輯稿食貨六三繫於「八月十九日」，即壬辰。

〔一三〕高宗賜書秦檜，案：繫年要録卷一五四繫於「十月乙亥」，并以小曆繫於九月誤。

〔一四〕又以金鍍銀洗鑼唾盂照匣等物賜之　「鍍」原作「渡」，據廣雅本及皇朝中興紀事本末卷六六改。

〔一五〕時虔梅及福建劇盗有號管天下五黑龍　「五」，皇朝中興紀事本末卷六六作「伍」。

〔一六〕鄉民多作山砦自保　「砦」原作「岳」，據皇朝中興紀事本末卷六六改。

〔一七〕官軍不習山險　「山」原作「人」，據廣雅本及皇朝中興紀事本末卷六六改。

〔一八〕弼趣隊伍揚金鼓旗幟　「旗幟」原脱，據皇朝中興紀事本末卷六六補。

〔一九〕「楊愿自請罷」，繫年要録卷一五四丙子條注文考證，楊愿是爲汪勃所擊而罷。小曆誤。

〔二〇〕案：秦熺爲知樞密院，繫年要録卷一五四癸酉條注文認爲小曆誤。

〔二一〕戎器不用則蠹　「戎」原作「戒」，據廣雅本、皇朝中興紀事本末卷六六及繫年要録卷一五四改。

〔二二〕庚子詔從之遂除太府少卿趙不棄以總領四川宣撫司錢糧爲名　「庚子詔從之遂除太府少卿趙不棄以總領」十七字原脱，據皇朝中興紀事本末卷六六補。

〔二三〕是月　繫年要録卷一五四繫於「七月丙辰」。

〔二四〕以左承事郎劉章爲秘書省正字　「左」原脱，據皇朝中興紀事本末卷六六補。

〔二五〕案：此言劉章不待一任回，繫年要録卷一五四認爲誤，因「章此時未到任也」。

〔二六〕知潯州杜大舉奏便民事　「杜大舉」，繫年要録卷一五四作「杜天舉」。「奏便民事」，繫年要録卷一五四十一月戊申條記所奏是爲廣西列郡選教官之事。小曆誤。

〔二七〕固嘗親耕帝藉　「嘗」原作「當」，據廣雅本及皇朝中興紀事本末卷六六改。

〔二八〕惟務勸農　「勸」原作「勤」，據皇朝中興紀事本末卷六六改。

〔二九〕詔乃罷德爲浙東總管　「浙東總管」，繫年要録卷一五四作「馬步軍副都總管」。

〔三〇〕有統制官張淵在本路措置盜賊　「制」原脱，據廣雅本及皇朝中興紀事本末卷六六補。

〔三一〕案：繫年要録卷一五六紹興十七年四月丁巳條注文考證云：「按：張浚當國，時耿錫已坐伏闕上書，送紹興府學聽讀，非檜所創。克誤也。」

〔三二〕如漢文帝每歲親耕降詔　「降」原脱，據皇朝中興紀事本末卷六七補。

〔三三〕案：下詔時間，繫年要録卷一五五繫於「二月癸卯」。

〔三四〕所汰人須令招填　「汰」原作「貸」，據繫年要録卷一五五改。

〔三五〕案：繫年要録卷一五五載「楊愿時兼修玉牒」，并以小曆楊愿爲史官誤。

〔三六〕公裔摘使來請　「請」原作「情」，四庫館臣於「摘使來情」四字下注云：「按四字疑有訛脱。」據皇朝中興紀事本末卷六七及繫年要録卷一五五改。

〔三七〕會有詔　「有詔」原脱，據繫年要録卷一五五補。

〔三八〕案：繫年要録卷一五四紹興十五年閏十一月己卯條注文考證云熊克「蓋不考今年再得張鎡也」。

〔三九〕己巳　繫年要録卷一五四據日曆繫於「紹興十五年閏十一月己卯」。

〔四〇〕癸酉　繫年要録卷一五五繫於「辛酉」。

〔四一〕市於西和之宕昌寨　「宕」原作「喦」，據皇朝中興紀事本末卷六七及宋會要輯稿兵二四改。

〔四二〕且招叛亡　「亡」原脱，據皇朝中興紀事本末卷六七補。

〔四三〕案：繫年要録卷一五五己酉條載，請求於官廳揭示文臣七條的是王循友等。「熊克小曆謂李侗揭示，非也」。

〔四四〕專令轉運司有出身者兼領　「令」原作「司」，據皇朝中興紀事本末卷六七改。

〔四五〕案：鑄鐘事，繫年要録卷一五五繫於「五月丙戌」。

〔四六〕聲氣應兮同久視　「氣」、「視」原脱，據廣雅本、皇朝中興紀事本末卷六七及繫年要録卷一五五補。

〔四七〕監察御史石埭王鎡請建高禖祠壇　「鎡」原作「鑑」，據皇朝中興紀事本末卷六七及繫年要録卷一五五改。

〔四八〕周執羔除右司郎中　「周執羔」原作「周執恙」，據繫年要録卷一五五及下文改。

〔四九〕積中與湛俱令外任　「積中」原作「執中」，據上文、皇朝中興紀事本末卷六八及繫年要録卷一五五改。

〔五〇〕案：繫年要録卷一五五考證云：「按：戚方此時恐在建康軍中充統制，未嘗離軍。所謂湖南兵鈐，止是陞帶。克誤也。」

〔五一〕自兵興以來　「兵興」，繫年要録卷一五五作「合兵」，當是。

〔五二〕所用皆足　「足」原作「是」，據皇朝中興紀事本末卷六八改。

〔五三〕得人則爲縣者自不作過　「者」原作「首」，據皇朝中興紀事本末卷六八及繫年要録卷一五五改。

〔五四〕上曰淮南漕别無事　「上曰淮南漕」原脱，四庫館臣注云：「按句下有脱文。」據皇朝中興紀事本末卷六八補。

〔五五〕諸神受祀　「祀」原作「記」，據繫年要録卷一五五改。

〔五六〕吏部侍郎林乂請待制以上官帥一路者　「上」原脱，「帥」原作「師」，據皇朝中興紀事本末卷六八補、改。

〔五七〕十二月己亥　「己亥」原作「乙亥」，據皇朝中興紀事本末卷六八及繫年要録卷一五五改。

〔五八〕案：進士章公奎上言，繫年要録卷一五五繫於「辛亥」。

〔五九〕案：張浚因上書被貶，繫年要録卷一五五繫於「七月壬申」，并考證小曆繫於十二月誤。

〔六〇〕於是大著於書　「於書」原脱，據皇朝中興紀事本末卷六八補。

〔六一〕集英殿修撰鄭望之上章告老　「集英殿修撰」，繫年要録卷一五五作「徽猷閣待制」，并以小曆誤。

〔六二〕後嘗有詔落職復召　「職復」，皇朝中興紀事本末卷六八作「致仕」。

中興小紀卷三十三

紹興十七年歲在丁卯春正月，户部侍郎李椿年言〔一〕：「兩浙經界已畢者四十縣，其未行處，若止令人户結甲，慮形勢之家，尚有欺隱。乞依舊畫圖造簿，本所差官覈實。若先了而民無争訟之煩，則申朝廷推賞。如守令慢而不職，奏劾取旨。」丁卯〔二〕，詔從之。

【新輯】户部言：「米已免税，而所經税務尚收力勝錢，甚非朝廷寬民之意。欲下轉運司禁止。」〔三〕己丑，詔從之。上曰：「米已免税，如柴麵亦合蠲之，商旅既通，更平物價，則小民不至失所矣。」（輯自皇朝中興紀事本末卷六九，參考繫年要録卷一五六）

詔令後孟饗詣景靈宫，及皇太后、皇后或時出入，自支錢米，不須臨安應辦，恐擾及市民。

癸巳，資政殿學士、提舉萬壽觀、兼侍讀秦熺加大學士。

二月乙未朔，以右諫議大夫汪勃爲御史中丞。

臨安府奏減定房錢。辛丑，上諭宰執曰：「官私須合均一〔四〕。」秦檜曰：「臣有以知陛下無心應物而施政平也。」

丁未〔五〕，上親祠高禖。

少保、殿帥楊存中奏：「諸軍營昨用草蓋，歲深已壞，乞造瓦屋。」辛亥，上曰：「草屋經夏尤難處，第令改造，雖未即成，可旋爲之。」

壬子，詔陣亡恩澤，自今不須裁定，可依祖宗法。

言者論參知政事李若谷，辛酉，罷爲資政殿學士、提舉太平觀，再論，遂奪職，令江州居住〔六〕。

三月丁卯，以給事中段拂爲翰林學士。拂，江寧人也。

己卯，【新輯】以翰林學士段拂爲參知政事。

初言者以謂州縣所納税絹每疋至十千，上恐傷民力，詔户部措置。至是，又謂州縣和買，率以三月起催〔七〕。辛巳，上諭宰執曰：「三月間蠶猶未生，民何以應辦？」於是，秦檜奏請依舊限，上可之。

是日，（輯自皇朝中興紀事本末卷六九）宰執奏國信所乞裁減接伴北使官屬事。上因諭曰：「奉使邊知白渡淮數日，而尚未至，恐滯於中路，則從人不能無擾。可降指揮，今後計程赴行在。」

夏四月辛亥，上謂秦檜曰：「近來任滿轉官，減半添給，陳乞攀援者多，可禁止之。悉遵舊法，犯者論以違制。」

戊午，宰執奏殿前司申訓練官董彥起復事。上曰：「須見在中軍，不免從權。若旋行竄名，規免執喪，有害風教，可禁止之。」

先是，徽宗忌辰，皇太后親詣景靈宮，少師、昭慶軍節度使、充萬壽觀使、平樂郡王韋淵因赴起居，妄出辨語，詆毁太后。既而，命殿中侍御史上饒余堯弼就其家鞫治，具伏。庚申，責授散官，袁州安置。

【新輯】先是，川、廣驛馬並付鎮江府御前都統制王勝軍，五月癸亥朔，上諭宰執，令鎮江及淮南漕司撥官地美水草處放牧。且言：「數年間便見蕃息，此在軍政所當留意。」

丙寅，上謂宰執曰：「近有布衣言福建鹽法，朕謂祖宗或法利於民者，自當永久遵行，何必改作也？」（輯自皇朝中興紀事本末卷六九）

六月癸巳朔，上諭宰執曰：「臨安居民皆汲西湖，近來爲人撲買作田，種菱藕之類，沃以糞穢，豈得爲便？況諸庫引而造酒，用於祭祀，尤非所宜，可禁止之。」又曰：「沿江石岸令速修，失之遲，則衝損害民，費工必倍。」

乙未〔八〕，宰執奏放臨安府房錢事。上曰：「雨澤稍頻，細民不易。」秦檜曰：「昨蒙宣問常、潤及江東闕雨，臣弟棣赴宣州新任〔九〕，近得報，雨已霑足。」上曰：「秋成有望，可喜也。」

殿中侍御史余堯弼論知上饒縣韓暉非理貪求。上諭宰執曰：「縣令非人，民受其弊。若銓擇則員多，有所不暇，第責之監司，去其貪暴昏謬，庶幾百姓均被實惠。」堯弼，上饒人也。

秋七月，初，四川宣撫使鄭剛中即利州置監，鑄小鐵錢，欲以救川引之敝，遂就除資政殿學士。剛中在蜀六年，秦檜忌之，而剛中服用亦或逾制。四川總領趙不棄欲盡取剛中所儲，剛中不與。至是，不棄自四川回。己巳，上曰：「不棄深知四川財賦，計今調度給足，則軍興以來所敷並可蠲罷。朕所以休兵講好，蓋爲蘇民力爾。如其不然，殊失本意。」時不棄頗文致剛中事，尋以不棄爲工部侍郎。

甲申，【新輯】宰執奏江東帥司乞罷差官拍試事，上曰：「今殿前司馬步諸軍教閱不廢，故武藝皆精。」秦檜曰：「承平時亦自閱武，今御前呈引，有賞激之，所以諸軍爭勸。」（輯自皇朝中興紀事本末卷七〇）

提舉太平觀張擴投閑五載，居于德興之先廬，日從賓客以觴詠自娱，至是，疾革請老。丙戌，上謂宰執曰：「此吾中興辭命之臣。」詔除敷文閣待制致仕〔一〇〕。

八月乙未，宰執奏除臨安府帥臣。上因諭曰：「朝廷於臨安，不免時有所需，如御膳米，初日供，今則月一取之，庶幾不敢緣此擾民也。」

九月乙丑，宰執奏殿前招到海賊分隸諸軍事。上曰：「海賊若竄，須立賞捕之，仍常加恤，毋使去爲民患。」

知大宗正、主管濮祠士㒟赴行在供職〔一一〕，乞奏事〔一二〕。乙亥，上謂宰執曰：「南班有分處紹興府者，比之行在，日奉朝謁，勞佚不均，祖宗待遇優恤，間有賜湯藥假〔一三〕，朕念宗子食貧者衆，時有以助其費。」秦檜曰：「嚮日郊賜加厚，足見聖慈惇叙之意。」

是日，户部具到諸路月樁錢，以緡計者，江東信州五萬四千、徽州五萬八千、宣州四萬九千、江西吉州六千七百、撫州二萬五千、江州一萬一千、筠州六千九百、建昌軍二千三百、臨江軍四千六百、南安軍六千六百。上曰：「科敷之類，富者猶不能堪，下户何所從出？若計諸州羨餘，以減月樁錢，誠寬民力。」秦檜曰：「指揮之下，百姓想皆歡欣鼓舞。」上曰：「朕備嘗艱難，知細民闕乏，雖百錢亦不易得。故尋常不欲妄費，或有餘財，即命樁留，以待緩急，庶幾臨時不至失措〔一四〕。」

言者論資政殿學士、四川宣撫使鄭剛中奢侈妄作。丙子，詔罷剛中，仍於鄂渚候旨。既而，落職，責桂陽監居住〔一五〕。其後，又以在蜀日有盜過界偷馬，詔剛中捕捉，而奉行不切〔一六〕。又擅自鬻度僧牒，及興監鑄錢〔一七〕，以所收到直便支費，且欲併都轉運司入宣撫司。又不喜朝廷置四川總領官，却説諭統兵官，云今爲總領交去錢物，無可送遺。再爲言者所論。制勘獄成，剛中累貶封州。其子書寫機宜文字良嗣〔一八〕，并官屬張漢之，皆除名編管。

己卯，宰執奏修太醫局事。上曰：「醫官如王繼先輩，恐難有繼者。宜立法試選醫生，然須有自得處，徒誦方書，不能意解，豈足爲良醫也？人命所繫，誠不可忽。」

是月〔一九〕，金國主亶出獵，至陰山之北打圍，遂至雲中府。冬十月，復歸上京。

十一月辛酉朔〔二〇〕，日當蝕，陰雲不見。

初，命刑部尚書周三畏等詳定重修常平免役勅令格式，至是書成。丙寅，太師、左僕射秦檜上之。

十二月辛卯朔，上謂宰執曰：「昨日閱試殿前馬步諸軍，武藝皆精。」秦檜曰：「陛下以賞激之。」上曰：「引硬射親〔二一〕，舊以二百人爲率，自後當增至三百人，庶使遞相教習，緩急可用。」

【新輯】壬辰〔二二〕，上曰：「諸郡災傷，宜令留意檢放，不可苟取一時租税，却致民移難以復業。」（輯自皇朝中興紀事本末卷七〇，參考繫年要録卷一五六）

癸巳，宰執擬差左奉議郎吴質知容州。上曰：「廣東西闕官，自來多是權攝。如海外州軍，監司巡歷不到，朕每以爲慮。有願就者，宜早與差遣。」

自駐蹕以來，歲祀十神太一於惠照僧刹〔二三〕，言者以爲未稱欽崇之意。癸卯〔二四〕，詔兩浙轉運司營太一宫。

甲辰〔二五〕，【新輯】宰執奏三衙管軍扈衛十年，取旨推恩。上曰：「往日將帥出戰立功，時有遷轉。今休兵日久，已建節者固不較，其他豈無望，當有以繫其心，且使來者勸。」（輯自皇朝中興紀事本末卷七〇）

右正言巫伋請以前後詔書編成册，付州縣遵行。上曰：「朕屢降寬恤指揮，而守令不能奉承，安得惠及百姓？當使監司按劾，以警慢吏〔二六〕。」

壬子，宰執奏：「四川命官，因罪停降，遇恩該叙復者，元係宣撫司行，令與還之省部。」上曰：「四川人多只官川中，今可量與注擬東南，庶使遠近人情，無彼此之間。」

初，宣撫司得便宜補官，皆預給勑牒。至是會萃，令吏部换給。秦檜疑其未實，多格不行。吏部侍郎周執羔言於檜，以謂：「朝廷本許以一切，不宜失信。」乃從之。此據執羔行述修入，權附此。

殿中侍御史余堯弼論浙東提刑林師説敢爲異議。甲寅，詔罷之。上曰：「人心不同，豈能盡知？但當試用，若肯協濟國事，自須進擢。如意懷二三，狙詐謀身者，不免斥去。以示之好惡，庶革士風之偷薄也。」

建、劍、汀、邵在閩中，號上四郡，每歲上供諸費皆仰鹽以辦。時建之鹽綱不集，且官鹽莫之售，私鹽莫之禁，故公家之用匱。守臣敷文閣待制林乂熟其弊，蓋鹽綱非請托不行，或綱未入手，而本錢爲之一空，坐是故得而不行，行而不至，公私俱困。乂乃選使臣皂隸之廉幹者十餘人以授之，且犒勞良厚，戒之毋藉銖兩。至是，損其直鬻之，故鹽貨流行，郡以不乏。

是歲，金國主亶遣使挾相士下兩河諸路，選民間室女年十三以上，二十以下者，凡得四千餘人，皆令入宮。

紹興十八年歲在戊辰春正月庚申朔，辛執奏淮南轉運副使錢端禮，乞將本路應副國信使宿食處，併作一十二頓。上曰：「此亦免官吏乘時擾民。」詔從之。

甲子〔二七〕，言者謂：「先朝春秋二仲，以太常少卿薦獻諸陵，季秋則御史按視。今永祐陵近在會稽，一水之隔，望舉行舊制。」從之。

戊子，上與宰執語及人材，因謂秦檜曰：「士專謀身，國家何賴？厲世磨鈍，惟在進賢退不肖。」檜曰：「此乃致治之要。」上曰：「不須與較，但審其賢否而進退，則人自勸沮矣。」

二月癸巳，上諭宰執曰：「兩浙漕司舉人，聞有勢力之家，行賂假手，濫占解名，甚喧士論。今鎖院在近，可令禮部立賞，許人捕。」甲午〔二八〕，詔假手者，許就試舉人告獲，取旨補官，仍賜出身。

殿中侍御史余堯弼、右正言巫伋，論參知政事段拂天資陰邪，不識廉恥。建炎間，金陵倅楊邦乂仗節以死，而拂攝倅〔二九〕，恬不知恥，何以躐居政府？乙未，詔除資政殿學士，與宮祠。再論，遂落職。

壬子〔三〇〕，監登聞檢院徐璉言：「自昔帝王，必有佐命之臣，功銘鼎彝，侑食清廟，以勸萬世。國家遠稽三代，肇建原廟，凡在佐命輔弼，皆繪象廟庭，以示報功之意。陛下紹開中興，復崇原廟，如祖宗之制。而累朝配饗輔弼，不過十餘人。今其家之子孫，必有繪像在焉，望詔有司訪求，摹於景靈宮庭之兩壁。」壬子，詔禮部措置申省。

三月，禮部侍郎沈該奉使金國賀正回〔三一〕。詔該兼直學士院。該，歸安人也。

壬申，名行宮之南門曰麗正，北門曰和寧。

時殿前司招軍，多誘致鄉民及負販者。上慮其失業，丁丑，乃諭宰執，可令川中二大將吳璘、楊政招流民之失所者，發來填額。

初，建太乙宮，期以半年，至是告成。辛巳，詔許士民燒香三日。既而，上謂宰執曰：「太一宮亦不華靡，朕自謁款後，有一食牛肉人至宮，妄有毀訾，抵暮遽卒，自此都人莫不信向也。」上語在五月辛酉，今聯書之。

壬午，資政殿大學士、提舉萬壽觀兼侍讀秦熺再除知樞密院事。一日，左僕射檜以問祠部郎官胡寧曰〔三二〕：「兒子近除，外議如何？」寧曰：「外議以爲公相必不襲蔡京之迹。」於是，檜怒。寧，崇安人，安國子也。

夏四月戊子朔，太陽當蝕，陰雲不見。

貢院考到博學宏辭科合格選人周麟之、季南壽，並與堂除〔三三〕。麟之，海陵人；南壽，龍泉人也。

知貢舉、吏部侍郎邊知白上合格進士徐履等。庚寅，上御集英殿策試，既遂賜王佐以下三百三十人及第、出身。履，永嘉人；佐，山陰人也。

知樞密院事秦熺自言父子共政，理當避嫌。庚子，以熺爲觀文殿學士、提舉祕書省，立班左、右僕射之次。

殿帥楊存中乞于平江府添蓋牧馬屋。壬寅，詔所費並令官給見緡，不得科民。

癸丑，宰執奏除監司，上因諭曰：「時暑，旅中人不易，凡到闕人，早與差遣令去。」殿中侍御史余堯弼論敷文閣直學士、知建康府晁謙之〔三四〕，輒與趙鼎通書，又嘗爲王庶辟客〔三五〕。詔罷之。

時京西謀帥，以慶遠軍節度使張澄爲之。是月，澄至襄陽府。襄陽地平，當江、漢之衝，環以大堤，歲久爲水所圮。澄始相葺之，度民不可勞，而江、夏諸將私田占籍境内者，倍於編户。澄乃諭使出力修隄，皆欣然聽命。既成，比舊增高，週迴數十里，民蒙其利。

禮部下諸路轉運司，于祖宗配饗功臣之家，訪到趙普、曹彬、薛居正、石熙載、潘美、李沆、王旦、李繼隆、王曾、吕夷簡、曹瑋臣、韓琦、曾公亮、富弼、司馬光、韓忠彦凡一十六人繪像。五月乙丑〔三六〕，詔並畫于景靈宫廷之壁。

初，兩浙漕司運米所差使臣押綱，例皆參部有礙，志在盜糶官物，雖賞罰不能爲之勸沮。歲久欠多，有至數千石者。至是，言者請付銓曹，選有心力使臣，無欠而願併押者聽，則官物不失，亦救弊之一端也〔三七〕。詔送吏、户部。其後，逐部欲依所請。從之。

甲戌，太常寺主簿林大鼎，請於國城之東建九宫貴神壇，一如祖宗之典。詔付禮部。大鼎〔三八〕，莆田人。初爲舉子，答策言今左僕射秦檜靖康忠義之節。檜時閒居永嘉，見其文，默識之。至是，稍獲薦用。

先是，自鄭剛中罷，利西路帥吴璘、利東路帥楊政等元帶四川宣撫司都統制，並已改爲御前諸軍都統制。甲申，又詔罷四川宣撫司，就除知成都府、徽猷閣直學士開封李璆爲四川安撫制置使。

先是，諸路每歲決獄，專委憲司，而但遣屬官代行，徒爲文具。六月癸巳，乃詔提刑須親到所部決獄，仍具申尚書省〔三九〕。

甲午，上諭宰執曰：「郡守條上民事，可委官詳之。有可採者即行，庶不爲虚文也。」時有布衣上書，言縣令非理擾民。己亥，上謂宰執曰：「朝廷自和議以來，未嘗有取於民，可令監司、郡守察之。」庚子，乃檢前後約束行下。上又曰：「自今有作事或過，及老而昏謬者，並與祠禄，庶不爲民害也。」

丁未，上諭宰執曰：「近者有布衣上書，乞行三舍法，恐未暇及此。内有言民事，宜送户部，可行者即行之。」

士民曹溥等一千三百餘人進表，乞上尊號。戊申，上謙抑不受，令有司毋得復收。乙卯，上諭宰執曰：「祕府見求遺書古跡，四川不經兵亂，可委諸司尋訪，仍令提舉官每月趣之。」

兩浙漕司奏劾秀州添倅向子昌不法事。秋七月辛酉，詔本司取勘具奏。上因諭宰執曰：「親民之官，莫如縣令。縣令至衆，不能皆賢，但得監司、郡守，縱有不法，亦自知畏，更須留意擇人。」

乙丑，宰執奏江西漕臣賈直清〔四〇〕，乞於縣官中選有出身者，兼縣學教諭事。上曰：「州縣選官教導，乃治化本原。將來亦有人才可備採擇。」〔四一〕令禮部檢舊法申省。

言者乞令諸州建閣，以藏宸翰。上以勞民，不許。戊寅，諭宰執曰：「治道貴清浄，治民惟在于不擾。」

知臨安府湯鵬舉言：「偃兵以來，皇華交贄〔四二〕，結轍于道，而淮、浙沿流館舍無慮二十所〔四三〕，尚或未就，望令賓至如歸。」詔從之。

時久旱而雨〔四四〕。上曰：「前此朕甚憂之，近來霑足，秋成有望，殊爲可喜。」

八月丙戌朔，上謂宰執曰：「知揚州向子固已丁憂去，盱眙軍畢良史又易守他郡〔四五〕，今未得人，頗以爲慮。」于是，就除淮南漕臣榮嶷知揚州，而良史復還舊任。

端明殿學士、僉書樞密院事汪勃以親老乞歸養。丙申，詔仍舊職，提舉太平興國宫。丁酉，以工部尚書詹大方爲端明殿學士、僉書樞密院，尋權參知政事。

前知郢州趙叔滂言：「陛下即位以來，用人多矣，而競持異議，故投艱弭亂，略無寧歲。自專任一相，坐致太平。望以今日得人之效，宣付史館。」癸卯〔四六〕，上可其奏，因顧左僕射秦檜曰：「此卿之功也。朕記卿初自虜中歸〔四七〕，嘗對朕言：『如欲天下無事，須是南自南，北自北。』遂首建和議。朕心固已判然，而梗于衆論，久而方決。今南北罷兵六年矣，天下無事，果如卿言。」檜頓首謝曰：「和議之諧，斷自宸衷，臣奉行而已，何功之有？」

侍御史余堯弼言：「刑部尚書周三畏，由法吏以陞八座，縉紳所鄙。」乃詔與外祠。

初，左太中大夫范同以前執政知太平州秩滿〔四八〕，詔令再任。而同治郡無政聲，通判陳良弼貪汙恣横，同不能制。是月，同卒〔四九〕，始復資政殿學士。

崇慶軍節度使葉夢得卒于湖州。

自紹興改元以後，每歲户部降本錢〔五〇〕，下江、浙、湖南和糴以助軍儲。至是，以兩國通和，户部財賦自足。閏八月庚申，宰執奏乞與蠲免。上喜曰：「朕向在河朔，見民以爲苦。朝廷所降本錢，往往州縣移用，不即時給。縱有給處，又爲吏多端乞取，十不得一二。今幸時和歲豐，軍儲粗足，朕豈得而不已也？」

甲子，户部言：「今淮東、西、湖北三總領所收糴軍儲，官省般運之費〔五一〕，民無科派之患，實爲久利。浙西産米浩瀚，欲令轉運司於臨安、平江府兩處蓋倉〔五二〕，以行在省倉場爲名。歲各糴二十萬石。又行在省倉，三界亦立定歲額，上界六萬石，中界五萬石，下界二十五萬石。三總領所各糴十五萬石，淮西加一萬五千石。」從之。

時江、浙士人補中太學，雖告假逾限而皆不除籍〔五三〕，以此補試不行。禮部侍郎陳誠之請入學五年不預薦，及公試不入等者，來歲終檢校而除其籍。戊辰，詔從之。

甲戌〔五四〕，宰執奏奉使大金禮物〔五五〕。上曰：「朕觀金國和意甚堅，自講好以來，於今七年，禮物之外，未嘗他有一毫邀求。朕每遇遣使，必再三戒飭，毋得生事。蓋所以固兩國之歡，期于與民休息而已。」

御史臺主簿陳夔言：「常平著令，歲給窮民，起十月止三月，近來所給之米〔五六〕，或移他用，請令監司察之。」癸未，上謂宰執曰：「義倉所以備水旱，而救民之艱食。比年州縣奉法不虔，窮民不被其惠，非所以稱朕矜恤之意。令户部行下。」夔，永嘉人也。

初，福建自創奇兵，而虔、梅草寇不復敢入境。至是悉平。帥司散遣將官周虎臣下衆兵，只留巡檢陳敏所部四百人，歲猶費錢一萬四千緡，米三千六百石。至是，有旨敏下奇兵，及漳州駐劄周浩，盧、真、汀州駐劄翟臯、温立下官兵，並改充殿前司左翼軍，就擢敏爲統制官，專令彈壓。先嘗遣殿前司選鋒軍統制官劉寶在本路，遂詔寶回司。詔寶回司在明年，今聯書之。

新知湖州趙叔涔言：「守令皆帶勸農，而漫不加省。望詔有司，考其户口增耗以陞黜之。」九月己丑，上謂宰執曰：「淮南流民未盡復業。建隆初，以户口增耗爲守令歲課之法，所以明示勸戒，令吏部行下。」

甲辰，以侍御史余堯弼爲中丞。

丙午，僉書樞密院事詹大方卒。

是月，金國主亶遣廉訪使蕭裕徧至諸路〔五七〕，詢民間，自郡官以下，皆究其治狀而陞黜之。時國嗣未立，亶以故宋王宗幹之子岐王亮爲左丞相，亮有包藏窺伺之意。胙王元者〔五八〕，乃故主太祖旻之孫，地居嫡長〔五九〕，以次當立。亮欲先除去，以爲己計。因河南叛兵有妄稱皇弟者，亮誣以語相符合，實欲結連，乃譖於亶，寘之重法。國人皆謂亶淫于用刑，不知由亮之所陷也。亮頗能矯情飾貌，欺世盜名。故竊弄權柄，害其宗黨如此。此據虜中廢亮詔修入〔六〇〕。

冬十月丙辰，以御史中丞余堯弼爲端明殿學士、僉書樞密院事。

乙丑，上曰：「前日内教武藝極精，挽强中者，比去歲多百人。更一二年愈精，則中者益多。」上又曰：「招箭班始於何時？似亦無用，若箭發誤中，必致殞命。以朕所見，此宜罷却，以一般班分處之。」

丁卯，詔紹興府守臣林待聘誕謾，宜亟罷去。其財賦令户部經理。

辛未〔六一〕，宰執奏知婺州錢端禮劾知義烏縣徐時敏不法事〔六二〕。上曰：「知縣乃銓注，員多難辨真否。但治行者優擢，罪惡者重責，則咸知勸懲，因此可以得人材矣。」

壬申，上謂宰執曰：「諸州月樁錢，昨已例減，當盡罷。」秦檜即諭户部侍郎李椿年、宋貺，以經制錢贍軍。

先是，荆南府闕帥，宰執依旨具上諸路副總管姓名。秦檜曰：「其地非輕，恐更有可選之人。」上曰：「當徧詢三衙主帥〔六三〕，庶得其人也。」此事在十月癸未。

是月，以户部侍郎宋貺兼權吏部尚書。

十一月壬辰，上諭宰執曰：「荆南重地，中興以來，多差武帥，今疆埸安静，宜依舊選文臣，庶能舉職。」於是，以祕閣修撰、知虔州曾慥移知荆南。

初，已詔米免税，州縣不得收力勝錢。至是，猶未能盡禁。户部再請，乞許人越訴，監官重黜〔六四〕。丁酉，詔從之。

皇太后明年七十，戊戌，上諭宰執，令禮臣檢會國朝慶典，以正旦行之。

先是，紹興府旱傷，詔本府依實檢放民税，仍發義倉米賑之。他郡有被災處，亦令户部多方措置。此事在十一月丁未。

十二月乙卯朔，上復諭宰執曰：「紹興流民有過江者，令臨安府給路費遣還。」并令紹興依已得旨賑濟，無致失所。

乙丑，又詔昨命提舉常平官，躬詣旱傷賑濟。尚慮闊遠稽遲，許委屬官分行。將來春耕，當借之種糧，俾得及時，則公私兩濟。

【新輯】先是，太師、左僕射秦檜於格天閣下書趙鼎、李光、胡銓三人姓名。時銓猶在新州，廣帥王鈇問新州守張棣曰：「胡銓何故未過海？」棣即奏銓在貶所，吟詩譏諷，遂移吉陽軍。銓過海，在明年正月，此據紹興正論。（輯自皇朝中興紀事本末卷七二，參考輿地紀勝卷九七廣南東路）

〔校勘記〕

〔一〕户部侍郎李椿年言　「李」原作「尹」，據廣雅本、皇朝中興紀事本末卷六九及繫年要録卷一五六改。

〔二〕丁卯　繫年要録卷一五六繫於「己卯」。

〔三〕案：繫年要録卷一五六己丑條注文考證云：「按日曆，是月丁亥，上宣諭宰執米税已免，諸處却云力勝收税，可令有司措置。己丑，户部狀準聖旨措置云云。蓋此事乃出自上意，非户部建請。克實誤也。」

〔四〕官私須合均一　「合」，皇朝中興紀事本末卷六九及繫年要録卷一五六作「令」。

〔五〕丁未　宋史卷三〇高宗本紀七繫於「乙巳」。

〔六〕令江州居住　「州」原作「西」，據皇朝中興紀事本末卷六九改。

〔七〕率以三月起催　「三月」，繫年要録卷一五六作「二月」。下同。

〔八〕乙未　繫年要録卷一五六繫於「丙申」。

〔九〕臣弟棣赴宣州新任　「棣」原脱，據皇朝中興紀事本末卷六九及繫年要録卷一五六補。

〔一〇〕案：繫年要録卷一五六七月丙戌條注文考證云：「此據汪藻廣墓碑所書也。其實廣復職在九月己巳，克誤於其卒日書之爾。」

〔一一〕知大宗正主管濮祠士㚷赴行在供職　「㚷」原作「㚷」，據皇朝中興紀事本末卷七〇改。

〔一二〕乞奏事　「乞」原作「也」，據廣雅本、皇朝中興紀事本末卷七〇改。

〔一三〕間有賜湯藥假　「間有賜」原作「問有朕」，四庫館臣云：「按此句疑有脱誤。」據皇朝中興紀事本末卷七〇改。

〔一四〕庶幾臨時不至失措　「臨」原脱，據廣雅本、繫年要録卷一五六補。

〔一五〕責桂陽監居住　「桂陽監」原作「桂陽軍」，據皇朝中興紀事本末卷七〇及繫年要録卷一五六改。

〔一六〕而奉行不切　「切」原作「均」，據皇朝中興紀事本末卷七〇改。

〔一七〕及興監鑄錢　「錢」原脱，據皇朝中興紀事本末卷七〇補。

〔一八〕其子書寫機宜文字良嗣　「文字」原脱，據皇朝中興紀事本末卷七〇補。

〔一九〕是月　「月」原作「日」，據廣雅本、皇朝中興紀事本末卷七〇及繫年要録卷一五六改。

〔二〇〕十一月辛酉朔　繫年要録卷一五六繫於「十月辛卯朔」，并以小曆誤。

〔二一〕引硬射親　「親」原作「新」，據皇朝中興紀事本末卷七〇改。

〔二二〕壬辰　繫年要録卷一五六繫於「十一月壬戌」，并以小曆誤。

〔二三〕歲祀十神太一於惠照僧刹　「照」原作「時」，據皇朝中興紀事本末卷七〇及繫年要録卷一五六改。

〔二四〕癸卯　繫年要録卷一五六繫於「十月癸卯」，并以小曆誤。

〔二五〕甲辰　繫年要録卷一五六繫於「十月甲辰」，下條同。

〔二六〕以警慢吏　「以」原脱，據廣雅本、皇朝中興紀事本末卷七〇及繫年要録卷一五六補。

〔二七〕甲子　繫年要録卷一五六繫於「紹興十七年十月丁未」。

〔二八〕甲午　原作「甲子」，據皇朝中興紀事本末卷七一及繫年要録卷一五七改。

〔二九〕而拂擢倅　「拂」原作「堯弼」，據廣雅本及皇朝中興紀事本末卷七一改。

〔三〇〕壬子　原作「壬申」，案本月庚寅朔，無壬申日，據繫年要録卷一五七改。下同。

〔三一〕禮部侍郎沈該奉使金國賀正回　「回」原作「面」，據廣雅本及皇朝中興紀事本末卷七一改。

〔三二〕左僕射檜以問祠部郎官胡寧曰　「祠部郎官胡寧」，繫年要録卷一五七壬午作「敕令所删定官」，注文考證云：「熊克小曆稱：『寧爲祠部郎官。』按：寧此時爲選人，克蓋誤也。克又稱：『寧對云云，於是，檜怒。』以日曆考之，寧引對改官，在此後七日，則檜未應怒。今不取。」

〔三三〕案：繫年要録卷一五七附於三月末。

〔三四〕殿中侍御史余堯弼論敷文閣直學士知建康府晁謙之　「晁謙之」原作「晁詠之」，據皇朝中興紀事本末卷七一及繫年要録卷一五七改。

〔三五〕又嘗爲王庶辟客　「爲」原作「與」，據皇朝中興紀事本末卷七一改。

〔三六〕五月乙丑　「乙丑」，繫年要録卷一五七繫於「甲子」。

〔三七〕亦救弊之一端也　「救」原作「赦」，據廣雅本及皇朝中興紀事本末卷七一改。

〔三八〕請於國城之東建九宫貴神壇一如祖宗之典詔付禮部大鼎　此二十四字原脱，據皇朝中興紀事本末卷七一補。

〔三九〕仍具申尚書省　「尚書」原脱，據皇朝中興紀事本末卷七一補。

〔四〇〕宰執奏江西漕臣賈直清　「賈直清」原作「賈直請」，據皇朝中興紀事本末卷七二及繫年要録卷一五八改。

〔四一〕州縣選官教導乃治化本原將來亦有人才可備採擇　此二十一字原脱，據皇朝中興紀事本末卷七二補。

〔四二〕皇華交贊　「贊」原作「賛」，據皇朝中興紀事本末卷七二及繫年要録卷一五八改。

〔四三〕而淮浙沿流館舍無慮三十所　「舍」原脱，據皇朝中興紀事本末卷七二補。

〔四四〕案：久旱而雨，皇朝中興紀事本末卷七二繫於「庚辰」。

〔四五〕盱眙軍畢良史又易守他郡　「他」原作「地」，據廣雅本及皇朝中興紀事本末卷七二改。

〔四六〕癸卯　繫年要録卷一五八繫於「癸丑」。

〔四七〕朕記卿初自虜中歸　「虜」原作「敵」，據皇朝中興紀事本末卷七二改。

〔四八〕左太中大夫范同以前執政知太平州秩滿　「知」原脱，據皇朝中興紀事本末卷七二補。

〔四九〕案：范同卒，繫年要録卷一五八繫於「閏八月壬戌」。

〔五〇〕每歲户部降本錢　「錢」原脱，據皇朝中興紀事本末卷七二補。

〔五一〕官省般運之費　「官」原脱，據皇朝中興紀事本末卷七二補。

〔五二〕欲令轉運司於臨安平江府兩處蓋倉　「兩」原脱，「倉」原作「蒼」，據皇朝中興紀事本末卷七二補、改。

〔五三〕雖告假逾限而皆不除籍　「逾」原脱，據皇朝中興紀事本末卷七二補。

〔五四〕甲戌　原作「甲申」，據皇朝中興紀事本末卷七二及繫年要録卷一五八改。

〔五五〕宰執奏奉使大金禮物　「金」原作「國」，據皇朝中興紀事本末卷七二改。

〔五六〕近來所給之米　「近」原作「送」，據皇朝中興紀事本末卷七二改。

〔五七〕金國主亶遣廉訪使蕭裕偏至諸路　「偏」原作「偏」，據廣雅本及皇朝中興紀事本末卷七二改。

〔五八〕胙王元者　「胙」原作「祚」，據皇朝中興紀事本末卷七二及繫年要録卷一五八改。

〔五九〕案：繫年要録卷一五八九月末附考證云：「按：亶乃是嫡長孫，元或是梁宋國王宗秀之子，然雖長而非嫡也。」

〔六〇〕此據虜中廢亮詔修入　「虜中」原作「金國」，據皇朝中興紀事本末卷七二改。

〔六一〕辛未　繫年要録卷一五八繫於「庚午」。

〔六二〕宰執奏知婺州錢端禮劾知義烏縣徐時敏不法事　「徐時敏」，繫年要録卷一五八作「徐時誨」。

〔六三〕當徧詢三衙主帥　「當」原脱，據皇朝中興紀事本末卷七二補。

〔六四〕監官重黜　「重」原脱，據皇朝中興紀事本末卷七二補。

中興小紀卷三十四

紹興十九年歲在己巳春正月，時春教使臣踏射克敵弓，己酉，宰執奏乞依格推恩。上曰：「克敵弓最爲强勁，雖被重甲，亦須洞徹，若得萬人習熟，何可當也？」

二月丁巳，上謂宰執曰：「春雨利農，農務種糧爲急。已詔被傷處，令常平司給借，更丁寧户部應副。」

上以王雲奉使，忠義而死於絶塞，甲子，詔録其子奉議郎秬爲六院官〔一〕，仍賜銀、絹各五百。

乙丑，上謂宰執曰：「昨令開河，因以濟饑民。朝廷所給錢米，慮公吏邀阻減尅，或於諸縣調夫，反有搔擾。可諭湯鵬舉、曹泳，令體此意，躬身察之，毋致或戾。」時鵬舉爲臨安守；泳，兩浙漕臣也。未幾，濬河工畢。

丁卯，上謂宰執曰：「近有監司、郡守上殿所奏，第應文書，自今須令並奏民事〔二〕。」

庚辰，【新輯】上曰：「每歲買到馬，悉付鎮江府都統制王勝軍中令養，而未見孳生之數。今後宜於逐處駐劄軍分養，仍立賞罰，庶有以激勸之也。」自是，歲發川馬二百疋進御，而以四千疋分諸屯軍，鎮江、建康、荆、鄂各七百五十疋，江、池各五百疋〔三〕。又秦馬三千五百疋付三衙，殿前司一千五百疋，付侍衛兩軍各一千疋。又七百二十疋付宣撫司，總計八千四百疋。（輯自皇朝中興紀事本末卷七三）

布衣劉勉之者，建陽人，少得易象之學于涪陵譙定。又嘗游南京，故諫議大夫劉世安一見器重，悉告以平日所得之要，及出處大致。遂歸隱故山。先是，吕本中爲中書舍人，率從臣張致遠等五人合薦之。召赴行在。既至，而本中等已去。有司令於後省試策〔四〕，勉之乃引疾而歸。十餘年間〔五〕，益昌所學。是月，卒。勉之通經術，識治體，非拘儒曲士素隱之流也。

前知普州王輔言：「蜀地最遠，所行經界之法，恐有謬誤。」〔六〕三月己酉，宰執因奏四川州縣奉行經界賞罰。上曰：「奉行如法，其恩不限員數，庶使人人知勸。經界均税，極爲便民。初行時，有肆異議沮壞者，暨平江均税畢〔七〕，紛紛之議始息。」秦檜曰：「當時獻議，欲逐户自陳，若使自陳，豈無失實？」上曰：「李椿年通曉次第，中間憂去，領以别官，便有失處。」時四川措置經界官鄭克頗峻責州縣〔八〕，通判漢嘉楊承曰：「仁政而虐行之，非法意也。上不違令，下不擾民，則仁政得矣。」乃隨事區處，召諸縣令曰：「平易近民，美成在久，吾儕其謹行之。」皆曰：「如奉使之檄何？」承曰：「忽上令而畏使檄，此非諸君之罪，風俗之罪也。但行其無愧於心者，雖罪何畏焉？」迄成，獨漢嘉爲列郡最。克，開封人；承，臨邛人也。

【新輯】夏四月，禮部侍郎陳誠之等，奉使大金賀生辰回。乙卯，宰執進所回國書，秦檜曰：「書詞丁寧盟好甚切。」上曰：「此番禮待奉使愈周至，館宇極宏壯。以此可知其永好之意也。」

己未，上曰：「治道，民事爲急。數十年來，吏習苟簡，民受其弊。必令監司、守臣遵奉詔條，留意拊循，使民樂其生。」秦檜曰：「奏保正、耆户長元立法，止令管煙火、橋路，今承文書、市物、雇夫，以至縣官之所私用，種種責辦，民之所病莫大於此。革而去之，其利不滅於經界。充役立見破家，能去此弊，極爲便民。」

初，秘閣修撰張邵建炎中使虜，遇秦檜於濰州。至是，上書言檜之忠節，嘗爲徽宗撰長書抵粘罕，引大義以曉之，罕有慚色。於是，簽書樞密院余堯弼奏曹勛家有録本，乞宣取以進。戊辰，檜言：「昨日蒙御前降到曹勛所藏臣向在虜廷代徽宗作書藁，書中開陳，與今日事無一不合，因知講和本出徽宗聖意。」上曰：「自頃用兵，朕知其必至於講和而後止。在元帥府時，朕不知有身，但知有民，每惟和好是念。」檜曰：「此所以誕受天命也。」上又曰：「用兵蓋不得已，豈可樂攻戰？中國之有夷狄，猶陽之有陰，自古無殄滅之理，使可殄滅，秦皇、漢武爲之矣。本朝真宗與契丹和百餘年，民不知兵。神宗雖講武，實未嘗用。朕自始至今，惟以生民爲念，蓋兼愛南北之民，以柔道御之也。」（輯自皇朝中興紀事本末卷七三）

五月壬午朔，上謂宰執曰：「諸州禁軍闕額，可令招填，卿等切宜留意。」癸未，遂奏立招軍賞罰格。元法止及都監。至是，守臣賞罰欲與都監一體〔九〕，詔從之。仍令月申樞密院。上又曰：「頃者程師回捕虔賊，皆用本處兵，若招足而習武藝，緩急可用也。」

戶部郎中周莊仲言：「今禮文畢舉，宜因臘之日併行蜡祭。」乙酉，詔從之。莊仲，浦城人，武仲弟也。

六月辛亥朔〔一〇〕，宰執奏：「前知南雄州朱同乞以千金等方治瘴氣者，集爲一書，頒之廣南。」詔從之。

新修吏部續降七司通用法成書，戊午，太師、左僕射秦檜上之。

己未〔一一〕，詔略曰：「朕累下詔寬恤，而勞來安集之政不聞於郡縣，是吏奉吾詔不虔也。比又詔監司、守臣奏對，非民事勿陳。尚慮至意不周，俾吾赤子不被其澤，是用咨爾在位，各揚乃職，使主德宣而民罔不獲，則予汝嘉。其或誕謾不恭，亦不汝赦，賞信罰必，欽哉！」

殿中侍御史曹筠言溧陽知縣馮迪德〔一二〕、長洲知縣尹機不法事。癸酉，上諭宰執，二人罪頗大，俟案重加責之。上因曰：「知縣能否，朝廷亦難徧察，須責之監司、郡守察之〔一三〕，如治狀可嘉，即與轉官再任，或陞擢之，庶可勸也。」筠，當塗人也。

丙子，上謂宰執曰：「福建盜已除，惟海道間有作過，只緣巡尉非人，可令帥司察其不可倚仗者罷之。」

前知舒州楊惇乞修水利，詔户部修治〔一四〕。

秋七月甲申，詔時當大暑，趣令諸路提刑詣所部決獄。

辛卯，【新輯】宰執奏甘雨應祈，乞表賀。上曰：「更五日不雨，則傷稼，如浙東田高，此雨極濟，秋成可必。」秦檜曰：「陛下至誠格天，尤可喜也。」時禱於徑山等處有感，詔令加封。（輯自皇朝中興紀事本末卷七四）

鎮江府預借民苗米，爲右諫議大夫巫伋所論，癸卯，詔守臣曾惇罷之。

初，廣東羣盜尚多，詔統兵官韓京戍循、梅以彈壓之，久而未代。秦檜意其難制，令新廣帥薛弼圖京。是月，弼至南雄州，京來謁，弼即席諭之〔一五〕，京丐罷，遣人送之出嶺，亟命别將馳入戍所〔一六〕，統其軍。

初，言者謂：「祖宗以來，定公、私、贓三等之罪，以糾天下之吏。原其意，未嘗不在於保民。嚮緣州縣官率多不虔，而民被其害。於是，又立民事一罪，在公、私、贓三等之外。然有公罪雖輕，而麗民事則遂爲終身之累，甚於私罪之極重者。是以疑似之際，吏肆其姦，得以舞文而出入之，不可不察。望敕有司，更加詳議，庶協於中。」事下敕令所，既而本所奏：「謂民事被罪，謂擅行科率，及應害民之事以被罪者，則不注知、通及縣令差遣。緣民事被罪，難與犯公罪者同，欲乞依見條。」八月辛亥，從之。

【新輯】辛酉，詔内外諸司添差官（一七），今後不得過二員。其已溢格處，聽其滿秩。

宗正寺丞王葆乞重定寡婦、單丁差役之法。是日，上謂宰執曰：「舊法免差，後緣以計免者多，有司遂請募人。宜令户部細詳利害申省。」葆，崑山人也。（輯自皇朝中興紀事本末卷七四，參考繫年要録卷一六〇）

華亭縣鹽户訴請鹽本錢，戊辰，上曰：「鹽户宜恤，不則逃去，其害非細。」乃詔户部措置。

先是，景靈宫配饗功臣繪像，祖宗朝皆有副本，在天章閣及祕閣，兵亂不存。甲戌，詔各具副本，藏之二閣。

九月，大理寺丞郭唐卿奏，本寺取會未圓情節，往往不以時報。庚子，上謂宰執曰：「緣道遠故緩。」乃詔申舊法，令今後速報。

【新輯】初，著作佐郎劉章輪對〔一八〕，言：「禮莫重於祭，而郊廟爲尤重。神宗元豐間，嘗詔陸佃等於太常寺置局，編類成書，凡三十卷，曰郊廟奉祀禮文。今陛下以明聖之資，當述作之任，而縟儀未紀。乞命官爲紹興郊廟奉祀禮文，以續元豐之書。」上嘉納之。（輯自皇朝中興紀事本末卷七四）時劉章以廷魁任館職，左僕射秦檜意其不附己，而祠部郎官胡寧乃故相趙鼎之客。是月〔一九〕，言者謂鼎寓居衢州，章爲衢人，故與寧交通，俱罷之。

冬十月己酉朔，宰執奏太常寺申將來郊祀，躬謝禮畢，合詣太一宫行燒香之禮。上曰：「此祖宗故事，可行也。」

【新輯】壬子，宰執奏事，上因論：「有司立法不可太重，恐難必行。敕令所有日前建明，不可者改正。」

太常寺丞眉山李燾言〔二〇〕：「比年諸路監司多差未出官選人押綱，以覬賞典，緣未諳世務，公然盜用。望禁止之。」甲寅，詔送户部。其後，本部言：「初官亦有可以倚仗，因賞典太優，欲今後止依本等推賞。」從之。（輯自皇朝中興紀事本末卷七四，參考繫年要録卷一六〇）

十一月庚寅，朝獻景靈宫。

己亥，言者謂：「淮南、湖北比年寧靖〔二一〕，民稍復業，而曠土尚多。惟縣令親民，此未有賞格可以勸之。」乃下户部，遂併立守令墾田增減賞罰之格。

初，詔於臨安府西溪蓋馬軍寨屋，令户部侍郎宋貺親往觀之，無得侵民田。至是未畢。十二月壬子，上曰：「天氣寒凛，可趣令畢工，庶免軍人暴露。」

著作佐郎林機言：「邪謀害正，僞説汩真，乃古今之通患。然著迹于昭昭者易以見，而匿形于冥冥者難以察。陛下道德言行，無愧于古之哲王，臣備員史館，預聞記注，得以特書屢書，垂示無窮。然訪聞有異意之人，匿于近地，作爲私史，售其邪謀僞説〔二二〕，臣若不言，則異日害正汩真之患，臣實任其咎。望密加搜索，嚴爲禁絶，庶幾信史著而後世不爲售私者所誣。」甲寅，上謂執宰曰：「此事不應爲。」乃詔許人告，令州縣覺察，及監司按劾，御史臺彈奏，並取旨優加賞罰。

己未，宰執奏瑞雪應時，詔給諸軍雪寒錢。

金國主亶立十五年矣，平日嗜殺，晚年性尤暴，宗族大臣皆懼不免，相與結約，以伺其間。是夜〔二三〕，入亶寢所，先收其兵械，然後數亶罪殺之。詰旦，未知所立。宗族大臣中，惟左丞相岐王亮粗知書，遂共立亮〔二四〕。大赦境内〔二五〕，除常所不原者，文武官各轉一秩，放民租税一年。降亶爲東昏侯，以謂刑餘之人，故不得入廟。亮既立，改元天德。

時四川部所招扈衛人到闕，己巳，宰執奏給賞賜。上曰：「發來已滿千人，可令制置司今後歲招三百，庶幾不至闕人。」

資政殿學士王次翁卒于明州。

初，朝廷委廣西帥臣即横山寨市馬於羅殿、自杞按：宋史外國傳作羅箇、納溪。大理諸蠻，歲捐金一百兩、銀五萬兩、錦二百匹、絁四千匹，及于廉州石康倉撥鹽二十萬斤，皆資博馬之直，歲額市一千五百匹。五尺爲最高，價銀一百兩；下者四尺三寸，三十二兩；四尺二寸，二十六兩；以是爲差。良馬三十四爲一綱，常馬五十四爲一綱，遣使臣部送至行在、建康、鎮江、太平、池州五處〔二六〕，不顛斃于道則有賞。先是，石康之鹽，分令欽、横、賓、貴、潯、藤、梧、象、柳、容等州轉至横州山倉，然諸州科民則苦富户，差吏則雜私販，往往陷没留滯。是月〔二七〕，帥臣陳璹始令官支脚錢，選委使臣，給以續食。若般及一十萬斤，即與押良馬一綱至行在。（此據陳璹家貢馬須知修入〔二八〕）

左僕射秦檜與故給事中胡安國及其子徽猷閣直學士寅皆厚善。寅是年省其所生母于建州，復還湖南，檜以白金助其行，寅書謝之，略曰：「願公修政用賢，勿替初志。尊内攘外〔二九〕，以開後功。」檜謂其諷己，始大怒之。

時前禮部侍郎張九成與前步帥解潛居南安軍，一日，潛病劇，九成往省之，曰：「太尉平日所懷，亦有不足者否？」潛泣曰：「平生惟仗忠義，誓與虜死〔三〇〕，以雪國恥，而不肯議和，遂爲秦公所斥，此心惟天知之。」九成曰：「無愧此心足矣，何必令人知？然人亦無不知者，但有遲速耳。」潛曰：「聞此言，心中豁然矣。」即逝。九成因嘆曰：「武人一念正氣，猶待人以決。吾儕讀聖賢書，平日安可不正此心乎？」

紹興二十年歲在庚午春正月丁亥，左僕射秦檜趣朝，忽有殿前司後軍使臣施全者挾刃於道，遮檜肩輿，欲害之，傷大程官數人。一軍校奮而前，與之敵，衆奪其刃，遂擒送大理寺。獄具，全招爲所給微而累衆，不能活，每歲牧馬及招軍勞而有費，以此怨忿，意欲用兵，遂潛携刃伺檜出，乞用兵，因而鼓衆作過，若不從，則害檜。壬辰，詔磔全於市〔二一〕。

初，言者論前參知政事李光在貶所，嘗撰私史，其子右承務郎孟堅居紹興府，以語同郡人陸升之〔二二〕，傳聞所記，皆非事實。詔兩浙漕臣曹泳差官究治，申省取旨。至是，送大理寺勘實，孟堅招父光所作小史，語涉訕謗。丙午，上謂宰執曰：「光初用時，以和議爲是，朕意其氣直，甚喜之。及得執政，遂以和爲非，朕面質其反覆，固知光小人，平生蹤跡於此掃地矣。」于是，貶光昌化軍，孟堅編管峽州。而龍圖閣學士程瑀、寶文閣學士張燾、徽猷閣待制潘良貴、新福建參議官賀允中、新福建機宜吳元美並貶秩有差。徽猷閣直學士胡寅落職，皆緣與光通書之故。元美，侯官人也。光等貶在三月，今聯書之。

二月壬子，户部言：「經界所以結絶，其未行處，委漕司及守臣依平江行之。本所管幹官四員，與逐路覆實官並罷。」從之。未幾，詔曰：「昨李椿年乞行經界，初欲去民十害，遂從其請。今聞寢失本意，可逐路委監司一員，詳其便民者行之。其反爲民害，則日下改正。」詔在三月二十一日，今聯書之。

前廣西提刑路彬奏：「静江府昭州折帛錢〔三三〕，昨因張浚領督府，每匹增及兩倍。」因詔户部裁損。戊午，上謂宰執曰：「昨令監司、郡守任滿以民事奏，彬乞免所增折帛錢，可除職以示勸。」以彬爲直祕閣、利州路提點刑獄〔三四〕。

初，奉使湯鵬舉往賀大金生辰，時朝廷未知前主亶已被殺。至是，鵬舉奏見彼國接伴使，言新主亮登位，見報諸國，乃下有司排辦準備。既而，有司奏每年大金賀正旦人使到闕，朝見日，依五禮新儀，設黄麾角仗一千五十六人。將來大金人使到日，亦乞依新儀，設黄麾角仗。壬戌，詔從之。

三月庚辰，大金國遣侍衛親軍都指揮使完顔思恭、翰林學士翟永固來報登位，貢金注椀二、綾羅三百、良馬六。

初，金國故主亶之被殺也，今主亮身預其謀。至是，亮得位而大事已定，凡當時與之同謀者，亮皆加以弑君之罪。曹王宗敏乃故主太祖旻之子，屬最爲尊，亮忌其名重，首加戮之，又納其妻于宫中。梁王宗弼開國有勳，惟有一子曰韓王亨，亦以無罪見害。是月，亮詔中外臣庶，皆令直言朝廷闕失，與軍民利害，如若可採，自應聽用；其或不當，弗加之罪。

苟能裨補公私，别議銓賞。

夏四月癸酉，新知廬州吴逵請：「置力田之科，募民就淮甸耕，賞以官資，四千石補進武校尉〔三五〕，三千石補進義副尉，下至七百石亦補副尉，作田力出身，在武舉之上〔三六〕，得應轉運司舉。」從之。逵，崇安人也。

五月丁丑，辛執奏前知臨江軍彭合乞蠲清江縣加耗米。詔從之。上曰：「合昨任縣官，常有監司列薦。今可與監司。」

初，起居舍人兼玉牒所檢討官王曮等言：「見修今上皇帝玉牒，先修到今上聖德，乞以『中興聖統』爲名。」至是，書成。己丑，奉安于天僖殿内聖祖天尊大帝之西〔三七〕。先期陰雨連夕，是日，雲霞絢綵，杲日麗天。觀文殿大學士、萬壽觀使秦熺乞宣付史館。從之。

侍御史曹筠論前知太平州徐渥專利自恣。壬辰，詔今後不得與渥親民，其治郡有聲者優擢之。

祕書少監湯思退等言：「有旨以師臣秦檜忠義大節，付在史館，止有今來事迹，及張邵所奏之書，餘則闕。望詔令檜録奏宣付，庶得廣記。」甲辰，上謂檜曰：「思退乞將卿靖康事記爲别録，以示天下後世，可依其奏。」檜謙退久之。上曰：「不然，後代無以知卿忠義。」僉書樞密院巫伋曰：「檜之大節，天下共知，要當令屢書不一，庶使後世姦賊悚懼。」上然之。

六月丁未，【新輯】宰執奏事，上曰：「近有進士上書，言兼并之家，多請射侵漁民田，宜嚴立法。」秦檜曰：「比刷逃户田宅，並令歸官，正以暗消此弊。」上曰：「善。」

初，海寇聚衆數年，其勢益熾。至是，犯台州臨門寨、章安鎮。詔以徽猷閣待制蕭振知台州。甲寅，振抵官，奏乞差明州水軍王交同捕，許之。交至，振謂之曰：「濱海之民，數年苦賊，若不能剿除，願悉兵力戰，以寧一方。儻或敗事，振當奏劾。」交即具艦入海，與賊逆敵，果敗其衆，餘黨散去。振以數千緡犒交士卒，爲之奏功，郡境遂寧。

左朝請郎晉陵何大圭進聖德頌。又福建機宜吴元美嘗作夏二子賦，爲鄉人鄭煒所告。又元美家有潛光亭、商隱堂，煒上秦檜啓云：「亭號潛光，蓋有心於黨李〔三八〕，堂名商隱，實無意於事秦。」蓋捃拾其事皆類此。癸亥，上謂宰執曰：「大圭意可嘉，兼嘗任館職，可與直秘閣。元美至引伊尹相湯伐桀事，其悖逆不道，甚矣！可令有司究實。」既而刑寺鞠實，元美當死，特貸之，送容州編管。

是月，金國主亮詔河南民衣冠許從其便。（輯自皇朝中興紀事本末卷七五）

是夏，故相趙鼎之子汾，奉鼎之喪，歸葬于衢州常山縣。守臣章傑知中外士大夫平時與鼎有簡牘往來，至是又携酒會葬，意可爲奇貨，乃遣兵官下縣，同縣尉翁蒙之以搜私釀爲名，馳往掩取。復疑蒙之漏言，潛戒左右伺察之。蒙之書片紙，走僕自後垣出，密以告汾，趣令盡焚篋中書及弓刀之屬。比兵官至，一無所得。傑怒，方深治蒙之，而逮汾與故侍讀范冲之子仲彪，拘于兵官之所。蒙之母訴于朝，左僕射秦檜咎傑已甚，詔移蒙之爲婺州蘭溪縣尉，下其事于浙東安撫司。未幾，遂息。時士氣猶未泯，所唁問鼎，議論時事，固非一家，而集英殿修撰魏矼與鼎尤厚。是日非蒙之，則根株牽連，當起大獄。人謂蒙之初被委，苟避免，固足取名，然慮更委小人，則禍偏及善類，故詭承而潛泄之，忤傑弗顧，鼎之家賴以紓禍。蒙之雖微官，而仁智勇皆可尚也。時傑有館客魏掞之見傑爲此，亦慨然以書譙之，長揖而去。蒙之，崇安人；掞之，建陽人也。

秋七月，端明殿學士何若卒〔三九〕。

先是，措置諸路遞角所屬官王彦融乞逐路提舉馬遞鋪官，令轉運司長官兼領。事下兵部，本部言：「若委之漕臣之長，則樁辦鋪兵衣糧爲便。」八月庚戌，詔從之。

資政殿學士韓肖胄嘗帥浙東，既奉祠，則家于越，與弟直祕閣膺胄尤相友愛。先是，家藏書甚富，散于南渡，僅存家集，肖胄刻意搜求，迄復其舊。且明習故典，多識前輩言行〔四〇〕。至是卒〔四一〕。初，其祖忠彦之帥定武也，教官趙鼎臣以未見知〔四二〕，頗怏怏。及忠彦入相，擢爲太學博士，始愧服。而肖胄薦士，亦不以爲己力，人謂其有祖風烈。

九月，特進、提舉太平興國宫、責居連州張浚，自去國二十年，退然自修，若無能爲者。

而四方之士莫不傾心，健將悍卒見之者，必咨嗟太息。下至兒童，亦知有張都督。每使者至金國，其國必問浚今安在？是月，浚移永州〔四三〕，浚舊居永，人情相樂，聞其歸，喜，相與出迎，見浚所養勝前，皆賀之。初，故相趙鼎嘗謂其客删定官方疇曰：「張德遠建炎復辟之功，豈可忘也？上待臣下有恩，想必講求矣。」疇曰：「今日擔子極重，秦相欲獨負之，恐難也。不知故相中誰可辦者？」時李綱、朱勝非尚存。鼎曰：「伯紀、藏一輩不濟事〔四四〕，惟德遠可爾。第恐不容復來。」至是，浚果爲檜爲忌，屏居湖外之久，如鼎言也。

建州甌寧縣有洞曰回源，其地與建陽縣接境，乃建炎初劇寇范汝爲竊發之地，民性悍而習爲暴，小遇饑饉，即羣起剽掠。去歲因旱，兇民杜八子乘時嘯聚，首破建陽，逐官吏，殺居民。是夏，張大一、李大二復于洞中作過。本路帥臣仍率官軍蕩定。進士魏掞之謂民之易動，蓋緣艱食，乃請于提舉常平官袁復一，得米一千六百石以貸鄉民〔四五〕，至冬而取，遂置倉于邑之長灘鋪。自後，每歲散斂如常〔四六〕，民得以濟，不復思亂，而草寇遂熄。人謂掞之所請，乃社倉遺意，使諸鄉各有倉儲粟，則緩急可恃。蓋本朝自景祐中，王琪引隋、唐故事，請復置義倉。而石介著書，亦謂隋、唐義倉最便，若每村立一倉，委有年德者主之，遇饑饉，量口而給，則民不乏矣。後以議者多同異而止。熙寧初，齊、唐、同三州守臣王廣淵、趙尚寬、高賦皆乞置義倉。乃詔三州講求，且圖經久之法。而陳留知縣蘇涓亦言：「臣領畿邑，請爲天下倡。户五等自二石至一斗出粟有差，每社有倉，各置守者，耆爲輸納〔四七〕，官爲籍記。歲凶則出以賑民。藏之久，則又爲立法，使新陳相登。」即詔行之。既而，上與王安石論其法，安石曰：「人有餘粟，藏之于家何所害？而固欲使之輸官，非良法也。」安石意在青苗，不主是法，故一言而罷。元豐初，復詔行義倉，府界提點蔡承禧言：「二石而輸一斗，所取至輕，然臣所領二十二邑，其九已行幾萬石矣，乞併行之。」乃令畿邑皆立倉。而將作監主簿王古又言〔四八〕：「畿邑已試不擾，請行于諸路。」遂詔京東、西如畿縣法，仍聽就縣倉輸。自是，義米入縣倉。元祐末，御史黄慶基言：「比歲旱潦，至使江、湖運米濟之，然損重費以惠一時，不若舉良法以惠萬世。義倉良法也，先帝元豐復行，以爲隋、唐取之太重，慮民不堪，故納苗一石者止輸五升，可謂薄矣。夫樂歲雖多取之，猶不爲虐，况取至少乎？蓄之稍豐，自足濟民。」未幾，慶基去，而倉竟不立。紹聖著令，諸縣義倉米斗收五合，即元豐舊法也。大觀初，乃增令斗收一升，以備賑荒，至今行焉。然義米不留諸鄉而入縣倉，悉爲官吏移用。始也縣倉于民猶近，厥後上三等户皆令輸郡，即義米帶入郡倉，轉充軍食，或資煩費，豈復還民？故每遇凶年，無以救民之死。今若以常歲所取義米，令諸鄉各建倉貯之，縣籍其數，主以有年德如掞之輩，乃建陽已試之效。遇饑饉，還以賑民，且不勞遠致，推行于諸郡，則斯民被實惠矣。

右迪功郎安誠，曾受故相朱勝非辟爲江西帥司屬官，勝非之亡也，誠于佛寺飯僧，自撰疏文，訕及朝政，爲郡守所發。刑寺鞫實。冬十月戊辰，詔停誠官，惠州編管。

庚午，參知政事余堯弼、僉書樞密院巫伋，乞今後朝退，依典故權赴太師秦檜府聚議。從之。

十一月己丑，言者謂：「昨緣軍興，諸縣教閱弓手，嘗添置將領，今既寧息，乞罷去。」從之。

十二月，秦檜久患在告，甲子，始赴朝參，二孫直寶文閣塤、直顯謨閣堪扶掖以入。詔免拜，上喜甚，曰：「且得與卿相見。」檜頓首謝。上曰：「瑞雪應時可喜。又人使在塗，並無須索，足見省事。」

〔校勘記〕

〔一〕詔録其子奉議郎秬爲六院官　「奉議郎」，繫年要録卷一五九據日曆作「右宣教郎」。

〔二〕自今須令並奏民事　「須令」原脱，據皇朝中興紀事本末卷七三補。

〔三〕江池各五百疋　「五百」原作「五十」，據上文及繫年要録卷一五九改。

〔四〕有司令於後省試策　「令」下原衍「求」，據廣雅本、皇朝中興紀事本末卷七三删。

〔五〕十餘年間　「間」原脱，據皇朝中興紀事本末卷七三補。

〔六〕前知普州王輔言蜀地最遠所行經界之法恐有謬誤　此二十一字原脱，據皇朝中興紀事本末卷七三補。

〔七〕暨平江均税畢　「暨」原作「益」，據廣雅本、皇朝中興紀事本末卷七三及繫年要録卷一五九改。

〔八〕時四川措置經界官鄭克頗峻責州縣　「峻」原作「領」，據廣雅本、皇朝中興紀事本末卷七三改。

〔九〕守臣賞罰欲與都監一體　「都監」原脱，據皇朝中興紀事本末卷七三補。

〔一〇〕六月辛亥朔　「辛丑朔」，繫年要録卷一五九繫於「辛酉」。并以小曆誤。

〔一一〕己未　繫年要録卷一五九繫於「四月己未」。相差兩月。

〔一二〕殿中侍御史曹筠言溧陽知縣馮迪德　「迪」原脱，據皇朝中興紀事本末卷七三及繫年要録卷一五九補。

〔一三〕須責之監司郡守察之　「郡」原脱，據皇朝中興紀事本末卷七三補。

〔一四〕案：詔修水利事，皇朝中興紀事本末卷七四及繫年要録卷一六〇均繫於「七月辛巳」。

〔一五〕弼即席諭之　「之」原脱，據皇朝中興紀事本末卷七四補。

〔一六〕亟命别將馳入戍所　「别將」，繫年要録卷一五九據日曆考定别將就是張寧。

〔一七〕詔内外諸司添差官　「内外諸司」，繫年要録卷一六〇辛酉條作「行在内外諸司」，并以小曆失實。

〔一八〕案：繫年要録卷一六〇劉章輪對事繫於「十一月癸未」。

〔一九〕是月　繫年要録卷一六〇繫於「十二月丁丑」，并以小曆誤。

〔二〇〕太常寺丞眉山李燾言　「太常寺丞」，繫年要録卷一六〇癸丑作「太府寺丞」，并以小曆誤。

〔二一〕淮南湖北比年寧靖　「比年」原脱，據皇朝中興紀事本末卷七四補。

〔二二〕售其邪謀僞説　「售」原作「集」，據皇朝中興紀事本末卷七四及繫年要録卷一六〇改。

〔二三〕是夜　繫年要録卷一六〇繫於「十二月丁巳」。

〔二四〕繫年要録卷一六〇立亮事繫於「戊午」。

〔二五〕案：大赦境內，繫年要録卷一六〇繫於「己未」。注文考證云：「熊克小曆載亶死在己未，誤也。蓋丁巳殺亶，戊午立亮，己未肆赦爾。」

〔二六〕池州五處 「池」原脱，據皇朝中興紀事本末卷七四及繫年要録卷一六二補。

〔二七〕是月 繫年要録卷一六二繫於「紹興二十一年二月丁未」，并以小曆誤。

〔二八〕此據陳璹家貢馬須知修入 「家」，皇朝中興紀事本末卷七四作「編」。

〔二九〕尊內攘外 皇朝中興紀事本末卷七四作「尊王攘狄」。

〔三〇〕誓與虜死 「虜」原作「敵」，據皇朝中興紀事本末卷七四改。

〔三一〕詔磔全於市 「市」原作「是」，據廣雅本及皇朝中興紀事本末卷七五改。

〔三二〕以語同郡人陸升之 「以語」原脱，據皇朝中興紀事本末卷七五補。

〔三三〕静江府昭州折帛錢 「帛」，皇朝中興紀事本末卷七五及繫年要録卷一六一作「布」。下同。

〔三四〕案：繫年要録卷一六一繫此事於「庚申」。

〔三五〕四千石補進武校尉 「石」原脱，據皇朝中興紀事本末卷七五改。下同。

〔三六〕案：繫年要録卷一六一紹興二十年四月庚午條載作「武舉特奏名出身之上」，并以小曆誤。

〔三七〕奉安于天僖殿內聖祖天尊大帝之西 「僖」，皇朝中興紀事本末卷七五作「禧」，繫年要録卷一六一作「興」。

〔三八〕蓋有心於黨李 「心」原作「旨」，據繫年要録卷一六一及宋史卷四七三秦檜傳改。

〔三九〕秋七月端明殿學士何若卒 「秋七月」，繫年要録卷一六一繫於「八月丙辰」。

〔四〇〕多識前輩言行 「前」原作「言」，據廣雅本及皇朝中興紀事本末卷七六改。

〔四一〕至是卒 案：繫年要録卷一六一繫於「甲子」。

〔四二〕教官趙鼎臣以未見知　此九字原脱，四庫館臣注云：「按此下文氣不接，疑有脱誤。」據皇朝中興紀事本末卷七六補。

〔四三〕案：張浚移永州，繫年要録卷一六一繫於「八月甲辰朔」。

〔四四〕伯紀藏一輩不濟事　「藏」原脱，據皇朝中興紀事本末卷七六補。

〔四五〕得米一千六百石以貸鄉民　「石」原脱，據皇朝中興紀事本末卷七五補。

〔四六〕每歲散斂如常　「每」原作「再」，據皇朝中興紀事本末卷七六改。

〔四七〕耆爲輸納　「輸」原作「戍」，據皇朝中興紀事本末卷七六改。下同。

〔四八〕而將作監主簿王古又言　「王古又」原作「王右文」，據皇朝中興紀事本末卷七六及續資治通鑑長編卷二九〇改。

中興小紀卷三十五

紹興二十一年歲在辛未春正月癸未，宰執奏知廬州吴逵乞涵養淮南復業之民，未可起税。乃詔下户部，與展年數。上又曰：「還俗僧圓覺、宗杲撰聖者偈、妙喜禪〔一〕，皆蓄祥謗讟之語，誕謾無禮〔二〕，鼓惑軍民，此最害事，宜禁止之。」

戊子，上親饗景靈宫，既事而雨雪。癸巳，上以語宰執，秦檜曰：「此陛下孝誠所格也。」

甲午，宰執奏差衢州守臣，上曰：「可差曹筠。臺諫無大過，當假之。」初，筠任侍御史，以言失當，至是復用也。

禮部兼侍講陳誠之奉使大金國。初，故主亶之存也，本朝太后歲與亶妻禮物巨萬。至是，亮代亶立，遂輟此禮。誠之入北境，預爲遜辭諭之，彼國竟不敢言。及還，上嘉之。

自左僕射秦檜用事，士大夫平日少失其意，輒禍不測。集英殿修撰、提舉太平興國宫魏矼當初講和時，與議不合，檜嘗欲除近郡，矼遜辭不就，奉祠，凡四任。寓衢之常山僧舍，蕭然一室，迄免於禍。是月〔三〕，卒，士論傷之。初，故相趙鼎嘗謂其客删定官方疇曰：「自鼎再相，除政府外，所引從官，如常同、胡寅、張致遠、張九成、潘良貴、呂本中、魏矼，皆有士望，異日決可保其無他。」疇曰：「願公徐觀之。」鼎曰：「此等人材，如何變得。」其後諸賢流落之久，皆壁立巖仞，雖死不變。至是，疇始信鼎之能知人也。

【新輯】三月丁酉，監察御史林大鼐面對，言：「祖宗於字人之選，其格尤密。比者改官者多作丞，關陞者多作幕職。今尚左知縣闕一百三十五，待左縣令闕一百一十二，合入者既擇禄而不願，未應入者願宣力而無由。至於鹽場待左見有三十餘闕，久榜不銷，祇爲監司、郡守差權官之奇貨。願並與破格差注一次。」詔吏部措置。熊克小曆節去鹽場一項，今稍詳之。（輯自繫年要録卷一六二紹興二十一年三月條）

五月〔四〕，前知大安軍張輔世言：「四川惟利路創義士，于保丁内選充，而文其手，就令土豪官領之，土豪官多率斂邀求〔五〕，役無虚月，甚爲民病。今邊燧無警，望放歸農田。」詔制置司申樞密院。

【新輯】上謂大臣曰：「錢塘江石岸毀裂，每潮水漂漲，民不安居，其令漕司同本府修治，如闕役人，於三衙錙重内借差。」熊克小曆誤在五月。（輯自繫年要録卷一六二紹興二十一年閏四月辛卯條）

時利西路安撫使吴璘鎮興州已久，上乃親御宸翰賜璘，以守邊安靜，加拜太尉。璘嘗自著書兵要大略，謂金人有四長，我有四短，當反我之短，以制彼之長。蓋彼之所長，曰騎兵，曰堅忍，曰甲重，曰弓矢。吾當集漢、番所長而兼用之。故制其騎則有分隊之法，制其堅忍則有更休迭戰之法，制其甲曰勁弓彊弩，制其弓矢曰以遠尅近，以彊制弱。其説甚備。至于陣法，有圖而無書焉。

大理寺丞謝邦彦乞給病囚藥。丙申〔六〕，詔從之。邦彦，侯官人也。

上御書大學篇賜新第進士。甲子，上謂宰執曰：「賜宴日逼，朕二十日早下筆，食時已畢。」因言：「黄庭堅樂毅論墨本，皆有淵源。」秦檜曰：「陛下留神翰墨，精敏如此，臣下所未聞也。」

秋七月壬寅，以集英殿修撰曹筠爲敷文閣待制，代李璆帥蜀。

初，命刑部侍郎韓仲通等詳定重修茶鹽勅令格式，至是書成。八月辛未，左僕射秦檜上之。上曰：「是書纖悉備具，若能遵守，永遠之利也。」

壬申，太師、通義郡王韓世忠卒〔七〕，後謚曰忠武。

時有言贍學公田，多爲權勢之家所占。九月戊戌朔，上謂宰執曰：「緣不度僧，常住多有絶産，令户部撥以贍學。」

癸丑，詔諸路，昨泛差押綱使臣多不曾到部，故無賴作過，今後並差現任使臣。

冬十月癸未，秦檜之初相也，徽猷閣待制王居正時爲左史，嘗奏上，以檜作相，前所言皆不讎。檜憾之。及檜再相專國，居正慮爲所害，屏居常州，時事一不掛口，書祠官之考十有二。至是，檜權益張，尤忌善類，大誅譴以立威，多竄之嶺外。居正闔門托疾，猶奪其職。是月卒。居正素不取王安石之學，故工部侍郎楊時嘗著三經義辨，以示居正，居正繼亦爲三經辨學，與時之説相經緯。

上謂宰執言：「盱眙守臣龔鑒頗安静。」秦檜曰：「朝廷報對境文字，鑒不放心處，必來申明。百官皆留意所職，如此則無不濟矣。」

是月〔八〕，御製秦檜畫像贊曰：「維師益公，識量淵冲。盡闢異議，決策和戎。長樂温清，寰宇阜豐。其永相予，凌烟元功。」仍親洒宸翰賜之。

右諫議大夫章复〔九〕、殿中侍御史林大鼐，共論參知政事余堯弼傾邪姦險，朝廷有大議論，則默而不言。望貶之以清政府。堯弼亦奏乞祠。十一月庚戌，詔除資政殿學士、提舉外祠。复等再論，遂詔落職。复，宣城人也。

前知池州黄子游言：「農田水利所係甚重，望飭諸路提舉官，俾建塘陂，以備旱暵。」

丁巳，上謂宰執曰：「須常平官得人，若監司用心，事無不濟。近時監司多端坐不出，提點刑獄職在平反，尤當徧臨所部。宜戒飭之。」

詔僉書樞密院事巫伋兼權參知政事。

十二月戊辰，司封郎官王葆言：「近日民間多銷錢爲器。」詔令工部禁止。時雖連日小雨，而雪未應期。上遣人禱太一祠。辛巳晚〔一〇〕，雪作。壬午〔一一〕，宰執奏事，上曰：「昨晚寒甚，便得雪，甚可喜。」秦檜曰：「陛下至誠昭格如此，當率百官表賀。」丁亥，檜奏曰：「臘雪應期，中外共慶。去年臘中三日雪，果大有秋。」上曰：「自此二麥可望，不惟時豐，疫病亦自消矣。」

紹興二十二年歲在壬申春正月，大理評事莫濛言：「州縣受民輸米，各有定數，而收耗有至加三者，凡此止資官吏侵用。乞下有司揭示，許民越訴。」丁巳，詔從之。

二月，殿中侍御史林大鼐言：「公孫杵臼、程嬰、韓厥三人，有大功於趙氏，本朝皆封侯爵。中興以來，嘗詔立廟，而有司弗虔，神靈不妥。望進以公爵，擇地建廟，升爲中祠，使相熊夢而有祥，扶龍祚而無極。」壬午，詔禮部討論，兩浙漕司先次營廟。既而，三人皆進封公。

先是，徽猷閣直學士向子諲告老，歸臨江之舊隱，號曰薌林居士，閑居十五年。【三月】庚戌，卒。子諲早受學于故諫議大夫劉安世。宣和初，方臘作亂，詔發運司捕之。子諲時爲屬，獻言曰：「若急請于朝，以安世尹南都，前諫官陳瓘守金陵，人望所歸，不勞兵而賊可破。」識者謂此真良策，其長不能用。靖康末，張邦昌僭位，遣人持敕書至廬州，問其家。子諲時爲發運副使，牒郡守馮詢及提舉鹽香官范冲拘之。故給事中胡安國嘗謂其忠節可以扶持三綱者，蓋指此也。

【四月】癸酉，以右諫議大夫章复爲御史中丞。初，复論端明殿學士、僉書樞密院巫伋執政無補，而林大鼐亦論伋黷貨營私。丙子，詔伋以本職奉外祠。复等再論，遂落職。辛巳，以中丞章复爲端明殿學士、僉書樞密院事。

時住鬻度僧、道牒已久，其徒寖少。又福建官自運鹽，頗爲民患。乃遣太府寺丞鍾世明下本路措置寺觀田産。凡僧、道之見存者，計口給食，餘則爲寬剩之數，籍歸于官，并究運鹽之弊。世明方行，殿中侍御史林大鼐言：「慮民間未知指意，或有疑惑。」辛酉〔一二〕，上諭宰執，明降指揮，以曉諭之。世明，將樂人也。

五月，殿中侍御史林大鼐言：「民間有事，先訴于縣，結絶不當，然後經州，以次及監司、臺、省。今兩浙民訟，監司、州、縣未決，多徑至臺、省。請申舊法禁止。」辛亥〔一三〕，上諭宰執曰：「如此，則朝廷事多。」從之。

主管崇道觀曾恬，少嘗尊事故楊時、謝良佐、陳瓘、劉安世，得存心養性之學。及爲大宗正丞，一日攝行宗正事，吏有慢令不共，即繩以法，無敢違者。時秦檜專政，士多求媚以取要官，而恬自守無所詘。丐祠以去，寓常熟之僧刹，投閑幾十年。是月，卒。恬，故相公亮之孫也。

六月丁丑，宰執奏知嘉州王知遠乞罷鑄小鐵錢事〔一四〕。上曰：「此於錢引實有利害，可令總領與漕司同措置。」

以刑部侍郎韓仲通兼權吏部尚書。

秋七月乙巳，上謂宰執曰：「聞四川所起禁衛卒，所費多出於軍衆，可令總領司應副。」

初，江西多盜，而虔州尤甚。後雖撲滅，慮其復作，乃留殿前司吴進一軍彈壓。而本州禁軍，嘗隨前總兵官程師回往來捕寇，頗勇，與進軍素不相下。丁巳夜，兩軍交鬬，州兵因而作亂，焚民居，逐官吏。守臣鄱陽余應求有父安行，年老欲走，忽墜城死，應求遂以丁憂爲辭而去。于是，叛軍據城自守。八月丙寅，領殿帥楊存中奏，據本司統兵官吴進申，虔州將兵反〔一五〕。江西帥臣張澄亦奏請遣兵入。己卯，上諭宰執曰：「聞有欲走湖南者。」乃詔鄂州都統制田師中速發兵，仍令澄集本路兵擒捕，事定日，具有功人申樞密院。辛巳，又詔殿前司遊奕軍統制官李耕，統所部兵一千六百人往討之。

先是，累禁私泛海商人，而泉州境内尚多有此。上聞之，恐别生事。戊子，詔申其禁。

虔州叛兵突出，徑走南康軍，而寓居左朝奉郎田如鼇爲其所得，遂復歸據虔城。時統制官李耕總軍纔入江東界。時殿前司左翼軍統制官陳敏見駐福建，被本路帥檄，統所部一千五百人護閩境。於是，領殿帥楊存中奏：「敏本虔人，且於江西捕寇有功，乞令敏進兵至虔，與耕併力討賊。」九月乙未，詔從之。又就命如龕權本路提刑，令即城中撫定。既而，耕、敏與鄂渚田師中所遣統制官張訓等各以兵至城外。

戊戌〔一六〕，宰執奏前知蘄州周楙乞修河堤事。上曰：「不獨蘄州，凡沿淮有水旱，悉令漕司守臣措置。」

初，紹興八年，除李光爲參知政事〔一七〕，有右從政郎楊煒者寓行在，聞之曰：「此吾鄉先生也，今得位，必將盡行所學。」久之，無所聞。時蕭振任侍御史，朝廷方與金人議和，煒不以爲是。作書欲獻光，因先見振，説書中意。振曰：「亦恐金人難信。」煒遂以書責光，有「同槽共食」之語。光遣人傳語煒以不及答書〔一八〕。至是，振知台州，煒爲黄巖縣令，政頗有聲。振每聞煒大言無顧忌，則擊節稱善，遂薦煒改秩。復移書浙東提刑秦昌時，俾同薦之。昌時，左僕射檜猶子也。因屬吏密語振曰：「煒嘗以書責光，尤太師，某其姪，義不當舉，如待制亦不可舉也。」振曰：「吾業已許之，豈可中輟？」俄有縣吏得煒書，有詆時相語，以告昌時，昌時以聞于朝。詔送大理寺，仍下所司，發卒大索，得其萬言書藁，譏刺時政。獄具，【十月】庚辰，詔除煒名，送萬安軍編管。其兄選人炬亦連坐，羈置邕州〔一九〕。振罷，仍落徽猷閣待制，於池州居住。

【新輯】癸酉〔二〇〕，宋樸除御史中丞。（輯自繫年要録卷一六三紹興二十二年十月丙寅條）

先是，林大鼐在言路，嘗奏錢塘江浸淫爲患。十一月壬寅〔二一〕，上諭宰執，令臨安府同漕司乘冬月水不泛溢時，治之爲易。又舊有塔廟，陰以相之，雖出小説，亦不可廢也。丙午，朝獻景靈宫。丁未，朝饗太廟。戊申，冬至，合祀天地於圜丘。大赦天下。有軍人龐翼者，教人學道。起居舍人林機因與翼遊，遂出知信州。丁巳，上諭宰執曰：「機信翼邪説，遂亡上下之義。機既令出，翼亦不當留。士大夫尚爲動，况軍中乎？」時，守臣、監司不輸常賦，專以進奇羨相尚。太府卿徐宗説攝貳版曹，乃言：「今後當令先補常賦所逋，仍乞以賦入殿最行賞罰。」詔從之〔二二〕。於是，上諭宗説曰：「版曹久匱，卿所論甚當。」是日，以宗説權户部侍郎。宗説頗有心計，於經費出入盈縮之數，皆知其要，吏不能隱。然附秦檜以至侍從，嘗爲檜私營田産，士論鄙之，而畏檜無敢言者。宗説，開化人也。

龍神衛四廂都指揮使、知虔州李耕率諸軍，以乙卯登城〔二三〕，盡收叛卒誅之，而捷奏猶未至。於是領殿帥楊存中奏遣人送鞋韈與耕軍中。己未，上曰：「虔賊閉城拒官軍且四十日，城中百姓何以活？令存中更遣兵尅期蕩平，庶脱良民于禍也。」

十二月，直祕閣、前知太平州韓膺胄言：「州縣小吏，喜怒自私，驅無罪之人，不白長官，而禁於獄，或終不加罰，徒繫以苦之。望詔有司嚴禁。」甲子〔二四〕，詔刑部立法。

故端明殿學士王雲之猶子積，以雲死事，乞推恩。戊寅，上謂宰執曰〔二五〕：「雲奉使極效忠，率先衆人勤事，而死于難。」乃與積迪功郎〔二六〕。

有袁敏求者，妄撰語言，丁亥〔二七〕，宰執奏合編管。上曰：「小人妄生是非，既得其罪，當行遣〔二八〕，以爲惑衆者之戒。」

初，興元府兵亂以來，城内生荆棘，官舍民居皆茅屋，而帑藏寓諸僧刹。太尉楊政再爲帥，始以次繕治，至是一新，户口浸盛，如承平時矣。政所統將士，自休兵之後，十餘年未嘗輕以陞遷，蓋深體朝廷之意也。

福建舊行産鹽法，民歲輸錢而受鹽於官。其後法壞，輸錢如故，而民不得鹽。其間多私鬻以給食，而官亦不問。至是，帥臣、龍圖閣學士張宗元始再搉鹽，犯者滋衆，人不以爲是。帥司屬官胡憲上書於宗元，告以爲政大體，宗元不悦。久之，憲請嶽祠而去。同時在幕中有輕薄者，用其姓名，爲詩嘲之曰：「獻陳利害知何益？」蓋「憲」、「獻」同音，謂胡憲也。

金國主亮造燕京宮室，至是年〔二九〕，率其文武百官，遂遷都焉。亮因以燕京爲中都，隸以平、薊、涿、易、雄、保、順、遂州，號中都路。舊上京爲北京，隸以興中府、錦、義、宗、利州，號北京路。遼陽府渤海故地。爲東京，隸以廣寧府、潘、復、登、辰州，號東京路。雲中府爲西京，隸以弘、豐、朔、應、蔚、勝州，號西京路。開封府爲南京，隸以曹、單、陝、鄧、鄭、陳、蔡、潁、宿、泗，號南京路。又以河間、真定、平陽、太原、益都、東平、大名、京兆、延安、臨洮、慶陽、會寧、咸平、臨潢十四府爲總管府。河北東路，河間府、冀、莫、清、滄、深、景州隸焉。西路，真定府、邢、洺、相、定、濬、衛州隸焉。河東南路，平陽、河中府、隰、懷、晉、澤、潞、解州隸焉。北路，太原府、汾、代、嵐、忻、石、平、定州、岢嵐、保德軍隸焉。山東東路，益都、濟南府、沂、密、濰、濱、淄、棣、登、萊州隸焉。西路，東平府、徐、兗、濟、博、德州、泰安軍隸焉。大名府路，恩、濮、開、滑隸焉。京兆府路，鳳翔府、同、華、虢、耀州隸焉。延安府路，鄜、坊州、保安、綏德軍隸焉。臨洮路，蘭、秦、隴、鞏、河、會州〔三〇〕、積石、鎮戎軍隸焉。慶陽府路，平涼府、環、涇、邠、原、寧州隸焉。會臨府路，肇、齊、信州隸焉。咸寧府路，韓、懿州隸焉。大赦其境，改明年元曰正元〔三一〕。此據張棣所記修入。棣又云：「燕京城門十二：東曰宣耀、曰施仁、曰陽春；西曰顥華、曰麗澤、曰彰義；南曰豐宜、曰景風、曰端禮；北曰通元〔三二〕、曰會城、曰崇智。」

紹興二十三年歲在癸酉春正月，先是，前禮部侍郎高閌退居明州，時秦檜之弟棣爲明守，檜欲卜閎鄉背，因其鄉人姚孚者達意於閎，曰：「季華弟止一女，願與公結姻。」閎辭之，遂致其仕。閎自此每對人，唯舉前言往行，未嘗及時政之得失，人物之臧否。觀書終日，絶意榮望。己亥，卒。閎喜故程頤之學，及嘗見楊時，每語竟日，深相悦服。中年勇退，人甚高之。

【新輯】壬子，校書郎董德元上言：「虔州號虎頭城，非佳名也。今天下舉安，獨此郡有小警，意其名有以兆之。」既而廷臣議，亦謂有「虔劉」之義，遂改名曰贛州，因古縣爲名。（輯自宋王象之輿地紀勝卷第三二江南西路，參宋會要輯稿方域六）

是月，資政殿大學士、知建康府楊愿卒。

二月，右正言鄞縣史才言：「吏部尚書林大鼐狂躁欺誕，且負不孝之實。若不亟去，必揺國是。」己巳，乃詔罷之，尋知泉州。

時吏部侍郎陳相奏：「淮南閘損處甚多，不止洪澤。」丙子，上諭宰執，令漕臣修之，以便人使來往。相，合肥人也。

龍神衛四廂都指揮使、知贛州李耕具立功一萬三千餘人。辛巳，奏至，于是第賞有差。癸未，以耕爲金州觀察使。此據野記修入。方贛之亂也，謫居人秘書少監、分司南京孫近〔三三〕，走吉州避之。至是，賊平，復歸贛州。未幾，卒。

夏四月癸亥，宰執奏差諸州守臣。上曰：「士大夫在此者衆，所當得闕，可早與之。」

【五月】壬寅，宰執奏上書者言：「舉債之家，如還本已足，利當盡放。」上曰：「如此則上户不肯放債，反爲細民之害。宜詳細措置。」

【新輯】癸酉〔三四〕，上謂大臣曰：「近令臨安府收捕破落户編置外州，本爲民間除害，而所謂小火下者，乃爲人訴，其恐嚇取錢，妄有供具，本非爲民除害之本意。可令有司子細根治，務得其實。」先是，行在有號破落户者，巧於正晝通衢，竊取人所帶之物。秦檜得其姓名，悉奏分遣外州拘之。上恐因而擾人，故有是諭。熊克小曆載此事于五月癸酉。按今年五月己丑朔，無癸酉，克曆恐誤。（輯自繫年要録卷一六四紹興二十三年四月甲戌條）

是月，慶遠軍節度使張澄自江西移帥福建。初，閩中佛刹數千區，其徒猥衆，地占膏腴。州縣經賦，視爲上户。自鍾世明至，計口給食，悉拘所餘。澄既入境，即剖析利害言之，乃詔委澄措置。澄請計其租賦，農工僧行厮役之用給之，而收其餘。較前所拘，十還六七〔三五〕，公私皆以爲利。

六月，時行在霖雨，諸軍營多壞，已詔賜錢七萬貫令修，俾得安處。至是，上又聞民田有被水害，癸亥〔三六〕，詔户部下州縣差官檢放苗税。

時皇太后目疾，下諸路召醫人，惟四川未發到。秋七月戊子朔，詔趣逐路帥臣搜訪津遣。

右諫議大夫史才言：「浙西民田甚廣，而不憂旱者，太湖之利也。比年瀕湖之地，諸軍下人多據以爲田，擅利妨農，其害實大。乞委監司究治，盡復太湖舊迹，使兵民各安其職，農民有賴。」庚戌，詔從之。

福建安撫使參議官賀允中嘗爲閩漕，平鹽貨，見謂稱職。秦檜以其不肯下己，授祠觀者五年，復令入帥幕以抑之。是月，允中之任。此據墓誌。

【新輯】八月戊午朔，侍御史鄭仲熊言〔三七〕：「近歲州縣小官既滿，而監司、郡守不與批書，多致狼狽。若謂催科未足，獄案未具，合前期督察。望敕監司、郡守，既滿即與批書，如更挾私意，令御史臺按劾。從之。」熊克小曆作「侍御史鄭仲熊言」。案：仲熊此時纔爲國子監主簿，克蓋誤也。（輯自繫年要録卷一六五）

八月，知靜江府陳璹奏：「乞增和糴米價，及折納適中，以紓民力。」【九月】辛亥〔三八〕，上謂宰執曰：「璹善治郡，可與直祕閣、知潭州，其他處有昏耄不任職之人，令自陳宮觀。」

先是，總領四川財賦符行中有子預薦，意潼州府僉書判官趙逵必爲類試考官，密以文屬之，逵不啓緘。既試，符氏子不預奏名。行中因他事捃摭逵峻甚，然亦不能害之。行中，南城人。

冬十月庚申，侍御史江寧魏師遜言：「太府寺丞史祺孫交通匪人。」上曰：「學先王之道，而從妄人孫士道習妖術以惑衆。若只罷之，無以戒後人。可令吏部與監官。」

端明殿學士、僉書樞密院事宋樸乞罷，戊辰，詔以舊職奉祠。於是，諫議大夫史才言：「樸爲士而不自愛，乃違道罔俗，與丐者爲伍，不當以祕殿隆名寵之。」遂落職。壬申，以才爲端明殿學士、僉書樞密院事。

時諸路推行養濟事，恐其滅裂。戊寅，上謂宰執曰：「須令實給錢米，以施實惠。」

侍御史魏師遜爲中丞，監察御史鄭仲熊爲右正言。時秦檜秉政久〔三九〕，言路皆其所引。于是，仲熊首論定國是、久任用、抑奔競、節浮靡，與推誠于有功之宿將等事，然其間不無阿附。仲熊，西安人也。

十一月，時經筵講尚書終篇。癸巳，上謂宰執曰：「朕記此書自説書官尹焞始。初，焞以范冲薦，擢講筵，既數日，輒乞致仕。其徒相與謀曰：『必得朝廷見留，乃可爲高。』翼日，趙鼎奏，果言焞志在山林，不樂居此，願以禮留之。焞遂不復致仕。觀焞進講，皆其師程頤之説，餘無可取。」秦檜曰：「程氏之徒，祖宗諱不避，而諱其師之名甚嚴，事君之道，恐不當有厚薄。兼已受官，乃更欲廩人繼粟，庖人繼肉，曾不思孟子處賓師之地，仕而不受禄，則有此禮。」上曰：「孟子當戰國之時，自處如此，不可以爲常法也。」

先是，經筵官皆進詩，侍讀秦熺詩卒章曰：「競競驕侈戒，誓不愧周官。」辛丑，上對宰執再三稱善，以熺登第日，賜御書周官也。上又曰：「哲宗朝，蘇軾進御書古詩，魏師遜、鄭仲熊所進詩，皆模倣其體。」上萬機之暇，他無所嗜，專意於文如此。

時編類宗正司條令新成〔四〇〕，上閱之，甲辰，以諭宰執曰：「所修甚有條理，可即頒行。」

十二月己未，宰執奏事，上顧秦檜曰：「昨日遣使戒之云：『歲遣信使，已有定例，使指之外，不可生事。』」上周慮如此，真得祖宗柔遠人之家法，宗社無疆之福也。

閏十二月丙申，上諭宰執曰：「諸郡守條具民事，如遠方因軍興科民，至今未罷者，非因條具，何由得聞？宜委官詳其可行者行之。」戊戌，詔委中書檢正左右司郎官，具其可行者申省取旨。蓋聖意恤民，故致詳如此。

先是，夏間宣州大水，其流泛溢至太平州，凡太平境内，沿湖諸圩，悉爲衝決。是冬，詔遣太府寺丞鍾世明至州相視修築〔四一〕，守臣直祕閣洪檝集屬邑共議，知當塗縣事張津以謂被水農民流徙過半，若令逐圩自修，力不能辦。遂用其説，共興長埂，週迴一百八十里，包諸小圩。未幾成。然自此小圩埂盡廢，一遇水決，則通被其害，故農民屢請于官，欲各興中埂，以防患焉。

初，池州青陽縣税視鄰邑爲重，如貴州縣田每畝上等八升，而青陽一斗九升；中等六升，而青陽一斗五升；下等四升，而青陽一斗七合，幾於三倍。蓋自南唐李氏賜此一縣之地，與其臣宋齊邱爲邑，齊邱增賦以肥私家，遂成定額。是年，江東轉運常平司爲之申請，詔以十分爲率，税苗減二分半，課米減二分。然議者猶謂所減乃經界虚增之數，而齊邱重賦未嘗損也〔四二〕。至乾道中，始能再蠲之。以上二事皆據方志。

〔校勘記〕

〔一〕還俗僧圓覺宗杲撰聖者偈妙喜禪　「宗杲」原作「宗果」，據宋會要輯稿道釋一改。

〔二〕誕謾無禮　「禮」，宋會要輯稿道釋一作「理」。

〔三〕是月　「是月」，繫年要録卷一六二繫於「二月」。

〔四〕五月　繫年要録卷一六二繫於「五月辛亥」。

〔五〕就令土豪官領之土豪官多率歛邀求　「領之土豪官」原脱，據繫年要録卷一六二補。

〔六〕案：五月庚子朔，無丙申日。繫年要録卷一六二繫於「六月辛巳」。當是。

〔七〕太師通義郡王韓世忠卒　「義」原作「議」，據繫年要録卷一六二、宋史全文卷二一上及宋史卷三高宗本紀七改。

〔八〕案：繫年要録卷一六〇繫於「紹興十九年九月戊申」，并以小曆誤。

〔九〕右諫議大夫章复　「章复」，繫年要録卷一六二作「章廈」。下同。

〔一〇〕辛巳晚　繫年要録卷一六二繫於「庚辰」。

〔一一〕壬午　繫年要録卷一六二繫於「辛巳」。

〔一二〕案：四月丙寅朔，無辛酉日，繫年要録卷一六三繫於「四月壬辰」。當是。

〔一三〕辛亥　繫年要録卷一六三及宋史全文卷二二上繫於「辛丑」。

〔一四〕宰執奏知嘉州王知遠乞罷鑄小鐵錢事　「罷鑄小鐵錢」，繫年要録卷一六三作「鼓鑄小鐵錢」。

〔一五〕案：繫年要録卷一六三紹興二十二年八月己卯條注文考證云：「按：日曆稱齊述者因步軍司差官揀兵，因糾合攻打州城，逼殺本州駐劄殿前司統制官吴進，并安撫司統領官馬晟，遂據城縱火。不知何以却是吴進申到也？當求它書參考。」

〔一六〕戊戌　繫年要録卷一六三及宋史全文卷二二上繫於「丁卯」。

〔一七〕紹興八年除光爲參知政事　「政」原脱，據宋史卷二九高宗本紀紹興八年十二月己未條補。

〔一八〕光遣人傳語煒以不及答書　「傳」原作「專」，據繫年要録卷一六三改。

〔一九〕案：炬受連坐事，繫年要録卷一六六繫於紹興二十四年二月丁亥，并以小曆誤。

〔二〇〕癸酉　繫年要録卷一六三繫於「丙寅」，并以小曆誤。

〔二一〕十一月壬寅　繫年要録卷一六三據日曆繫於「乙卯」。并以小曆誤。

〔二二〕案：此事繫年要録卷一六四據日曆繫於「紹興二十三年閏十二月丙午」，并以小曆誤。

〔二三〕以乙卯登城　「乙卯」，繫年要録卷一六三據日曆繫於「丁巳」。

〔二四〕甲子　繫年要録卷一六三據日曆繫於「乙丑」。

〔二五〕上謂宰執曰　「上」原脱，據廣雅本及繫年要録卷一六三補。

〔二六〕乃與積迪功郎　「迪功郎」，繫年要録卷一六三作「右迪功郎」。

〔二七〕丁亥　原作「丁未」，案本月辛酉朔，無丁未日，據繫年要録卷一六三改。

〔二八〕當行遣　「遣」原脱，據廣雅本及繫年要録卷一六三補。

〔二九〕至是年　繫年要録卷一六四據兩國編年繫於「紹興二十三年春」。

〔三〇〕會州　「州」原作「川」，據金史卷二六地理志改。

〔三一〕改明年元曰正元　「曰」原作「日」，據廣雅本改。「正」，當作「貞」，蓋避仁宗名諱改。

〔三二〕北曰通元　「北」原作「比」，據廣雅本改。

〔三三〕謫居人秘書少監分司南京孫近　「謫居人秘書少監分司南京」，繫年要録卷一六四作「本州居住人降授左朝散郎提舉江州太平興國宫」，并考證小曆誤。

〔三四〕癸酉　繫年要録卷一六四繫於「四月甲戌」，并以小曆誤。

〔三五〕案：繫年要録卷一六三紹興二十二年三月丁巳條注文考證云：「熊克小曆云：『明年，慶遠軍節度使張澄帥福州，復請于朝，率還六七。』按：會要世明元措置剩錢三十六萬五千八百餘緡，已而，澄乞添給童行人力米外，實餘三十三萬九千餘緡。克誤也。」

〔三六〕癸亥　繫年要録卷一六四及宋史全文卷二二上繫於「辛酉」。

〔三七〕侍御史鄭仲熊言　「侍御史鄭仲熊」，繫年要録卷一六五作「御史魏師遜」，并以小曆誤。

〔三八〕案：八月戊午朔，無辛亥日，繫年要録卷一六五繫於「九月辛亥」，當是。

〔三九〕時秦檜秉政久　「秦檜」原作「秦榛」，據廣雅本及繫年要録卷一六五改。

〔四〇〕時編類宗正司條令新成　「條令」原脱，據繫年要録卷一六五補。

〔四一〕詔遣太府寺丞鍾世明至州相視修築　「太府寺丞」，繫年要録卷一六五十月丁丑條作「司農寺丞」。

〔四二〕案：此段記事，繫年要録卷一六五紹興二十三年末注文考證云：「熊克小曆稱：『江東轉運常平司爲之請。』蓋誤，秋甫志中所載乾道六年陳升卿建明取會事，爲子游所請，而不詳考之也。克又稱：『青陽縣上田每畝一斗九升。』亦與子游元奏不合。按：乾道六年，二司所奏有云：『上田青陽縣每畝納一斗九升八合。』此乃減苗税二分半、課米二分之後數目，非子游元奏之時，克實甚誤。」

中興小紀卷三十六

紹興二十四年歲在甲戌春正月，初，詔諸軍統制官滿十五年，與轉一官。至是，承宣使戚方當依格回授，其次觀察使梁斌係帶軍職，令轉一官，乃叙位在戚方上。辛巳，詔方以所得特帶軍職，庶與斌舊次不至陞降。上於將將精審如此，中興所由致也。

二月甲辰，上謂宰執曰：「連日雨，恐傷麥，已降香祈晴。」上意恤民，惟恐一物之不得其宜如此。

知貢舉、御史中丞魏師遜上合格進士秦塤等。三月辛酉，上御集英殿策試，既遂，賜張孝祥以下三百五十六人及第、出身，張孝祥，歷陽人也。

大理評事劉敏求言：「州縣不依法即時割税，有害於民〔一〕。」戊寅，有司具到見行法。上因言：「法令固在〔二〕，如官吏奉行不虔，雖申嚴行下，終亦無益。知州須歷民事、通曉民利病者爲之。」乃命監司察其不如令者按之。

夏四月丙戌，上謂宰執以三衙諸軍闕額，久未敷足。於是，樞密院擬均下諸路帥司招填，期以三年，課其殿最。從之。

有利州民王孝先邀駕，訴知閬州王陞慘酷不法事〔三〕。辛卯，上諭宰執：「宜押送本路監司究實。」蓋上慮蜀道遥遠，追逮爲勞也。上欽恤刑罰，屢形詔旨，至於纖悉委曲。聖慮如此，守臣不知體至懷，宣寔惠，乃或背公徇私，逞威廢法，鉗民之口，無復忌憚。銜冤窮民，豈能人人詣闕自訴？付之有司，審其虚實，明典刑以待之，使長民皆知奉法，究心民事，以厚風俗，誠措刑之本也。

太府寺主簿李文中言〔四〕：「比歲州縣多侵用常平義倉米，既失經常之制，亦乖惠恤之方。望詔有司，申嚴其禁。」從之。

庚子，宰執言：「言者所論諸路州縣受民輸絹，官吏作弊，雖中程好物，抑而不受。至用柿油退印以壞之。却縱攬子多取民錢，輸以薄絹。」上察其爲民害，命申嚴其法，令監司、御史臺劾之，聽民越訴。

五月己巳，三省擬差蘇策、張杞、陳孝則爲知州。上諭宰執曰：「尚有待差知州人，宜早與之。盛暑旅邸不易。」上曲盡人情如此。策，軾孫也。

初，黎、雅二州邊備，相爲表裏。歲月既久，浸隳舊制。至是，知雅州楊仁籍並邊之人，嚴設條目，以應緩急。左自始陽及碉門，右自盧山及靈關，凡數百里，皆有屏蔽，夷之冒吾禁者必繫之，識者曰：「此雄邊子弟遺法也。」前此，夷多掠邊户爲婢奴，有與之嚮道者，官不能禁。仁得訟者，大書其牒下，其長悉即以取回，執嚮道者械之獄。歲饑，旁郡流民至境，仁發廩粟賑之，吏以無外臺令更諫。仁曰：「須令下，索吾人於溝壑矣。」不爲動，所活甚廣。是月，卒。民畫其像以祠之。此據邵溥作楊仁墓誌。

六月癸未，左太中大夫汪藻黜居永州八年，累赦不宥，常以疾乞致仕，不許。是日，卒。

言者論高郵軍使吳祖度〔五〕，乃流人幵之子。幵賣國，立僞楚。今祖度乃與幵壻知廬州曾慥分守淮郡，宜加斥逐。乙酉，詔並罷。上因諭宰執曰：「吳幵、莫儔、王時雍，在漢法當誅且族，朝廷寬大，一切置之。若復録用其子，何以示天下？自今無與堂除。」上顧秦檜曰：「當時忠義，無若卿者。」檜曰：「臣一時守職，遭遇陛下隆興，遂依日月之光。」上曰：「此卿謙辭也。」

御史中丞魏師遜、右正言鄭仲熊論端明殿學士、僉書樞密院史才，天資陰賊，嘗受李光薦，不憚數千里貽書於光，謀爲國害。癸巳，詔才以舊職奉祠。師遜等再論，遂落職。甲午，以師遜爲端明殿學士、僉書樞密院事。

初，右朝散郎王循友知建康府，嘗斷配秦檜族人。檜銜之。而循友差右朝散郎韓參爲機宜，因與參謗訕朝政，遂興獄根治。既而大理寺言：「循友盜取官錢，受所部乞取金銀，冒請宣借口券入己，及減價詭名，買没官田産。」辛丑，詔循友特貸死，藤州安置。子右承務浤並除名。而參送德安府編管。

時衢州饑民嘯聚爲盜，而守臣王曮措置乖方，且有贓汙不法之事。甲辰，宰執奏欲先罷曮。上謂秦檜曰：「曮是卿之親戚，今罷之，勝罷其他十數人也。」既而，盜捕獲而猶未定，詔以提舉太平興國宫王師心知衢州，民始安堵〔六〕。

言者論二廣鋪兵之弊〔七〕。乙巳，上謂執宰曰：「宜令州縣時給月糧，此曹方久住，不至闕事也。」

夔州路地接蠻獠，易以生事。至是，或告溱夷叛，其豪帥請遣兵致討。帥臣周執羔使誡之曰：「朝廷用爾爲帥，今一方繹騷，責將焉往？能盡力則貰爾而已，一兵不可得也。」豪帥懼，斬叛者以獻〔八〕。此據周執羔誌。

先是，沅州守臣李景山與通判丁濤交惡，判官聳淙間之〔九〕，遂興獄，追逮數百人及溪洞。時方盛暑，有繫死者。湖北提刑楊椿曰：「吾職在平反，其可使無罪之人淹繫至死哉？」即奏於上，乞罷三人，釋其衆。詔從之。於是，秦檜曰：「部使者不當如是耶？」〔一〇〕椿，眉山人也。

秋七月癸丑，太師、醴泉觀使、清河郡王張俊卒。甲寅，上曰：「張通古之來，俊極宣力，與韓世忠等不同。」己未，上又曰：「武臣中無如俊者，比韓世忠相去萬萬。宜檢祖宗故事，優其贈典。」既而，有司欲依世忠例〔一一〕。上曰：「俊于國有功，明受間，俊有兵八千屯吴江，朱勝非降指揮與秦州差遣，俊不受，進兵破賊〔一二〕，當與小國一字王。」遂贈循王，後謚忠烈。

時贛州守臣、龍神衛四廂都指揮使李耕將滿，上諭宰執，選文武臣爲之代。庚申，又曰：「昨贛寇竊發，民有應之者。今宜留兵屯，庶得安弭。」

癸亥，宰執奏縣令能布德惠民，有政績者，令監司、郡守保奏。上曰：「或遷或陞，庶有激勸。如失不保奏，令御史臺劾之。」

初，詔廣西帥臣、直祕閣吕愿中招撫西南番〔一三〕。至是，愿中言：「宜州諸蠻并南丹州莫公晟，皆願歸順。」仍畫圖以進。丙子，上諭宰執曰：「得丹州，非以廣地，但徭人不作過〔一四〕，百姓安爾。」既又曰：「且喜一方寧静。」秦檜曰：「陛下兼懷南北，定計休兵，小寇豈敢不順？」上曰：「若非休兵，安能致也？」上諭宰執，在八月乙酉，今聯書之。

【八月】詔陞愿中直徽猷閣〔一五〕。先是，静江府有驛名秦城，時愿中約賓寮共賦秦城王氣詩，以侈其事。衆中皆賦，其不賦者惟寓居奉祠官劉芮、常平司幹官李燮、本府支使羅博文三人。芮，摯孫也。

時論對官多請假避免〔一六〕。

九月，前知滁州魏安行多奏墾荒田。及令本州具實，不及五之一，餘皆紛擾爲後政之害。有司劾安行意在冒賞。上曰：「如此誕妄，不可不懲也。」

是年雖稔，亦有小旱傷處。冬十月丁丑〔一七〕，詔依條檢放，其公私所欠亦住催。

初，實録院檢討官朱翼命史官編徽宗御集，藏之延英閣，至是，書成一百卷。壬午〔一八〕，太師、左僕射秦檜上之。權奉安天章閣。

丙戌〔一九〕，宰執奏年例，臨安府自十一月支錢米養濟丐者。上曰：「此一事活人甚多。」

戊戌，三省擬左朝散郎蘇欽知巴州，右朝散郎張軒知劍州。上曰：「川中須擇不生事之人。遠地舉措，朝廷無由盡知。」欽，晉江人也。

時天章閣新成，十一月壬子，上曰：「不擾民而易成〔二〇〕，甚得崇奉之要矣。」

時户部侍郎徐宗説久病，甲寅，亟遷直顯謨閣、知臨安府曹泳爲户部侍郎以代之，而改宗説兵部。泳乃秦檜姻黨，藉勢妄作，又甚於宗説矣。於是，宗説謂人曰：「吾在户部，自郎而貳，涉十年錙銖榷會，不敢委吏，今瘦矣。」尋以敷文閣學士知明州。宗説得美職而去，檜主之也。

殿中侍御史董德元論端明殿學士、僉書樞密院事魏師遜懷姦嗜利，不恤國事。乙丑，詔以舊職提舉太平興國宫。德元再論，遂落職。

丁卯，以吏部侍郎施鉅爲參知政事，吏部侍郎鄭仲熊爲端明殿學士、僉書樞密院事。自秦檜專國，前後執政無敢少違其意者。於是，仲熊嘆曰：「爲官至此，可以行志而不得行，遇主如此，可以圖報而不得報，負愧多矣。」〔二一〕

是月，刑部侍郎韓仲通遷尚書。

通判武岡軍方疇坐與流人胡銓通書，爲守臣李若樸所告。令江西提刑張常先鞫之〔二二〕，送永州編管。

先是，四川等路買馬司於宕昌寨、峯鐵峡兩處榷場買馬〔二三〕，每歲買馬綱至樞密院，往往多斃。十二月庚辰，詔自明年撥付殿前司，後年撥付馬、步二司，以此循環。仍令逐司自選使臣，就買馬場團發。

大金人使將到，丙申，詔諸路差牽挽人，並給錢米。違者，在内御史臺，在外轉運司彈劾之。

是年，行在、建康、鎮江三榷貨務都茶場，共收二千六十六萬餘緡。

荆南府人口舊數十萬，寇亂以來，幾無人迹。詔蠲口賦以安集之。然十未還一二。先是，議者希朝廷意，謂流民歸復，可使稍輸什二，而歲增之。吏不能供，顧無敢言者。至是，積逋二十餘萬緡，他負亦數十萬。户部侍郎曹泳責償甚急，曰：「不且有譴〔二四〕。」時秦檜晚年，怒不可測，而泳乃其黨，兇焰赫然。帥臣孫汝翼懼欲賦於民以塞己責，通判范如圭力勸止之。汝翼，晉陵人也。

時前秘閣修撰張九成謫居南安軍已十餘年，嘗自言：「人苟無識，一味貪進，往往如飛蛾投火，隨焰而滅。昔楊國忠方盛，或勸陝郡進士張彖見之，富貴可立圖。彖曰：『君恃楊如泰山，吾以爲冰山爾。若皎日一出，君得無失所恃乎？』遂隱於嵩山。後國忠敗，人方仰彖之先知。吾今居嶺下，人皆以爲瘴鄉，然吾於此已久，著書窮理，亦甚安之，何愧嵩山之隱耶？」時南康士子春試回，有見九成者，言秦氏子取高第，而嗟洪皓之被斥〔二五〕。洪公厄北庭十餘年，艱險萬狀，死亦不畏，義氣凜凜，照映古人。秦公以私害之，不久天必伸之矣。

紹興二十五年歲在乙亥春正月，敷文閣待制、新知饒州蘇符請祠。甲戌，上謂宰執曰：「朝廷初議休兵，符頗以爲然。及王倫被留，遂復二三，今不復肯出川矣。」乃以符提舉崇道觀。

二月丙子〔二六〕，宰執奏事。上曰：「守臣鄭思永言還魂度牒，緣僧、道死，而官司不追毁，致童行冒名。又言監司委縣令造船擾民，可悉禁止之。」

三月，太常少卿、權吏部侍郎陳夔言：「兩淮尚有曠土，而耕牛、農器資之江、浙。比年州縣違法，例收其稅。」癸丑，詔户部禁止。夔，永嘉人也。

戊辰〔二七〕，詔福建、四川所印私書，悉禁止之。

先是，新除校書郎趙逵家尚留蜀。秦檜欲出百金助逵以家來，逵不答。檜怒，人頗爲逵危之。〔二八〕

夏四月，侍御史董德元、右正言王珉言：「參知政事施鉅傾邪詭祕，嘗與李光交，又爲何鑄引用。鑄既斥，心常怏怏〔二九〕。比因國忌行香，擁蓋入景靈宫門，衆論大喧。始送其卒於有司，亦不待罪。」乙酉，鉅罷爲資政殿學士、提舉太平興國宫。德元再論，遂落職。珉，玉山人也。

初，諸路上供數外，又號無額上供錢，及一萬貫以上，推賞有差。其後，言者又論，若數少不該賞典，即所樁錢不復發矣。乞纔及二千貫以上，即與推賞。從之。二千貫以上推賞，見二十九年。

先是，經筵講易終篇，仍賜御筵。辛丑，左僕射秦檜等謝。蓋上萬機之暇，專意經術，既親御翰墨書易與書經，刻於堅珉，聖學淵源，固已深得奥旨。猶命儒臣紬繹其説，祁寒隆暑，略無倦色。逮兹終篇，真帝王之高致也。

五月，户部言諸路免行錢所取苛細。詔罷之。

秦檜久專朝政，而士大夫之急於進者，多附檜意，掎摭人之語，以爲謗訕。通判常州沈長卿舊常與前參知政事李光曰：「搢紳守和親，甘出婁欽之下策〔三〇〕；敵人難信結〔三一〕，孰慮吐蕃之刼盟。」檜時已惡之。至是，與左從政郎芮曄同賦牡丹詩，爲鄰舍人所告，以爲譏議。送大理寺，獄具，檜奏其事。僉書樞密院兼權參知政事鄭仲熊默無一語，罷朝，檜頗咎之。時有旨皆除名編管，長卿永州〔三二〕，曄武崗軍。〔三三〕長卿、曄，皆烏程人也。

選人陳祖安緣與長卿密交,亦當追證,而仲熊嘗營救祖安,故得脱免。於是，侍御史董德元、右言正王珉論仲熊以謂：「此豈政府所爲？」六月己卯〔三四〕，仲熊罷爲提舉太平興國宮。又有前知泉州趙令衿居衢州，因觀秦檜家廟記，口誦「君子之澤，五世而斬」之句。通判汪召錫、教授莫汲皆於坐間聞之，因告令衿謗訕。守臣王師心勸之，不能止。既而，詔謫令衿于汀州〔三五〕，且置獄，召錫迫其行，師心復調護之。召錫，伯彥子；汲，歸安人也。

時安南國遣使入貢，禮部具到典故儀範。上諭宰執令照行，其驛以「懷遠」爲名。

秋七月甲寅，宰執奏浙東總管李顯忠再任。上曰：「爲將要當知書，以不戰而勝爲武。若殘忍好殺，非良將也。」秦檜曰：「趙充國知未可戰，故守屯田之議，卒以破羌。」上曰：「然。古之名將，文能附衆，武能威敵，正謂是爾。」

先是，遣户部郎官鍾世明至四川，與安撫制置使符行中、總領財賦湯允恭，同措置減免錢物，務在不妨軍食，可以裕民。至是，行中等言：「總領及茶司馬歲各有剩，二項減科民間錢引二百餘萬道；又州縣贍軍，無窠名錢引七十萬道；利州糴米引錢五十萬道；又除兩年州縣所欠折估糴本，及水脚等錢二百九十萬道。如已減而復催者，許民越訴。」丙辰，詔從之。

丁巳，上諭宰執曰：「諸州貢物，朕恐勞民，皆罷。獨福建貢茶，祖宗舊制，未欲罷也。」殿中御史西安徐嘉論知靜江府吕愿中妄作不法〔三六〕。辛酉，上諭宰執曰：「聞諸蠻之來，盡令於帥司歃血，此乃亂世諸侯事。其妄作如此。」詔與奉祠，仍令漳州居住。壬戌，宰執奏昨廣西帥司乞南丹州莫延沈推恩事。上曰：「愿中既罷，恐諸蠻生疑，可檢典故，優與推恩，以慰其向化之心。」於是，除提舉太平興國宫施鉅爲資政殿學士、知靜江府。仍令鉅諭諸番，以愿中自緣别有不法事罷，於外國不相干，庶絶其疑也。

丙寅，宰執奏廣西帥司申奏，本路轉運副使王利用違法差蔡緒者權欽州通判〔三七〕，與南安使人争立班事。上曰：「遠人來貢，要待之以禮，豈可生事？」乃詔以緒付吏憲司根治。

時南丹州莫延沈已襲父官，乞給長生券。庚子〔三八〕，上謂宰執曰：「新封南平王莫延沈等告〔三九〕，可詳視，仍修改，播告遠人，要得體也。」謂秦檜曰：「昨醫者謂卿脈弱，今已安，可喜。更當節飲食。」檜謝曰：「上感聖恩。」

初，詔守臣到任半年，具裕民五事。八月辛巳，上謂宰執曰：「守臣陳利害，當令國與民皆足，乃爲稱職。如建炎間，財用匱〔四〇〕，翟汝文知越州，盡放和預買及鑑湖官租，不恤國計，而專欲沽名，如此等人，國何賴也？」秦檜曰：「陛下成中興國之功而知民疾苦，蓋兼漢孝宣、光武之事業。」上曰：「朕何敢望二帝，然志所深慕。」乃詔權刑部尚書韓仲通等詳所陳利害。

【新輯】丙戌，吏部尚書兼侍講董德元參知政事〔四一〕。德元登第七年而執政，自吕蒙正以後所未有。熊克小曆「德元自吏部尚書除」，蓋誤。（輯自繫年要録卷一六九）

詔以故韓世忠所納居第，作左藏庫及倉，仍令兩浙漕司即倉基造二府，以處執政。至是，猶未興工。壬辰，上命呼至都堂，傳旨趣之。

先是，知饒州洪興祖者，擬之猶子，以經學得名。龍圖閣學士程瑀嘗注論語，而興祖爲之序，摘取瑀發明聖人忠厚之言，所謂「不使大臣怨乎不以」者，表而稱之。興祖嘗忤秦檜，故因此誣譖得入。檜疑興祖托經以議己，遂責昭州安置。是月，卒。人謂興祖通經，早以此席英舉，晚以此賈奇禍。及其後，追贈直敷文閣。此據興祖墓誌修入。

九月，言者請於産茶地方，差官置場收買，庶免私販之患。辛亥，上問宰執曰：「今天下一歲茶利所入幾何？」秦檜曰：「都茶場三處，共得二百七十餘萬貫。」上曰：「比承平少陝西諸路，故其數止此。」

是月，以刑部侍郎沈虛中兼權吏部尚書。

秦檜喜前吏部郎中朱敦儒之才，欲爲其子孫模楷。時敦儒已致仕，强之復出。自建炎初，鴻臚寺併歸禮部，冬十月庚辰，始除敦儒爲鴻臚寺少卿，敦儒掛冠復起。士論少之。此據魯訔爲敦儒集序。

初，和議定時，國書中有「不得輒易大臣」之語。蓋秦檜恐前宰臣張浚之復用也。至是，檜有患失之心，而尤忌浚，臺臣每有彈章，語必及。至論知洪州張宗元章，則謂浚爲國賊。湖南提舉汪召錫娶檜兄女，嘗告訐趙令衿，故遣圖浚。又江西轉運判官張常先箋注宗元所與浚詩，亦興獄株連及浚。又捕故相趙鼎之子汾下大理獄，令自誣與浚及李光、胡寅等有異謀，凡五十三人。獄上，而檜病篤不能書矣。

乙未，上幸檜第問疾。丙申，進封檜建康郡王，加其子少傅、觀文殿大學士熺爲少師。是夕，檜卒，熺亦致仕。乃詔僉書樞密院湯思退權知政事。方洪獄之興也，逮百餘家，帥臣王師心隨事救之，賴以免者爲多。檜卒，事乃熄。

丁酉，上諭宰執曰：「秦檜力贊和議，天下安寧。自中興以來，百度廢而復備，皆其輔相之力，誠有功於國。」傷惻久之。遂贈申王，謚曰忠獻。

殿中侍御史徐嘉、右正言張扶論：「户部侍郎兼知臨安府曹泳以秦檜黨，招權怙勢。又朱敦儒者，趙鼎之心友；杜師旦者，李光之上客，泳悉置之門下。内則爲卿少，外則爲監司，若不亟去，必致生事。」丁酉，詔停泳官，送新州安置。敦儒復致仕，師旦罷。其後，泳又移吉陽軍而卒。扶，金壇人也。

十一月癸丑〔四二〕，召敷文閣直學士魏良臣參知政事。

占城國遣貢使至。

辛酉，朝獻景靈宫。

壬戌，朝獻太廟。

時文武官俟差遣者甚衆。上乃詔文臣郡守以上到堂者，依格將上，武臣將副於樞密院亦如之。通判以下及大小使臣，令吏部左右選措置注擬，勿令久在逆旅。

【新輯】乙丑，敷文閣直學士、新知平江府宋貺罷，右朝請大夫、知廣州周三畏復敷文閣待制、知平江府。先是，貺以祖諱平，乞避。魏良臣等奏令與三畏兩易。上曰：「貺小人妄作，向知臨安府，因官妓公事甚喧，可直與宫觀，理作自陳。三畏廉謹守法，中間被黜無

辜，與復職知平江。」三畏復職，必三省所擬也。熊克小曆載二語，減去「甚當」二字，遂失其實。（輯自繫年要録卷一七〇）

初，秦檜之卒也，其子熺乞以敷文閣學士王會知建康府，共辦父喪事。且云：「庶得相聚。」至是，言者謂：「建康守臣，所寄非輕，若止爲私家相聚，朝廷何賴焉？」辛未，詔與會宫觀，仍共集檜之葬事。其後，會再被論，遂貶瓊州。會，喁弟也。

詔近歲士風澆薄，持告訐爲進取之計，深害風教。或有不悛，重寘於法。

是月，上批右正言張扶除太常卿。執政言：「自來太常不置卿。」遂改宗正，復言之，乃以爲國子祭酒。

十二月甲戌，召直龍圖閣湯鵬舉爲殿中侍御史。乃詔：「年來臺諫用非其人，與大臣爲友黨，而濟其喜怒。朕今親除公正之士，以革前弊。繼此者宜盡心乃職，宜惟結主知，毋更合黨締交，以亂成法。」

乙亥，上謂執政曰：「張士襄去歲奉使回，當朕前奏事，欺罔不寔。宰臣止以奉使不肅罷之，續又處以宫祠。卿等可與遠小監，當以爲將來奉使之戒。」士襄，江寧人，初以左司郎官出使，至是，上記而黜之。

殿中侍御史湯鵬舉言：「敷文閣直學士徐宗説身位版曹，而專爲故相營田產。」詔宗説落職。時人目秦檜諸客，以曹冠爲「館客」，宗説爲「莊客」。冠，金華人也。

以和州防禦使士代爲集慶軍節度使、嗣濮王。

壬午，執政奏莫汲、張常先、陸升之等八人，以告訐濫叨官爵。上曰：「此大壞風教。悉送遠郡編管。」又詔編管人李孟堅、王之奇、陳祖安等，皆令自便。上曰：「如此行遣，想見人情忻悦，感召和氣。」

殿中侍御史湯鵬舉論參知政事董德元附會權臣。乙酉，罷爲資政殿學士、提舉太平興國宫。鵬舉再論，遂落職。

參知政事魏良臣言：「節度使劉錡，一時名將，久閑。」上曰：「朕聞其貧，已賜田一百頃。」良臣言：「見軍帥張柄乞與宫祠，以錡代之。」詔可。

侍御史湯鵬舉者，首薦前婺州通判周方崇、見權明州通判凌哲〔四三〕，先後召到，悉除監察御史。哲供職纔七日，是日辛卯，遷右正言。方崇，海陵人；哲，吴縣人也。

召敷文閣待制、前知夔州沈該到闕，該始陛見。上問曰：「秦檜何忌卿之深？」該曰：「臣誤蒙陛下拔擢，初因秦檜洎登從班，聖知益深，檜稍相猜。」上曰：「然。」甲午，以該爲參知政事。該首奏曰：「朝廷機務至繁，所賴以同心協濟者，惟二三執政。比歲大臣怙權，參、樞始皆取充位，政事例不關决。宜特詔三省，務各盡誠，以贊國事。」

初，敷文閣直學士陳誠之服除，上欲召之，爲秦檜所沮，令以雜學士知泉州，視事纔數日。至是，召爲翰林學士。

丙申，詔罷添差官〔四四〕。

時行在百司闕官甚多。是月，詔令侍從官共舉三十人〔四五〕，務要真才寔能，不得趣有私意。儻不如所舉，必罰無赦。

【校勘記】

〔一〕州縣不依法即時割税有害於民　繫年要録卷一六六戊寅作「論諸州不依條限印給屬縣租税簿」并考證云：「按：敏求此奏，乃論每年諸縣造簿送州印給留滯，未嘗言及割税也。」

〔二〕法令固在　「令」原脱，據廣雅本及繫年要録卷一六六補。

〔三〕訴知閬州王陞慘酷不法事　「王陞」，繫年要録卷一六六作「王陟」。

〔四〕案：繫年要録卷一六六繫於「戊申」。

〔五〕言者論高郵軍使吴祖度　「軍」原脱，據廣雅本及繫年要録卷一六六補。「吴祖度」，繫年要録卷一六六作「吴祖棣」。下同。

〔六〕案：繫年要録卷一六六甲辰條注文考證云：「按師心除命與曮同日，此時盗猶未平，今不取。」

〔七〕言者論二廣鋪兵之弊　案：繫年要録卷一六六乙巳條，言者所説包括川、廣、京、湖。注文考證云：「熊克小曆稱言者論二廣鋪兵之弊，上曰云云。蓋失於鹵莽也。」

〔八〕案：此段記事，繫年要録卷一六九繫於「紹興二十五年八月壬寅」，并考證云：「此事不得其時，熊克小曆繫之紹興二十四年六月末，誤也。是時，執羔方知眉州，今因執羔除帥附見。」

〔九〕判官鞏淙間之 「淙」，繫年要録卷一六八作「潨」。

〔一〇〕案：此段記事，繫年要録卷一六八繫於「紹興二十五年六月壬寅」，并以小曆誤。

〔一一〕案：有司欲依世忠例，繫年要録卷一六七及宋史全文卷二二上繫於「八月丙午」。

〔一二〕進兵破賊 「賊」原作「敵」，據繫年要録卷一六七及宋宰輔編年録卷一六改。

〔一三〕詔廣西帥臣直祕閣吕愿中招撫西南番 「吕愿中」原作「吕愿忠」，據廣雅本及繫年要録卷一六七改。下同。

〔一四〕但傜人不作過 「但」原作「徂」，據廣雅本及繫年要録卷一六七改。

〔一五〕案：吕愿中直徽猷閣，繫年要録卷一六八繫於「紹興二十五年三月辛酉」。

〔一六〕案：宋會要輯稿職官六〇繫此於「八月十一日」。

〔一七〕冬十月丁丑 「丁丑」，案十月庚辰朔，無丁丑日，繫年要録卷一六七作「壬午」，當是。

〔一八〕壬午 繫年要録卷一六七繫於「九月己巳」，并以小曆誤。

〔一九〕丙戌 繫年要録卷一六七繫於「辛卯」。

〔二〇〕不擾民而易成 「而」原作「不」，據廣雅本及繫年要録卷一六七改。

〔二一〕案：繫年要録卷一六七丁卯條注文考證云：「按：仲熊爲檜所用，自國子監主簿，不二年而登政府，中間更歷臺諫，專附檜意，擠排善類，無所不至。又安有此言？今不取。」

〔二二〕令江西提刑張常先鞫之 「提刑」，繫年要録卷一六七作「提舉常平茶鹽公事」。

〔二三〕四川等路買馬司於宕昌寨峯鐵峽兩處榷場買馬 「宕昌寨」原作「嵒白階」，據廣雅本及繫年要録卷一六七改。

〔二四〕不且有讟 「讟」原作「纘」，據宋宰輔編年録卷一六改。

〔二五〕而嗟洪皓之被斥　「洪皓」原作「洪浩」，據廣雅本改。

〔二六〕二月丙子　「丙子」，案二月戊寅朔，無丙子日，繫年要録卷一六八作「乙未」，當是。

〔二七〕戊辰　「戊辰」原作「戊戌」，案三月戊申朔，無戊戌日，據繫年要録卷一六八改。

〔二八〕案：此段記事，繫年要録卷一六八附於二月。

〔二九〕心常怏怏　「怏怏」原作「快快」，據廣雅本及繫年要録卷一六八改。

〔三〇〕甘出婁欽之下策　「甘」，密齋筆記卷一作「本」；「婁欽」，密齋筆記卷一作「婁敬」，蓋避翼祖諱改。

〔三一〕敵人難信結　「敵人」，密齋筆記卷一作「空言」。

〔三二〕長卿永州　「永州」，繫年要録卷一六八作「化州」。

〔三三〕案：除名編管事，繫年要録卷一六八繫於「二月壬寅」。

〔三四〕六月己卯　「己卯」，繫年要録卷一六八繫於「庚辰」。

〔三五〕案：令衿謫汀州，繫年要録卷一六八繫於「五月癸丑」。

〔三六〕殿中御史西安徐嘉論知静江府吕愿中妄作不法　「吕愿中」原作「吕愿忠」，據繫年要録卷一六九改。下文同。

〔三七〕本路轉運副使王利用違法差蔡緒者權欽州通判　「違」原作「遣」，據廣雅本改。

〔三八〕庚子　繫年要録卷一六九繫於「甲戌」。

〔三九〕新封南平王莫延沈等告　「告」原作「語」，據廣雅本及繫年要録卷一六九改。

〔四〇〕財用匱　「財」原作「時」，據廣雅本及繫年要録卷一六九改。

〔四一〕吏部尚書兼侍講董德元參知政事　「吏部尚書」，繫年要録卷一六九作「尚書吏部侍郎」。并以小曆誤。

〔四二〕十一月癸丑　「癸丑」，繫年要録卷一七〇繫於「壬子」。

〔四三〕見權明州通判淩哲　「淩」原作「陸」，據繫年要録卷一六九、宋宰輔編年録卷一六及紹定吴郡志卷一七改。

〔四四〕案：繫年要録卷一七〇載曰：「上曰：『近日葉義問劄子，極言州縣添差官之弊，所給俸禄，皆生靈膏血，豈得不爲民害？祖宗舊法，止宗室、戚里添差差遣。及比年因軍中立功人、離軍將校，例與添差，除此外，當盡罷去。數十人不無怨嗟，然愛惜民力，要當此。』魏良臣等言容續次修具取旨。」

〔四五〕詔令侍從官共舉三十人　「三十」，繫年要録卷一七〇作「一二十人」。

中興小紀卷三十七

紹興二十六年歲在丙子春正月，殿中侍御史湯鵬舉言：「禮部侍郎王珉、吏部侍郎徐嘉，皆附會秦檜。」辛亥，珉、嘉俱罷。鵬舉又論兵部侍郎沈虛中，嘗密報秦熺，已取塡爲奏名之首。亦罷之。虛中，廣德人也。論罷虛中在二月，今聯書之。

新執政府三位成，癸丑，各令遷入，東位魏良臣，中位沈該，西位湯思退。于是，良臣等言：「仰荷聖恩，將何以報？」上曰：「比年執政府上漏下濕，蓋不堪居，卿等曾到京，見宰執府八位〔一〕，諸事如法，所以待天下賢俊，禮當如此。」

時言者謂：「諸縣巡尉不用心捕强盜，反令鄰保備賞捉賊擾之。及捕到官，却令扳有力之家，悉追入獄，恣行乞取。望嚴禁止。」上曰：「朕深知之，惟得一好守臣，即此弊自革；不得人，約束雖嚴，不能禁也。」魏良臣等奏曰：「自今每一郡闕，敢不究心搜才，仰副陛下之意。」

特進張浚丁母憂，奏至，丙辰，上謂執政曰：「士大夫起復非美事〔二〕，所以厚風俗，唯軍中人乃可爾。」時沈該因奏蜀中人材，上曰：「蜀人多能文，然士當以德行爲先，文章乃其餘事。」該曰：「有文章者多不矜細行，往往輕肆傲物。德行爲先，誠如聖訓。」

是月〔三〕，右中大夫段拂卒。

二月甲戌，詔累年所造軍器，内庫山積，諸軍亦各自製。可令工部具已造之數，其諸州合發物料，特與減免。見後工匠，亦宜減放。

時有言乞諸州修聖祖殿者。丙子，上曰：「惟淮南兵火以來，未修聖祖殿，乃奉先之所，固不可無。但行下恐因而擾民，令隨宜措置可也〔四〕。」

先是，秦檜當國，進奏院所報事目，必令具本先納，俟竄定，方許報行，謂之定本。其下頗遲。又官吏迎合，刪去要事，止具常程文書，故朝廷施設除授，四方不得盡知。於是，右正言凌哲深論其弊〔五〕，請罷去定本，復祖宗舊制，以通上下之志。庚辰，詔從之。

侍御史湯鵬舉、殿中侍御史周方崇、右正言凌哲〔六〕，論參知政事魏良臣有不公之迹，假以歲月，殆有甚于秦檜。良臣亦自言輔政無狀，乞罷。辛卯，以爲資政殿學士、知紹興府。

初，詔修祖宗寶訓，置國史院。未幾而罷。至是，著作佐郎周麟之請修神宗、哲宗兩朝寶訓。癸巳，詔從之。

國子司業王大寶奏，乞減折帛錢。甲午，上謂宰執曰：「大寶近又乞放度牒，殊未曉朕意。人多以鬻度牒爲利，亦以祝人主壽，延洪國祚爲言。且佛法自漢永平方流入中國。五帝、三王之時，人主壽至百歲，卜年八百，此時佛法安在哉？朕謂人主但當事合天心，而仁及生民，自然享國久長。如高齊、蕭梁奉佛，皆無益也。僧徒不耕而食，不織而衣，無父子君臣之禮，以死生禍福恐無知之民，蠹民傷教，莫甚于此，豈宜廣也？」沈該等曰：「陛下聖識高遠，度越前古，天下幸甚。」

是日，以吏部侍郎張綱兼權尚書。

【新輯】三月庚申，執政奏銓試院獲到懷挾者三人。上曰：「銓試乃出仕之始，將來官顯，皆自此擢，豈容冒濫？」沈該曰：「此自有法。」上曰：「當依法行，以戒後來。」上又曰：「自來士人許帶韻略，多緣此雜以他書。」乃詔今後韻略及刑統律文等，並從官給。時試院吏卒於交卷啓關，公然作弊。辛酉〔七〕，執政復以奏。上曰：「此豈可不治？近聞試院整肅，士人極喜。自此實學者進，而寒畯之士伸；僞濫者革，而僥倖之風息矣。」上又曰：「祖宗貢舉之法周備，顧有司奉行之何如耳。」熊克小曆載吏卒作弊事在辛酉，蓋誤。（輯自繫年要録卷一七二）

三月丙寅，詔略曰：「講和之策，斷自朕志，故相秦檜，但能贊朕而已。近者無知之輩，鼓唱浮言，以惑衆聽。至有僞撰詔命，召用舊臣，抗章公車，妄議邊事。朕甚駭之。内外之臣，咸體朕意，如敢肆議，當寘典刑。」

丁卯，詔：「軍器監工匠，除本所見役八百六十人依舊外〔八〕，其諸州發到一千五百人〔九〕，以三分爲率，減去二分，令還本州，仍給以路費。」上之愛惜民力如此。

己巳，執政奏：「京西、淮南閒田，乞許人請佃。其租課沿邊免十年，次邊免五年。又四川地狹人稠，欲令制置司散牓諸路，募人往京西墾田。」上皆可之，且曰：「下户恐卒無牛具種糧，官宜貸之。」上之恤民周至如此。

夏四月己卯，上諭執政曰：「文武一道，今太學就緒，而武學幾廢，致有遺才。祖宗武學養士，自有成法，可令禮部、兵部速具以聞。」上之留神學校，兼隆文武如此。

時大金國主亮加尊號，庚寅〔一〇〕，以翰林學士兼侍讀陳誠之假資政殿大學士、醴泉觀使，充賀使。誠之自紹興十八年賀生辰，至是凡三入彼國，頗見信。後有往聘者，必問其安否云。

戊子，詔温州就試人多，置增解額。

初，司農寺王炎嘗乞以見管常平錢糴米赴行在，而權户部郎官鍾世明亦請令諸路歲發陳米十五萬石赴行在。至是，侍御史湯鵬舉言：「其壞祖宗常平成法，望賜黜之。」乙未，詔炎、世明各降一官。炎，安陽人也。

五月壬寅，以參知政事沈該爲左僕射，萬俟卨爲右僕射，並同平章事。

先是，執政薦直祕閣、知婺州辛次膺，時已到闕，上欲用之，而患足不能拜。乃升祕閣修撰，令復還任。上因曰：「用人須盡公道，若以私喜怒，則真才實能何由進也？」上於用人留意如此。

甲辰，端明殿學士、僉書樞密院湯思退進知院事。

丁未，以侍御史湯鵬舉爲中丞。

右正言凌哲言〔十一〕：「比年臣寮坐罪，卒於貶所，死生無告。乞量原犯條上，或復其官職，或録其子孫，庶幾仁澤下及泉壤。」戊申，宰執奏：「前宰執及從官，昨遭貶屏，已死者十五人。量輕重分爲五等，復舊職及與致仕恩澤。」上曰：「此甚當。」於是，溥博之惠及存没矣。

言者謂：「近年朝廷免米、麥、耕牛等税錢，而不與税務量減。歲額既重，則他貨必須重征，以求敷數，所以商旅不通。」辛亥，上謂宰執曰：「此説極有理，宜令户部立法。」

時諸州大辟，雖情法相當，類以奏裁，遂獲貸配。右正言凌哲以謂〔十二〕：「如此，則殺人者幸矣。被殺者寃何所伸？」乃請非實有疑慮，及無可憫者，不得具奏。壬子，上曰：「但恐諸路滅裂，將實有疑慮，情理可憫之人，一例不奏，有失欽恤之意，致傷和氣。」乃令刑部坐條，及前後指揮行下。上於用刑欽恤如此，故是歲諸路斷大辟三十人。

甲寅，三省擬監司除目。上曰：「近遴選監司得人，諸路稍稍按發不職之吏，罰既行矣，賞亦不可無。今後郡守有治狀，令諸司具奏，當議褒擢，則善惡知所勸沮。」蓋上之留意用人如此。

潭州南岳廟災，丁巳，詔罷監官，仍令轉運司計合用錢數申省撥下，免斂及於民。

六月辛未朔，中丞湯鵬舉乞久任守令、監司，課其政績，舉之再任。癸酉，上謂宰執曰：「此在謹擇監司，監司得人，則舉刺公當。」於是，沈該等請：「詔諸路監司、帥臣共考其績，列舉再任，有異政者，不次陞擢。」從之。

先是，以端明殿學士程克俊知湖州，令過闕奏事。丁丑，除參知政事。

戊寅，宰執奏：「臣等子弟，並令歸本貫應舉，並無牒國子監及轉運司試者。因檢故事，乾德中，陶穀之子邴中第〔一三〕，命中書覆試。」上曰：「秦熺登科，猶是公選，後在翰苑，文亦可觀。其後，塤中甲科，所對策皆檜、熺語，灼然可見。朕抑之，置在第三，不使與寒士爭先。祖宗故事，今可舉行。」遂詔舉人有要親者覆試。

户部尚書韓仲通乞以上供米所餘之數，歲樁一百萬石，别廩貯之，遇水旱則助軍糧，及減收糴，號豐儲倉。壬午，詔從之。上曰：「所儲儻遇水旱，誠爲有補，非細事也。」

丁亥〔一四〕，上謂宰執曰：「近日雨澤甚足，暑中雨絶難得，可喜也。」万俟卨曰：「此秋成可望，皆聖德和氣所召也。」

戊子，宰執奏倉部郎官黄祖舜乞科舉取士之外，有學行爲鄉里所推，其卓異者，聞之于朝。上曰：「若果有德行，不求聞達之士，所當搜揚。」乃下禮部詳之。

時以初伏，辛卯，宰執奏差醫官給散夏藥。上曰：「比聞春夏間，民病多是熱疾，如服熱藥及消風散，多能害人。惟小柴胡湯爲宜，曾令醫官揭牓通衢間，服之者所活甚衆。」上留神醫藥，恤民疾苦如此。

秋七月丁未夜，彗出東方井宿間。

戊申，詔朕已避殿減膳，尚慮朝政有闕，許士庶直言。仍令監司、郡守條上便民之事。

庚戌，左僕射沈該等言：「臣等輔政無狀，天象譴見，便合引咎待罪，以兩夜微雲，星不見，所以未敢遽勤聖聽。」上曰：「天象自有數，卿等待罪何益？朕當與卿等思所以應天之實，施實德以銷變可也。」上又曰：「看所臨分野，當在秦、晋間，然朕以天下爲憂，豈當問遠近耶？」

時禮兵部主管架閣文字杜莘老言：「彗，鰲氣所生，歷考史牒，多爲兵兆。國家爲民息兵，而將驕卒惰，軍政不肅。今因天戒，以修人事，思患豫防，莫急於此。」因指陳時事十弊。

時應詔者衆，上悉以付後省，令精擇，第而上之。衆議以莘老爲首，未幾，遷敕局删定官。〔一五〕

乙卯，上謂宰執曰：「往時士子上書忤秦檜意，詔往諸處聽讀，遂妨取應，可檢舉行之。」沈該等曰：「聖慮及此，寒士之幸也。」

先是，近臣進故事，講筵所胥吏多取副本。癸亥，中丞湯鵬舉言：「此必懷姦之人，恐臣下獻忠，有違其意。乞不許索。」從之。

是日，上諭宰執曰：「比年大金人使到館，朕給内庫錢一萬緡，付都亭驛，備人使買物，先爲還其直。若有還，即撥填，或還不盡，亦不較也。」

初，福建鹽貨，轉運司積于海倉，令上四州及屬縣取而鬻之，以充歲用。近年州縣船運過多，吏緣爲姦，鹽斤兩數虧而多雜，官肆不售，即按籍而敷，號口食鹽。閭閻下户無一免者，民甚苦之。甲子，湯鵬舉極論其弊，乞令憲臣據紹興元年綱數，立爲定制，以去一路之弊。乃詔提刑吴逵覈實其數。

丙寅，上諭宰執曰：「昨卿等乞改正近年續降指揮，與祖宗法相戾者，有司至今不見上。」沈該等曰：「六部謂，若一頓改正，恐致紛紜。欲因事正之。」上曰：「此固善。然恐吏輩臨時舞文，不若一番改正之也。」

【八月】癸酉，上諭宰執曰：「臨安民有納本户絹一匹被退，因詢之，云官中以不經攬户，不肯交。朕令人用錢五千五百買之，乃好衣絹。已令韓仲通根治。近在輦轂尚爾，外方想不勝其弊矣。」沈該等曰：「陛下灼見弊原如此，天下幸甚。」

右正言凌哲言：「改官之弊，至多行賄賂，薦章一紙，費五六百千。救弊之術，惟在增考第，減舉員耳。」戊寅，上謂宰執曰：「祖宗舊法，未易輕改。但嚴舉官之令，有犯贓者，舉主同罪，必與行之，則人自知畏，前弊可革。」沈該等曰：「陛下察見弊原如此，臣等謹遵聖訓。」

時鄂州都統制田師中已平湖南猺賊楊再興，且招到其族楊通議等，乞各與補官。事下刑部，以謂前無此例，欲令本軍收充效用，日量給之。凌哲言：「猺人無故擾邊，官軍討之，非藉内應，焉能直擣巢穴？何惜一資一級以慰其心，且爲來者勸。」於是，通議等卒得補官。

庚辰，中丞湯鵬舉言：「欲寬民力，在于省吏，今州縣胥徒最冗，爲民之害。望詔逐路常平官立定吏額。」從之。

淮南漕司具到米價最賤處，每斗一百二十三文，癸未，上謂宰執曰：「昨聞淮南米賤，恐太賤傷農，故欲乘時收糴。今則未須急，候價減每石一千，至時，若户部無錢，朕自支一百萬貫，令收糴也。」沈該等曰：「陛下愛民之心如此，可謂至矣。」

庚戌〔一六〕，交趾國使貢賀昇平綱。

言者論川中折帛錢太重，絹一匹私直五千，而官估十千，他物稱是。去歲裕民所減不過一千。癸巳，上諭宰執：「須與減，若行下未必濟事，不若便令四川總領司具合減數申朝廷，庶幾民受實惠。朕自即位以來，未嘗一有妄用，凡以爲民而已。」

九月辛亥，詔錢塘江岸爲潮水所損，久則費工愈多，令漕司同臨安府速修治之。

壬子，詔監司、郡守具到裕民事，令給、舍詳之。

武學博士歸安周操言〔一七〕：「乞自今武舉登科高等者，樞密院籍記，任滿有績，即加擢用。其次者，亦免充筦庫之任。」從之。

是月，户部尚書韓仲通除敷文閣直學士、知廣州。

時以内教，有司依年例供進賞賚物帛，有旨退還者半〔一八〕。冬十月辛未，宰執奏此仰見陛下儉德，雖禹、湯無以過。上曰：「賞賚無用許多，能如此撙節，有司一歲可省數百萬緡。」沈該等曰：「陛下每事省約，以寬財賦，此非獨有司之幸，實天下之幸也。」

壬申，上諭宰執曰：「宗室中才學者，選三兩人除行在官。京師盛時，從官、建節者甚衆。今不可以舊比，但如南班亦少，朕甚念之。」沈該等曰：「仰見陛下睦族之意，雖堯、舜用心不過如此。」

初，詔實録院編皇太后回鑾事實及徽宗梓宮還闕本末，至是，先修回鑾事實書成。丙戌，右僕射萬俟卨上之。時左僕射沈該言：「昨進安奉回鑾事實禮物，陛下悉退出不受。皇太后聖性節儉，而陛下仰承太后之美，天下幸甚。」上曰：「宮中無用許多禮物。皇太后今七十七歲，而康健如五六十人，自古帝后無有也。」

【閏十月】庚戌，參知政事張綱奏：「皇太后生日回賜臣銀絹過多。」上因曰：「太后前以飲食動臟腑，近已安健。粥、藥皆朕親進。又得皇后侍奉甚謹。太后聖慈無比，然性亦嚴，唯皇后賢淑，能順其意。朕每日臨朝，所以得心安也。」綱曰：「太后聖德聞於天下，春秋既高，皇后又能承順，周家太任、大姒之美，在今日可以比隆矣。」

乙丑，中書舍人王綸言：「近詳守臣具到五事，其間惟二三的實〔一九〕，餘皆細務，祗取充數。亦有爲五條所拘，不得盡言。望今後不拘其數，庶以副陛下務施實德之意。」從之。綸，江寧人也。

十一月，禮部侍郎辛次膺請考每歲財賦入出之數，以廣儲蓄。甲戌，上謂宰執曰：「此誠今日急務，然止有三説，生財、理財、節財是也。比年生財之道，講求略盡，唯理財多緣官司失職，致有拖欠，使州縣得人，必不至此。若節財，則用莫大於給軍，既有定額，無可裁損。今但當撙節，不可妄費。夫理財得人，又能撙節，如此數年，蓄積自有餘矣。」沈該等曰：「誠如聖訓。」

時太學補試，揭榜中程者一百九十人，詩賦多而經義少。壬午，上謂宰執曰：「後生輩往往皆詩賦，數年後，恐經義科廢矣。宜令兼習經義。」沈該等欲來年省試後，經義與詩賦兼行。上曰：「善。」

初，知嘉州朱昌裔、知萬州李莘民、知大寧監費行之〔二〇〕，皆因監司所舉，籍其姓名。至是，行之任滿，辛卯，宰執擬知邛州，上令更與轉官。于是，昌裔、莘民亦皆轉一官。

浙東提舉官趙公稱奏：「准詔定吏額，今據本路人吏四千二百六十〔二一〕，今減去二千一百九十〔二二〕。」庚午〔二三〕，上謂宰執曰：「若諸路依此，非惟省事，民亦受無窮之賜也。」

初，詔户部侍郎王俁詳定重修貢舉勅令格式。至是，書成。【十二月】癸丑，右僕射萬俟卨上之。

初，上親製孔子并七十二賢贊，皆灑以宸翰。至是，臣僚請勒石國子監，以爲不朽之傳，仍摹本賜諸郡學。戊午，詔從之。

己未，宰執奏臺臣論左朝奉大夫陳惇〔二四〕、左朝請大夫趙迪之罪狀，乞屏于遠方。上曰：「所論未知實否？且下逐路監司體究。」沈該曰：「既是臺章，恐不須體究。」上曰：「朕見人材難得，未嘗不留意愛惜。每諭與臺諫風聞言事，不可容易，須再三詢訪。朕惟言者之聽，豈可不審？今二人者，合如何施行？」該曰：「乞送吏部，與監當。」上曰：「且依此。」時上方委户部郎官向伯奮措置財用，言者論其素有脱空之名。上謂宰執曰：「朕見累任監司，亦嘗委以捕盜。今既有言章，須與一郡。」於是差知吉州，章不報行。

庚申，上謂宰執曰：「昨下詔求言，四方之士，陳獻甚多。朕一一披覽，所言利害，極有可取。宜擇其議論尤切當者，量與推恩，庶幾有以勸之。」沈該等曰：「仰見陛下樂見善言，天下幸甚。」

壬戌，三佛齊國遣使入貢。

是年，罷提點坑冶鑄錢官，以其事歸諸路轉運司。

金國主亮改元正隆，復汴京大内，遣其臣左丞相張浩領行臺尚書省，以督其事。且用本朝内侍嚮陷敵中梁其姓者，爲提督官，號大使。於是暴役横斂，以務速成。而中原之民重罹其毒矣。〔二五〕

紹興二十七年歲在丁丑春正月，監登聞鼓院王述以其父倫死事，乞外任。戊子，上曰：「王倫頃年奉使於金，金欲留之，許以官爵。倫不從，乃冠帶南嚮，再拜訖就死。此事亦人所難，宜恤其後，可特添差平江府通判。」

時敷文閣直學士蕭振再爲四川帥，上念蜀民久困供億，詔振與總領四川財賦湯允恭、提舉茶馬李潤、東西漕臣許尹、王之望同措置，俾實惠及民，可以經久。尹，鄱陽人；之望，穀城人也。至是，之望獨奏，乞減四川上供之半以裕民。辛卯，上謂宰執曰：「須見得四川每年出入之賦數，常敷幾何？横斂幾何？軍儲所須與無名之費多少？朕不惜減以裕民。爲諸司未有定議，遽先如此，萬一闕乏，何以善後？之望有愛民之志，但臨事不審，率爾有請。」湯思退曰：「四川財賦，誠如聖訓。可趣蕭振等條上。」上曰：「甚善。」時起居郎趙逵亦奏〔二六〕：「四川在萬里外，其取民之塗有二，如激賞絹之類，以民所當納者揭於通衢，上下共知，此明告之而取之也。激賞錢之類，總領以若干數下之州縣，必陽戒之曰：『無損歲計，無傷民力。』若然，則須官吏備而後可。官吏不能自備，其勢不得不暗增有額之賦，私應無名之索，此陰取而不告者也。是故取激賞等錢，民不悟也。罷激賞錢，民不與也。臣願詔振等，凡總司錢物，必分爲二，曰此上下通知者；其不通知，當根其所自出而放之。然後吏不能沮，而惠徧逮矣。」既而，振等會議于成都，奏請歲蠲東、西路對糴米十六萬石，夔路激賞絹五萬匹，減絹估錢二十八萬有奇。

是月，詔侍從各薦宗室文臣，京官以上，材識治行者兩人，特與召對。

二月，上聞諸處將官，全不舉職，己亥，乃詔「宰執具出東南共幾員，其不職者，別與一般差遣。卻令諸將舉曾歷軍事者充。此事出於朕意，卿等更委曲相度」。湯思退曰：「不曉兵事者，即與別差遣，可任者，依舊存留。」

江東提刑徐天民劾知信州周葵不恤郡政。壬寅，上謂宰執曰：「大抵先歷知縣，諳政事，然後付之一郡，必優爲之。朕頃在河朔，見汪伯彦治郡，全不費力，以其經歷多，事皆通曉。向來俞俟知紹興府亦然。今周葵止因昨在言路好論事，遂得虛名，魏良臣力薦之。及治郡，乃不職，與宮觀宜矣。」沈該等曰：「汪伯彦河朔事，至此蓋三十餘年。上記人之善，久而不忘如此。」

廢江陰軍爲縣，浙西帥榮薿請也。

丁未，貢院考到博學宏辭合格選人周必大，詔與堂除。必大，滎陽人也〔二七〕。

戊午，以御史中丞湯鵬舉爲參知政事。

己未〔二八〕，以少保、信安郡王孟忠厚提舉祕書省。

甲子，上曰：「蜀中舉子赴廷試不及者，皆賜同出身。慮其間俊秀能取高第，猥令就下列，亦可惜。今來者尚少，展日以待之。」沈該等曰：「臣等議有赴試不及者，欲試策一道，第其優劣而高下之。今聖諭令展日，則待士人禮盡矣。」

是月，太尉、御前諸軍都統制楊政卒于興元府，後謚曰襄毅。

侍御史周方崇請京局改官人，並注知縣。三月己巳，上以問宰執，該曰：「選人改官後，須歷親民，實爲良法。」上曰：「徽宗嘗言：『仁宗朝每除執政大臣，須先問曾歷親民否。蓋歷親民，必能通世務，置之廟廊，天下利病知過半矣。』此朕昔年恭侍，親聞玉音，誠可爲萬世法也。」沈該等曰：「徽宗蓋以愛民爲先務。陛下欽佩祖宗話言，罔敢失墮，雖虞舜羹牆之念，何以過此。」

壬辰〔二九〕，右僕射萬俟卨卒，謚曰忠靖。

先是，刑部侍郎張礿薦主官告院朐山鮑黌〔三〇〕，有旨賜對。既而，黌對不稱旨，礿爲言者所論，降一官罷。夏四月甲寅，知樞密院湯思退等言：「礿薦人不當，失陛下信任之意，昨已罷之，甚合公論。」上曰：「朕居深宮中，何由盡識天下人材？侍從既不足信，朕何所取信？初見黌上殿，已覺不如所舉，況又臺諫論列，較其罪，自合遠竄，只降一官罷，已是寬典。」思退曰：「誠如聖訓。」

時武舉第一人趙應熊已與閤門祇候。壬戌，擬授江東安撫司屬官。上曰：「應熊有用之才，朕親觀其所試，皆可採。徽宗時，如馬擴、馬識遠並以武舉擢用，不可謂今無人。」知樞密院事湯思退曰：「應熊初入仕，且如此處之，以養其資望。」上曰：「善。」

是月，少師、信安郡王孟忠厚卒。

户部侍郎王俣除工部尚書，尋爲言者所論，以奉祠去。吏部侍郎陳康伯遷尚書。

時四川制置使蕭振在蜀已一年，而職事舉。五月丙寅，宰執欲與進職名。上曰：「四川善政，前有胡世將，今有蕭振。振蠲科斂，蜀人安之。近薦帥臣，又皆得人，與之不爲過。」遂進秩四品，自待制除敷文閣學士，未幾振卒。

六月，初，秦檜當國，雖未廢轉對，而所論者第應故事。至是，著作佐郎黄中言：「頃者大臣好佞惡直，一時往往以言爲諱，不過塞責而已。望敕在位，自今轉對，要切於治道，庶補萬一。」甲辰，上曰：「中所言，頗合朕意。」詔從之。

戊申，以知樞密院事湯思退爲右僕射、同平章事。

初，荆南府爲上流重地，而兵力寡弱，户部侍郎王師心時爲帥，嘗奏乞分鄂渚重兵留屯，以示形勢。從之。〔三一〕至是，師心又言：「鄂渚戍兵，市馬北境，宜禁止以窒邊釁。又鼎、澧、歸、峽産茶，民私販入北境，利數倍，自知盭法不赦，因去爲盜。由引錢太重，貧不能輸，故抵此。望別創憑由，輕立引價，既開其衣食之門，民必悔過改業，而盜可消矣。」上然之。秋七月庚午，上曰：「茶鹽禁榷，本爲國用所需，若財賦有餘，則摘山煮海之利，朕當與民共之。」〔三二〕

時坑冶鑄錢事已付之諸路漕臣。於是，户部侍郎林覺言：「國朝慶曆以來，歲鑄一百八十餘萬緡，其後，亦不下百萬，如前年猶得一十四萬緡，去年猶得二十二萬緡。而提點司官吏徒縻禄廩，朝廷罷之，殊快人意。但付之漕司日久，亦未有效。望復饒、贛及韶三監，各令通判主之，漕臣往來措置，三監所鑄，權以十五萬爲約〔三三〕，仍不得以舊錢代發。」庚午，詔從之。

是月〔三四〕，資政殿學士、提舉洞霄宮程克俊卒，後謚曰章靖。

八月己未，知樞密院湯鵬舉言：「近罷坑冶鑄錢事歸諸路轉運司，甚善。但户部近日欲撥本錢別差官〔三五〕，所以臺章論列。又恐坑冶司省罷官在此唱爲異議，願陛下專委之轉運司，必能就緒。」上曰：「此一事朕諭之士大夫，亦無他説，獨王珪再有章。朕謂凡有建立人，各以所見相可否，歸之至當而後已。若一人唱之，百人和之，事或未當，朕則何取？」

九月，參知政事張綱求去位。癸酉，除資政殿學士、知婺州。

辛巳，以給事中王師心爲吏部尚書。

冬十月戊申〔三六〕，經筵進讀三朝寶訓終篇，侍讀王師心奏曰：「祖宗創業垂統，所以長慮却顧，爲子孫萬世之計甚備。熙寧大臣私意改作，流毒至今，不可不監。」又言：「帝王之於史，其要在於觀得失，究治亂。今進讀漢書，願摘切於治體者讀之。」詔可。

户部言：「義倉米歲在苗輸，而州縣吏不據數令樁，故令臨時有誤賑給。欲下逐路常平司，劾其違戾者。」癸丑，詔從之。

初，福建鹽自提刑吴逵奏定綱額，及減價三分，轉運司鹽本錢亦減，只收一十九文，且不許科賣。雖民力稍寬，而州縣無以供百費，且尤非轉運所利，故衆論揺之。朝廷加逵直祕閣，移守鼎州，逵憤而死。有旨下本路諸司，以逵所奏相度更定。至是，諸司條上歲船一千六百萬斤，如逵數而鹽價惟減一分，鹽本錢收二十五文。上方與宰執共議。提舉常平官張汝楫別奏，請行鈔法。庚申，上以問宰執，陳誠之曰：「福建山溪之險，細民冒法私販，雖官賣鹽，猶不能絶。若百姓賣鹽，豈免私販之弊？第恐不盡請鈔，有虧課額。」上曰：「中間福建曾用鈔法〔三七〕，未幾復罷，若可行，祖宗已行之，不待今日。正如萬户酒，前後有榷者甚多，然終不可行。大抵法貴從俗，不然不可經久。」先是，福建歲認鹽鈔錢三十萬緡，至是與減八萬。減鈔鹽錢在十一月一日，今聯書之。自此轉運司及州縣少舒，而復科賣于民矣。

時詔直祕閣曾幾入對，幾言：「士氣久不振，陛下欲起之於一朝，矯枉者必過直，雖有折檻斷鞅，牽裾還笏，若賣直沽名者，宜皆優容奬激之。」上大悦，以爲祕書少監。幾承平時已爲是職，至是，三十八年，以老臣自外超用，鬚鬢皓然，衣冠甚偉，人皆感歎，以爲太平之象。幾舉故事，每與同舍會説前輩言行，臺閣典章，從容竟日。於是，右僕射湯思退語客曰：「惜思退用偶在前，不得當斯時從曾君游也。」

左正言何溥請久任郡守，毋庸數易〔三八〕。

十一月辛巳〔三九〕，殿中侍御史葉義問言：「知樞密院事湯鵬舉乃秦檜黨中之姦，在言路時，率多賣直。」癸未〔四〇〕，罷爲資政殿學士、提舉在外宮觀。義問再論，遂落職。義問，壽昌人也。

甲申，宰執奏接伴使副徐林、張倫乞將人使往回、宿食、頓具，有不擾而辦，或過爲擾民，皆許具奏，以行賞罰。上曰：「朕再三思之，此止是增重接伴事權，恐州縣觀望，却成騷擾。接伴，迓客爾，何用如此？前後指揮已備，只令兩路漕臣檢察足矣。」沈該退而仰歎上英明，洞見物情，出人意表，無不心服。林，建安人也。

先是，吳國長公主請女夫直祕閣鄭珙轉兩官，仍添差浙東參議官。珙，建安人，穀子也。給事中賀允中封駁詞頭，丙戌，上曰：「命下逾兩旬，珙已被受，乃始封駁，恐非故事。可諭令書讀〔四一〕。」於是，宰執召允中至堂面諭聖旨，允中執所見不易。丁亥，上曰：「雖稍後時，所論極有理，當曲從之。」沈該等曰：「諫行言聽，使言者得以自安，此盛德事也。」時故太師張俊三子授待制、集英殿修撰，允中亦封駁。又沈該乞其子便私差遣，有旨改合入官者二人，仍與内外窠闕。允中言：「寒士改官，視爲再第。内則筦庫，外則屬官，俾宰相子任之，則主司孰敢號令。昔司馬康以光之子，扶持改服色，光猶力辭。今陛下既新萬務，宰相正當忘其私，臣甚爲該惜也。不然，檜、熺覆轍，可不杜其漸哉？」上覽而稱歎。

初，諸路漕、憲及常平司，皆得互舉所部選人改官，舉員及格，吏部引驗放散。自置總領所，而總領所舉及本所屬官，或用他薦者，引驗訖，仍須取旨，寒士病之。至是，吏部侍郎凌哲始爲啓請，遂依例皆得放散〔四二〕。

十二月，殿中侍御史葉義問論禮部侍郎周方崇、兵部郎官李庚、工部郎官褚籍等，與湯鵬舉交結。上曰：「朕深不欲朝廷分朋植黨，今方崇等交結，所幸覺之於早，當戒其漸，姑從輕典可也。」庚，臨海人；籍，丹陽人也。甲午，方崇等罷。戊戌，吏部侍郎凌哲乞小郡。上曰：「哲緣鵬舉所薦，不自安，故求外，此亦善人，非方崇比。朕嘗與臺諫論大臣出處，或以罪去，但及其身足矣。至所薦引，當觀其人，若不問賢否，一切斥逐，是使之爲朋黨，非公正之道也。」

時已蠲蜀賦以寬民力，而嘉州賦外之斂方急。四川制置使李文會曰：「違法科斂與違制罪均。況蜀去朝廷遠，詔令裕民，吏猶不承，悖孰甚焉？」乃劾官吏之罪，悉罷逐之。

〔校勘記〕

〔一〕見宰執府八位　「八」，輿地紀勝卷一同；廣雅本及繫年要録卷一七一作「入」。

〔二〕士大夫起復非美事　「美事」原脱，據宋會要輯稿職官七七及繫年要録卷一七一補。

〔三〕是月　中興禮書卷二九七繫於「二月」。

〔四〕令隨宜措置可也　「令」原作「今」，據廣雅本改。

〔五〕右正言凌哲深論其弊　「凌哲」原作「陸哲」，據繫年要録卷一七一改。下同。

〔六〕右正言凌哲　「凌」原作「陸」，據繫年要録卷一七一改。

〔七〕辛酉　繫年要録卷一七二庚申條作「後三日」，即「癸亥」。并以小曆誤。

〔八〕除本所見役八百六十人依舊外　「八百六十」，繫年要録卷一七二作「八百六十四」。

〔九〕其諸州發到一千五百人　「一千五百」，繫年要録卷一七二作「一千五百四」。

〔一〇〕庚寅　案：據順序，庚寅應在戊子條之後。

〔一一〕右正言凌哲言　「凌」原作「陸」，據繫年要録卷一七二改。案：繫年要録卷一七二戊申條注文考證云：「熊克小曆於此始書凌哲奏請。按：哲元奏在去年十二月，而今年二月己丑，樊光遠又乞之。三月戊午，尚書省乃乞行下御史臺看詳，至是條上。克不詳考耳。」

〔一二〕右正言凌哲以謂　「凌」原作「陸」，據繫年要録卷一七二改。下同改。

〔一三〕陶穀之子邴中第　「邴」原作「邵」，據續資治通鑑長編卷九開寶元年三月癸巳條及宋史卷二六九陶穀傳改。

〔一四〕丁亥　繫年要録卷一七三繫於「丙戌」。

〔一五〕案：繫年要録卷一七五丙子條注文考證云：「其實莘老此月除刪定，十二月庚申方有旨推恩，今並附本日。」

〔一六〕庚戌　案：八月庚午朔，無庚戌日，繫年要録卷一七四作「庚寅」，疑是。

〔一七〕案：繫年要録卷一七四繫於「甲寅」。

〔一八〕有旨退還者半　「旨」原脱，據繫年要録卷一七五及宋史全文卷二三下補。

〔一九〕其間惟二三的實　「二三」，繫年要録卷一七五作「一二」。

〔二〇〕知大寧監費行之　「大寧監」原作「泰寧」，據宋會要輯稿選舉三〇及繫年要録卷一七五改。

〔二一〕今據本路人吏四千二百六十　「四千二百六十」，宋會要輯稿職官四八及繫年要録卷一七四作「四千二百六十一」。

〔二二〕今減去二千一百九十　「二千一百九十」，宋會要輯稿職官四八及繫年要録卷一七四作「二千一百九十三」。

〔二三〕庚午　宋會要輯稿職官四八及繫年要録卷一七四紹興二十六年八月庚辰條注文繫於「十二月己酉」，當是。

〔二四〕宰執奏臺臣論左朝奉大夫陳惇　「陳惇」原作「陳亨持」，據廣雅本及繫年要録卷一七五改。

〔二五〕案：此條記事，繫年要録卷一七五紹興二十六年末附注文考證云：「熊克小曆稱：『金主左相張浩領行臺省修汴京，且用本朝内侍向陷金梁其姓者爲提舉官，號大使。』注云：『此據殺亮録參修。』以煬王江上録考之，内侍則漢臣也。張棣正隆事迹，張浩營汴京在正隆四年三月，時當紹興二十九年，今移附本年月。」

〔二六〕時起居郎趙逵亦奏　「逵」原作「葵」，據廣雅本及繫年要録卷一七六改。

〔二七〕滎陽人也　「滎陽」原作「榮陽」，據廣雅本改。案：繫年要録卷一七六作「管城」。

〔二八〕己未　繫年要録卷一七六繫於「壬子」。

〔二九〕壬辰　繫年要録卷一七六繫於「辛卯」。

〔三〇〕刑部侍郎張杓薦主官告院朐山鮑賁　「張杓」原作「張杓」，據繫年要録卷一七六改。下同。

〔三一〕案：繫年要録卷一七七六月壬子條云：「壬子，户部侍郎王師心言：『荆南爲上流重地，而兵力寡弱。舊例鄂州歲遣御前軍千人戍其地，欲增戍二千，以示形勢。』上以荆南乏財，不許。」注文考證云：「熊克小曆云：『王師心爲荆南帥，嘗奏乞分鄂渚重兵留屯，以示形勢。從之。』其所云與日曆不同，今不取。」

〔三二〕案：繫年要録卷一七七紹興二十七年七月庚午條注文考證云：「熊克小曆載：師心建請於今年六月末。又云：『上然之。』乃與日曆所書全不同。至於此日所書上語，則又去其首尾，蓋克本故相王淮門下士，而書成之時，淮尚爲左相，故於師心事多所緣飾也。今並正之。」

〔三三〕案：繫年要録卷一七七庚午條注文考證云：「熊克小曆稱：『所鑄權以五十（今按：十五之誤）萬緡爲約。』誤也。據王珪所論，乃是用本錢八萬緡，而約鑄新錢二十三萬緡，除本外，止得十五萬緡。克不細考耳。」

〔三四〕是月　繫年要録卷一七七繫於「八月庚戌」。

〔三五〕但户部近日欲撥本錢別差官　「錢」下原衍「差」，據廣雅本删。

〔三六〕冬十月戊申　「戊申」，繫年要録卷一七八繫於「乙巳」。

〔三七〕中間福建曾用鈔法　「中」上原衍「大」，據宋會要輯稿食貨二六、繫年要録卷一七八及宋史卷一八三食貨志删。

〔三八〕案：繫年要録卷一七八繫於「十一月辛巳」。

〔三九〕十一月辛巳　「辛巳」，繫年要録卷一七八繫於「丙戌」。

〔四〇〕癸未　繫年要録卷一七八繫於「丁亥」。

〔四一〕可諭令書讀　「書讀」原互倒，據廣雅本及繫年要録卷一七八乙正。

〔四二〕案：繫年要録卷一七七據日曆繫於「八月壬寅」，并以小曆誤。

中興小紀卷三十八

紹興二十八年歲在戊寅春正月，時令平江府改造牧馬瓦屋，而不降錢物。上慮必致科擾。庚午〔一〕，乃諭宰執：「據間架支錢，付逐軍自蓋，庶即可集。如戶部闕錢，從內庫支錢。」沈該等曰：「臣等仰見聖心愛民，可謂切矣。」

【新輯】內藏庫言〔二〕：「湖、婺州所起綾羅，率紕薄不堪，三省擬欲退換。」上曰：「此皆民所輸納，若卻回其物，未必及民，必致重擾，朕不欲如此。第令薄懲兩州受納官可矣。」熊克小曆載此事在正月庚午，今從日曆。（輯自繫年要録卷一七九紹興二十八年三月甲申條）

言者論殿前司强刺人充軍。壬申，上謂宰執曰：「士大夫往往以招軍爲不切事宜，殊不知無事之時，當爲先事之備。今殿前司見闕數千人，積之歲月，必至暗失軍額。但當約束，無令擾人足矣。」上又曰〔三〕：「守令舉職，已許監司列薦，而監司賢否勤惰，將使誰察之？宜依守令別爲考察之法。」

時臨安府申輦官爲軍中招去，殿中侍御史葉義問曰：「在禮，以足蹴路馬芻，猶且有誅。況天子之輦官，其可刺以爲軍？此而不言，則下淩上替，他日有不可勝言者。」遂力陳之，自是軍中少戢。

又福建帥臣沈調以招軍進秩，其弟左僕射該辭免，有旨降詔不允。給事中兼直學士院楊椿言：「招軍之勞薄，而上宰之兄有嫌，此賞一行，將有强刺良民以希進者。乞許其辭。」從之。〔四〕

三月，著作佐郎周麟之請就日曆所纂神宗、哲宗兩朝寶訓。至是，神宗寶訓書成。丁卯，左僕射沈該等并仙源積慶圖上之。

嚴州遂安縣賊徒嘯聚，有擒獲者。甲申，上謂宰執曰：「招安非良法，命之以官，是誘之使爲盜。不若移此以賞捕盜之人。盜知必見獲，則可使無盜。」沈該等曰：「聖慮高遠，非臣等所及。」

夏四月，南劒州禁軍作鬧，甲辰，福建轉運判官趙不溢奏至。上曰：「治軍與民不同，又事有雖大而可闊略，雖小而不可貸，顧其情如何耳。此豈可姑息？自今有犯，但當行法，更須精擇守臣，使任其責。」

五月甲戌，宰執奏，朝士楊偰乞將取應宗子，比府監進士，理年免舉。上曰：「此自有成法，遵守可也。祖宗以來，俸料之數，乃稍就格，此若可行，不至今日矣。」

是月〔五〕，金國主亮坐薰風殿〔六〕，召其臣吏部尚書李通、翰林直學士蕭廉，語以：「朕夜夢至上帝所，殿中人語如嬰兒。少頃，有青衣持宣授朕天策上將〔七〕，令征某國。朕受命出而上馬，亮所乘烏騅小馬，號「小將軍」。見鬼兵無數，朕發一矢射之，衆皆喏而應。既覺，聲猶在耳，即遣人至廐中視所乘馬，其汗如水。取箭數之，亦亡其一。此異夢也。豈非天假手於朕，令取江南乎？」通等皆賀。亮戒無令泄於外。

六月，福建帥司奏擒獲海寇，已戮其巨魁三人，餘乞斷配。辛巳〔八〕，上謂宰執曰：「士大夫持論，多以姑息爲好生。殊不知殺人不死，是謂失刑。卿等更審處之。」已而，旨下帥司，具逐人情犯申省。其後〔九〕，刑部侍郎陳正同又奏〔一〇〕，諸路死囚例多降配事。上曰：「刑非務刻，要當其罪。若專事姑息，廢法用例，則人何所畏？卿等可令遵守成憲。」沈該等曰：「邇來獄案，臣等一一親閱，酌情斷罪，務適其中，既不殘民，又不廢法，期以仰稱陛下欽恤之意。」正同，沙縣人，瓘子也。

著作郎陳俊卿在普安郡王邸已二年，每當講，必傅經啓沃〔一一〕，王深器之。一日，王習毬鞠，俊卿微誦韓愈諫張建封書以諷，王即爲誦全文，不遺一字。俊卿退而喜曰：「王聰明而樂從諫，社稷之福也。」

秋七月，左正言何溥請詔大臣擇大縣闕爲堂除。辛未，上謂宰執曰：「朕謂天下事，治其末者，不若事其本。縣令，末也；監司、郡守，本也。若監司、郡守盡得人，則縣何患不得人？卿等爲朕選監司、郡守足矣。」沈該等曰：「聖訓及此，深得爲治之要。昔姚崇爲唐玄宗言：『今擇十道採訪使，猶慮不得其人，况天下四百餘州，其縣令豈能盡擇？』正與聖意合也。」

丙子〔一二〕，詔置國史院，修神宗、哲宗、徽宗三朝正史。以右僕射湯思退兼監修。

【新輯】甲申，權吏部尚書賀允中兼同修國史。〔一三〕（輯自繫年要録卷一八〇紹興二十八年八月庚子條及注文）

先是，起居舍人洪遵論鑄錢利害。上曰：「遵論頗有可採。前後銅禁，行之不嚴，殆成虛文。銅雖民間常用，設以他物代之亦可。今若上自公卿貴戚之家，以身率之，一切不用，然後申嚴法禁，宜無不戢者。」於是，有旨，於御府出銅器千餘，付外銷毁。其士庶之家照子及寺觀佛、道像、鐘、磬、鐃、鈸，官司銅鑼，許存外，餘並納官。翌日，知樞密院陳誠之奏事，因及此，且曰：「陛下以身率之，自然令行禁止。」上曰：「所得之銅固不多，徒欲使人知不用，即不復鑄矣。」

八月，徽宗實録書成，宰執請擇日稱賀。上顰蹙久之曰：「若可以不賀否？」壬辰，再奏：「禮當拜表，第罔極之恩，深惻聖懷，若免稱賀，亦以昭孝道，欲竟不賀。」詔可。戊戌，右僕射湯思退上之。

九月，端明殿學士、知成都府李文會卒。〔一四〕

右僕射湯思退言：「故翰林學士汪藻嘗纂元符以來詔旨，比修實録，所取十蓋七八，深有力於斯文。」甲子，詔贈藻端明殿學士，子恪等與堂除。未幾，徽宗實録書成，思退上之〔一五〕。書成在十一月，今聯書之。

時太學私試，有中前列者，賦落韻，一學鬨然。博士金華唐堯封函取駁放。於是，侍御史葉義問論堯封，罷之，國子正馮方亦改差户部架閣。乃降詔戒飭諸生，略曰：「較藝不精，朕固黜之矣。自今有不率教者，長貳具名以聞。」方，安岳人也。

初，大理寺丞環周言：「臨安、平江、湖、秀低田，多爲水浸，蓋緣諸水併歸太湖，湖水分爲二派，東南一派由松江注之海，東北一派由諸浦注之江，其諸浦中惟白茅浦最大，今爲淤塞。望令有司於農隙開決，俾北派流通，實四州無窮之利。」詔漕臣措置。既而，轉運副使趙子潚、知平江府蔣璨言：「太湖者，數州之巨浸。而獨洩以松江之一川，宜其勢有所不逮。是以昔人於常熟之北開二十四浦，流而導之楊子江。又於崑山之東開一十二浦，分而納之海，凡三十六浦，後爲潮汐沙積，而開江之卒亦廢。於是，民田有渰没之憂。天聖間，漕臣張綸嘗於常熟、崑山各開衆浦。景祐間，郡守范仲淹亦親至海浦，浚開五河。政和間，提舉官趙霖又開三十餘浦，此見於已行者也。今諸浦堙塞，又非前比，總計用工三百三十餘萬，錢三十三萬餘貫，米十萬餘石。緣平江積水已兩月未退，望速行之。」己巳，詔監察御史任古覆視。既而，古至平江，言：「常熟五浦通江，委是快便。若依子潚所請，以五千人爲率，來歲正月入役，月餘可畢。」又言：「平江四縣，舊有開江兵二千人，今乞止於常熟、崑山兩縣各招填百人。」從之。璨，晉陵人；古，定陶人。

壬申〔一六〕，户部言：「兩浙、江、湖歲認發米以石計者，兩浙一百五十萬，除三十五萬，折錢一百一十萬緡，今發八十五萬；江東九十三萬，今發八十五萬；江西一百二十六萬，今發九十七萬；湖南六十五萬，今發五十五萬；湖北三十五萬，今發三十萬〔一七〕。欲且依減下之數，以憑科降。」詔依限發足。

上將祀南郊，禮部侍郎孫道夫言〔一八〕：「神祖時，執政以國用不足，乞罷郊賜。司馬光贊之，而王安石執不行。臣謂將來郊禮，宜申光之議，許兩府、侍從皆辭錫賚，宗室刺史以上減半。節用自貴近始，以風示天下。」上曰：「朕在宮中，衣服飲食皆從儉約。」道夫曰：「陛下可謂於禹無間然矣。」既遂，除道夫兼侍講。

辛巳，以建州觀察使、濮園令士輵爲昭化軍節度使，嗣濮王。

壬午〔一九〕，領殿前都指揮使楊存中言：「本司見造戰船，乞置虎翼水軍一千人。」從之。

時平江、紹興、湖、秀諸處被水，欲除下户積欠。癸未，宰執擬令户部具有無損歲計。

上曰：「止令具數，便於内庫撥還。朕平時無妄費，内庫所積，正欲備水旱爾。本是民間錢，却爲民間用，復何所惜？」

户部侍郎趙令詪請將州縣義倉陳米出糶，及水旱不須檢放〔二〇〕，及七分，便許賑濟。乙酉，右僕射沈該等言：「義倉米在法不應糶，糶之恐失豫備〔二一〕。」上曰：「逐郡米自有數，若量糶十之三，椿其價，次年復糴，亦何所損？又高下必須檢放，七分方賑濟，則賑濟處絶少矣。飢民何緣得食？卿等別爲措置。」

冬十月，初，上於禁中作損齋，又親灑宸翰爲之記。至是，吏部尚書賀允中請推廣損齋記節儉之意，詔諭中外。庚寅，上謂宰執曰：「朕禁中嘗闢一室，名爲損齋，屏去聲色玩好，置經史古書，朝夕燕坐於此，嘗作記以自警，不謂外間亦聞之。允中比於經筵問朕好道之意，朕謂之曰：『朕之好道，非世俗之所謂道也。世俗修身鍊形，以求飛昇不死，若果能飛昇，則秦始皇、漢武帝當得之矣。若果能長生，則始皇、武帝至今存可也。朕惟治道貴清净，苟侈心一生，雖欲自抑，有不能已者。故所好惟在恬淡寡慾，清心省事。所謂爲道日損，損之又損，以至於無。期與一世之民，同躋仁壽，如斯而已。』當降出碑本，以賜卿等。朕又惟比年侈靡成風，如婚祭之類，至有用金玉器者，此亦不可不戒。」沈該等曰：「損卦之象，在於懲忿窒慾，陛下以此道制世御俗，唐、虞之治不難致矣。若降御記，以迪在位，過於詔書遠甚。然尚慮四方未知，續當擬詔意進呈。」

十一月壬戌，宰執奏：「近蘇、湖、松三郡大水，放大户積欠，蒙聖恩捐内庫錢助户部歲計，以寬民力。所進大禮金銀錢帛〔二二〕，又令減半，深恐錫賚之際，或不足用。」上曰：「大禮支費，朕半年前預立定格，無分毫濫予，比之前郊，纔及十之五。」沈該等曰：「陛下恭儉，出於天性，豈前代帝王所可跂及？」

辛丑，朝獻景靈宫。戊寅，朝饗太廟。己卯，冬至，合祀天地於圜丘，大赦天下。

皇太后新歲八十，上將以正旦於宫中行慶壽之禮。

十二月辛卯，宰執請依建隆故事，率臣僚詣文德殿稱賀。從之。

辛丑，上謂宰執曰：「近州縣官吏，曾經臣僚論列〔二三〕，而監司、郡守失於按發。雖已行遣一二，其餘待罪者皆放罪。恐公然容芘，姦贓之吏，無所忌憚。自今更不許待罪。」

紹興二十九年歲在己卯春正月丙辰朔，詔：「皇太后仁德天祐〔二四〕，聖壽無疆。新歲八十，朕於宫中行賀禮，當與普天同慶。應京朝官、選人、使臣及得舉進士，父母年八十以上者，並特與官封有差。」

壬戌，詔諸軍揀汰人，逐州立定員數，類極邊處二十員。如三次立功者，添差帥司、監司指使。

先已詔客販食米，不得收税，仍豁除州縣税額，所冀民不闕食。至是，訪聞諸路奉行滅裂，遇販米船，雖無他貨，亦故作淹延，屈伏收税。又閩、廣路例皆販穀，場務巧稱非米，抑令納税。乃詔米、穀悉同，若無他貨，並即時放行。如有違慢，許民越訴。委轉運司點檢，月具申省。

【新輯】二月丙戌朔，詔沿邊榷場數多，致夾帶禁物，私相往來。可留泗州、盱眙軍兩處，餘悉罷之。熊克小曆云：「詔沿邊榷場數多，致夾帶禁物，私相往來。可留泗州、盱眙軍兩處，餘悉罷之。」按：此乃泗州牒中所坐金詔之語，克誤也。（輯自繫年要録卷一八一紹興二十九年二月丙戌條注文）

二月己丑，以侍御史葉義問爲吏部侍郎。

庚寅，殿中侍御史任古奏事，因請義問出臺之由，上曰：「義問在臺稱職。今委料理銓曹。」未幾，兼史館修撰及侍講二職，尋以義問兼權尚書。

【新輯】己酉〔二五〕，詔帥臣、監司、侍從、臺諫歲舉可任將帥者二員，具材略所長，及曾立功效聞奏，用汪澈請也。熊克小曆併書於二月己酉，今附本日。（輯自繫年要録卷一八二紹興二十九年三月丁丑）

初，諸路多閒田，右司郎官鍾世明嘗請出賣而未行。仍許民佃，緣歲獲厚而租輕，復增租以攘之者，謂之剗佃，故詞訴繁興，官以爲病。知温州黄仁榮建言：「請盡鬻之，則訟自息，而利在官。」詔從之〔二六〕。至是，仁榮授淮西帥，入對。上曰：「卿嚮論鬻田，户部得緡錢五百萬矣〔二七〕，何必爲淮西行也？」遂除度支郎官。

三月，不雨。癸未〔二八〕，上謂宰執曰：「祈雨略應，未至霶霈。雖令斷屠三日，所免止是猪羊，民間緣此競食雞鵝魚鰕之屬，屠害物命，多過百倍。可更斷三日，生命微物悉禁之。」

時殿前司統制官陳敏上戰車之法。甲戌，上曰：「戰車雖出于古，然用各有宜。」知樞密院事陳誠之曰：「戰車非澤國所用。」同知院事王綸曰：「房琯猶敗于中原，況澤國乎？今之軍士不知車爲何物。」上曰：「姑令三帥議之，免令武人有棄一得之歎也。」

丙子，宰執奏擬蠲放諸路積欠詔意，上曰：「輕徭薄賦，所以息盜。歲之水旱，所不能免，儻不寬恤，而惟務催科，有司又從而加以刑罰，豈使民不爲盜之意？故治天下，當以愛民爲本。」湯思退曰：「本固邦寧，誠政之所先。此詔既頒，實惠廣被，真三王之用心也。」

夏四月己亥，右僕射湯思退言：「三省實總萬機，各有本省之法。自大觀間，修中書門下敕令格式，歷年既久，而尚書省第有省記條册。望下有司，重修三省成法。」從之。其後，刑部侍郎黄祖舜條具申請，未幾，詔罷敕局，前指揮旋寢〔二九〕。至乾道六年，降詔復修。

户部侍郎趙令詪言：「自臨安至鎮江，河水淺澁，留滯運綱。望令守臣修堰閘。」辛丑，詔從之。

五月己未，上與宰執論及内外儲蓄事。上曰：「比緣河流淺澁，綱運稽緩，已支内帑錢五百萬緡，以佐調度。朕自息兵講好，二十年所積，豈以自奉哉？蓋欲備不時之須，免臨時科取，重擾民爾。可令户部會計每歲經常之費，量入爲出，而善藏其餘。自非飢饉、師旅，勿得妄支。」湯思退曰：「昔漢文帝常言：『朕爲天下守財爾。』今陛下聖德，過漢文遠矣。」

六月，知樞密院陳誠之乞罷。除資政殿學士、知泉州。於是，侍御史朱倬、殿中侍御史任古言：「誠之附會秦黨，無補國論，其去已爲僥倖，望鐫職罷郡，以協公議。」詔與宮觀，而左司諫何溥等再論，遂落職。

朱倬、任古、何溥與右正言都民望等言：「左僕射沈該在政路數年，無所建明。」而該亦上疏請老。己酉，罷爲觀文殿大學士、提舉洞霄宫。倬等再論，遂落職，致仕。民望，德化人也。

敕令所删定官聞人滋乞：「選人歷任及十考無過，雖舉狀不及格，望許降等改官。仍約累年中數，以舉狀、年勞參用，庶抑貪冒，而養廉素。」詔吏部長貳參酌，務可久行。閏六月〔三〇〕，給事中王晞亮、中書舍人張孝祥、洪遵議以謂：「此法一開，則出十餘年坐待京秩，其不可有四，難如所請。」從之。滋，嘉興人；晞亮，莆田人也。

初，朝廷以四川道遠，舉人難於赴省，令就宣撫制置司類試，行之三十年矣。至是，禮部侍郎孫道夫兼侍講，一日極論四川類試之弊。上曰：「早方與宰執議，今歲已無及，其後舉當遣御史監之。」道夫曰〔三一〕：「御史監試，事體固重。然所關防，不過試闈中傳義、代名等弊。其有前期投所業，問題目，以秘語爲契驗，則無跡可尋。必令赴禮部，乃爲允也。」既而，事下國子監，兵部侍郎兼祭酒楊椿曰〔三二〕：「蜀士多貧，而使之經三峽，冒重湖，狼狽萬里，可乎？欲去此弊，一監試得人足矣。」遂詔止令監司、守倅子弟、力可行者赴省，餘不在遣中。

秋七月丁亥，以吏部尚書賀允中爲參知政事。

癸巳，以户部侍郎趙令詪爲崇慶軍承宣使，襲封安定郡王。

八月己卯，起居舍人浦城楊邦弼言：「紹興起居注所未修者，凡十六年，緣久無正員，因循積厭。望令兩省逐月修進外，其前未修者，帶修一月，庶譔次有倫，克盡中興之美。」從之。

御史臺主簿張闡前爲提舉兩浙市舶，請編本司法。上以兩浙、閩、廣三路市舶不同，令逐司具上，將委官詳定。九月壬午，上曰：「朕嘗問闡舶司歲入幾何，闡言歲約二百萬緡。

如此，即三路所入不少，皆在常賦之外。宜復取户部收支實數以聞〔三三〕。」

時有言金國將敗盟。上命同知樞密院王綸等，奉使彼國驗之。至是，綸等回，言：「鄰國恭順，和好無他。」丙戌，宰執皆賀。上曰：「前日諸處妄傳，中外紛紜之論，或欲沿邊屯戍軍馬，移易將帥，儲積錢糧，便爲進取之計。萬一遂成輕舉，則兵連禍結，何時而已？今而後，宜安邊息民，以圖長久，乃爲良策。」湯思退曰：「遣使尋盟，和好益堅，皆自陛下威德所致。申飭邊境，務令安静，敢不仰遵聖訓。」

庚子，皇太后崩於慈寧宫。殮前一日，宰執召禮官赴堂，曰：「有旨問含玉之制。」莘老曰：「禮院故事所不載〔三四〕，以周禮典瑞鄭玄所注制之，其可。」因立具奏。上覽之曰：「是真禮官也。」

時百官朝暮臨，將避辰日，起居郎、權中書舍人黄中以爲非經，且引唐太宗哭張公謹事争之。既而，卜殯日，適在權制釋服之外，有司議百官以吉服陪位，中又論之曰：「唐制，殯在易月之内，則曰百寮各服其服，啓殯在易月之外，則曰各服其初服。今殯雖過期，獨不得以啓殯例之而服其初服乎？且喪與其易寧戚，惟稽古定制，有以伸臣子之至情可也。」

冬十月，【新輯】上因與同知樞密院王綸論溝洫利害云：「往年宰臣曾欲盡乾鑑湖，云：『歲可得米十萬石。』朕答云：『若歲大旱，無湖水引灌，即所損未必不過之。』凡慮事須及遠也。」綸曰：「貪目前之小利，忘經久之遠圖，最謀國之深戒。」（輯自嘉泰會稽志卷一三鏡湖，參考永樂大典卷之二千二百六十七）

癸酉，王綸奏樞庭除常程細事外，其大者亦與三省商議方敢決。上曰：「樞庭雖五代之制，疑是太祖、太宗曾入思慮，五代弊法，祖宗掃除略盡，惟存此一二大者，必有深意。太祖、太宗不血刃取天下，以堯、舜之聰明，更加思慮，豈可易也？都民望曾有章云：『軍政豈可令宰臣不與？』謂樞庭不法，朕收之矣。」上又云：「大臣固不當疑，雖人告其不軌，朕亦不信，若其姦邪，即罷之，不當任而疑也。」綸曰：「自古帝王用人之道，無越於此矣。」

時金國主亮再役諸路夫匠，造軍器於燕京，令其臣右丞李通董之。又命户部尚書蘇保衡、侍郎韓錫造戰船於潞河，夫匠之死者甚衆。

十一月，先是，皇太后回鑾事實既進，而祐陵之書亦成，然吉凶之禮不可相襲，未敢以聞。己亥，左僕射湯思退始請以永祐陵奉録爲名，仍於顯仁后神主祔廟以前進呈，奉安於敷文閣。從之。

丙午，權葬顯仁皇后于永祐陵之攢宫。先是，有持陰陽家説，欲於殯宫舊禁之外，廣立四隅，以二十里爲禁域，故有墓在其間，皆當徙去。浙東帥臣王師心力言其不可。時監察御史任文薦奉詔監掩殯宫，就令按視。於是獲免者七百六十有奇。又薦獻之物舊取於民，師心謂：「聖心極其誠意，豈可使民勞費？請以上供錢給其直。」從之。

【新輯】參知政事賀允中，保信軍節度使、領閤門事、提點皇城司鄭藻爲皇太后遺留國信使、副。故事，使者入北境，當服黑帶鞾。至是，朝廷慮北廷不從，已命允中等隨宜改易。允中等至汴京，金主亮命吾故叛將孔彦舟押宴，且用常例賜花。允中辭曰：「使人之來，致太母遺物，國有大喪，樂何忍聞，况戴花乎？」其天使怒，謂將殺之。允中曰：「王人無暴，事固有體。吾年餘七十矣，當守節而死。」彦舟解曰：「兩國通好久，參政勿動心也。」揖允中坐，命左右捧花侍側而已。隨宜改易帶鞾，据會要乃十月丙辰詔旨，今附見。熊克小曆載允中至汴京事在月末。按日曆允中十一月三十日庚戌方發臨安，則其至汴京當在十二月正月之間，克蓋誤也。（輯自繫年要録卷一八三紹興二十九年十一月丁亥條）

十二月，淮南漕臣魏安行言：「淮東多閒田，今誘民以耕，宜借之口糧，次給農器，定爲分數，俟見利還官。仍立賞格，如招到一百家，有官人充部押官，無官人補進勇副尉；五百家有官人充部押官，無官人補承信郎。依効用補官法，理爲實任。」丙寅，詔從之。安行，鄱陽人也。

以端明殿學士、提舉萬壽觀兼侍讀張燾爲吏部尚書，侍御史朱倬爲中丞。

辛未，同知樞密院王綸進知院事。

初，詔内外各薦武臣，如有才藝超卓，衆所列薦者，别具取旨。至是，中書舍人洪遵、刑部侍郎黄祖舜，共薦新浙西副都監李寶。乙亥，詔除寶帶御器械。又資政殿學士、知潭州魏良臣薦浙東副總管李横、淮西總管劉綱〔三五〕，皆籍記。

先是，御前置甲庫，凡乘輿所需，圖畫什物，有司不能供者，悉於甲庫取之。故百工技藝之精巧者萃於其間，日費無慮數百千。禁中既有内酒庫，而甲庫所釀尤勝，以其餘酤賣，頗侵户部贍軍諸庫課額，以此軍儲常不給。於是，吏部尚書張燾言：「王者以天下爲家，不當私置甲庫，以侵國用。」上從其請，盡罷之〔三六〕。人由是知甲庫之設，非上本意也。

初，本朝尤重告老之制，宣和以前，士大夫未有既死而方乞致仕者。南渡之後，故實散亡，朝奉、武翼郎以上，率爲此舉。甚者宰輔大臣考終於内，其家發哀舉服，已降旨聲鍾給賻，而方且爲之告廷出命制，詞中不免有親醫藥、介壽康之語。如故相秦檜、萬俟卨、知樞密院沈與求是也。其在外者〔三七〕，非易簀屬纊，不復有請。是年，吏部郎官洪邁言：「乞令吏部立法，今後當得致仕恩澤之人物故者〔三八〕，即以告所在州，州上省部〔三九〕，然後考其平生，於式無累者，輒官其後人。若真能陳義引年，或辭榮知止者，則厚其禮節，以勵風俗，賢於天下爲僞也。」上曰：「朕記得此事之廢，方四十年，當如卿語。」時執政多以爲然，而左僕射湯思退難之，其儀遂寢。此據洪邁隨筆録。

時開府儀同三司、領御前諸軍都統制、判興州吴璘官資已穹，其下姚仲、王彦之儔皆建節，統全軍，守巨鎮。異時蜀帥以文令則玩於柔，以武競則窒於暴。至是，四川制置使王剛中開心見誠〔四〇〕，不立崖塹，頗得將使之情。詔加剛中寶文閣直學士以寵之〔四一〕。

〔校勘記〕

〔一〕庚午　繫年要録卷一七九繫於「壬申」。
〔二〕案：繫年要録卷一七九據日曆繫於「三月甲申」。
〔三〕案：繫年要録卷一七九繫於「甲申」。
〔四〕案：沈調以招軍進秩事，繫年要録卷一八〇繫於「十二月丁亥」，并以小曆誤。
〔五〕是月　案：繫年要録卷一七六附於「紹興二十七年二月」。
〔六〕金國主亮坐薰風殿　「薰風殿」，繫年要録卷一七六作「武德殿」，岳珂桯史卷九正隆南寇也作「武德殿」，並以小曆作「薰風殿」誤。
〔七〕有青衣持宣授朕天策上將　「持」原作「特」，據繫年要録卷一七六改。
〔八〕辛巳　案：六月己丑朔，無辛巳日。
〔九〕其後　案：繫年要録卷一七九及宋史全文卷二二下繫於「甲辰」。
〔一〇〕刑部侍郎陳正同又奏　「刑部侍郎」，繫年要録卷一七九及宋史全文卷二二下作「樞密院都承旨」。
〔一一〕必傳經啓沃　「傳」原作「傅」，據廣雅本改。
〔一二〕丙子　繫年要録卷一八〇繫於「八月戊子朔」。

〔一三〕案：湯思退、賀允中監修國史，繫年要録卷一八〇繫於八月庚子，并在注文考證云：「熊克小曆於七月丙子書『置國史院及思退監修』，又七月甲申，書『賀允中兼同修國史』。並誤。」

〔一四〕案：李文會卒，繫年要録卷一八〇繫於「八月戊子朔」。

〔一五〕案：繫年要録卷一八〇甲子條注文考證云：「按：實録已於八月戊戌進呈，在此前二十六日，克蓋差誤。」

〔一六〕壬申　繫年要録卷一八三繫於「紹興二十九年八月甲戌」。

〔一七〕今發三十萬　「三十萬」，繫年要録卷一八三作「二十萬」。

〔一八〕案：繫年要録卷一八〇繫於「八月辛卯」。

〔一九〕壬午　繫年要録卷一八〇繫於「戊寅」。

〔二〇〕及水旱不須檢放　「旱」原脱，據廣雅本及繫年要録卷一八〇補。

〔二一〕糶之恐失豫備　「糶」原作「糴」，據繫年要録卷一八〇改。

〔二二〕所進大禮金銀錢帛　「金」原作「全」，據廣雅本改。

〔二三〕曾經臣僚論列　「曾」原模糊不清，據廣雅本及繫年要録卷一八〇録。

〔二四〕皇太后仁德天祐　「祐」原作「祜」，據廣雅本改。

〔二五〕己酉　繫年要録卷一八一繫於「三月丁丑」。

〔二六〕案：繫年要録卷一八〇繫於「紹興二十八年七月乙酉」。

〔二七〕案：繫年要録卷一八一壬子條考證云：「按：今年七月己酉，彭合論賣官田之害，而户部奏，據江、浙諸路月終賣錢一百一十萬餘緡，則二月間無緣及有五百萬緡。或者仁榮行述、墓誌夸言之，而克不詳考也。又按：仁榮自奏温州官田事，亦云『見行出賣』，則是元未得錢可知。」

〔二八〕癸未　「癸未」，繫年要録卷一八一作「癸亥」，疑是。

〔二九〕前指揮旋寢　「旋」原作「還」，據廣雅本改。

〔三〇〕案：繫年要録卷一八三繫於「七月乙巳(二十四日)」；宋會要輯稿職官一一繫於「七月二十五日(丙午)」。

〔三一〕案：繫年要録卷一八一繫於「三月丙辰朔」，并以小曆誤。

〔三二〕案：繫年要録卷一八一丙辰條注文認爲應繫於「去年(七)【五】月乙亥」，并以小曆誤。

〔三三〕宜復取户部收支實數以聞　「復」原作「後」，據廣雅本改。

〔三四〕禮院故事所不載　「不」原脱，據廣雅本及繫年要録卷一八三補。

〔三五〕淮西總管劉綱　「總管」，繫年要録卷一八三作「副都總管」。

〔三六〕案：繫年要録卷一八四繫於「紹興三十年正月丁酉」。

〔三七〕其在外者　「外」原脱，據容齋隨筆卷第一〇及繫年要録卷一八三補。

〔三八〕今後當得致仕恩澤之人物故者　「恩」原作「思」，據容齋隨筆卷一〇改。

〔三九〕州上省部　「省」原作「首」，據容齋隨筆卷一〇及繫年要録卷一八三改。

〔四〇〕四川制置使王剛中開心見誠　「王剛中」原作「王綱中」，據鴻慶居士集卷三八王公墓誌銘及宋史卷三八六王剛中傳改。下同。

〔四一〕詔加剛中寶文閣直學士以寵之　「寶文閣」，繫年要録卷一八五及宋史卷三八六王剛中傳作「敷文閣」，案：繫年要録卷一八五繫於「紹興三十年四月丁巳」，并以小曆誤。

中興小紀卷三十九

紹興三十年歲在庚辰春正月，初，詔知荆南劉錡招置効用三千人，已支回易錢四十萬緡。至是，再招三千人，錡請更支三十萬緡。庚寅，詔從之。仍令御前激賞庫支銀二十萬，榷貨務支通鈔一十萬。

二月庚戌朔，金國遣左宣徽使大懷忠、禮部侍郎耨盌温都謙等來弔祭〔一〕。貢院考到博學宏詞合格西安主簿唐仲友，詔與堂除。仲友，金華人，堯封子也。

庚申，以同知樞密院事葉義問爲金國報謝使。義問入金境，見虜已聚兵〔二〕，有入寇意〔三〕。及回，密奏〔四〕：「虜人以尅剥不卹爲能，以殺戮不恕爲威，窮奢極侈，似秦、隋之所爲。如燕京已劇壯麗，而又作汴京，伐木琢石，車載塞路，民勞而多死於道。天人共怒，觀此豈能久也？又海州賊黨未平，而任契丹出没太行。臣去時，聞破濬之衛縣；回時，聞破磁之邯鄲，北使三人，皆被賊傷，奪去銀牌，不驚南使，在處不寧。今欲遷汴京，且造戰船，虜人皆有深意。以臣度之，若果遷都，則在彼先棄巢穴。今江、淮既有師屯，獨海道宜備。臣謂土豪、官兵不可雜處，蓋土豪諳練海道之險，憑海食之利，能役船户，平日自如。若雜以官兵，彼此氣不相下，難以協濟。今欲於沿海要處分寨，以土豪爲寨主，令隨其便。使土豪撓於舟楫之間，官兵扼於塘岸之口，則官無虛費，民無横擾，此策之上者也。」於是，右僕射陳康伯言：「虜謂我和好滋久，而兵備弛，其南牧無疑。」因條上兩淮守禦之計。上嘉納之。殿中御史汪澈亦極陳利害，且曰：「慮之有素，則事至而安静；慮之無素，則事至而倉卒。自講和以來，諸將各擁重兵，高爵厚禄，養成驕恣。朝廷宜有以懾其心，作其氣。戰士役以伎藝、回易，專於雜役〔五〕，而又老病之不汰，逃亡之不補。宜有以蒐閲之，使有鬭心，而樂爲用。文武官平居常患其冗，臨事則無人可用。當預選實才，不泥資格，以備緩急之用云。」

上欲封建宗英，以隆本支之勢。二月甲子，左僕射湯思退留身言：「適奉聖訓，此出於獨斷，非古帝王所能及。」上曰：「朕久有此意，以顯仁皇后意所未欲，故遲遲至今。」上又曰：「朕嘗覽唐宣宗事，羣臣有議及儲嗣者，輒怒斥去，可謂不達理矣。」思退曰：「昔周文王十五年而有嗣子，而文王壽幾百年。天人之理，非聖哲孰能知之？」

吏部尚書張燾告老，丁卯，詔除資政殿學士致仕。

甲戌，詔翰林學士周麟之兼權吏部尚書。

乙亥，兵部尚書兼翰林學士楊椿，上諭以指意，鎖院甚嚴。丙子〔六〕，詔略曰：「普安郡王瑗，藝祖七世孫也。自幼鞠於宮闈，聰哲端重，亢於宗藩，歷年滋久，望隆淵懿，中外所聞。其以爲皇子，賜名瑋。」是日，以皇子瑋爲寧國軍節度使、開府儀同三司，進封建王。初，宣詔於文德殿，百官莫知其事，既聞以普安爲皇子，縉紳動色相慶，中外無不鼓舞。

丁丑，宰執入賀。上曰：「昨日宣詔，想見人心喜悦。」湯思退等曰：「豈惟士大夫，閭巷細民，無不鼓舞。仰見睿謨英斷，合天人之心如此。」

先是，編國朝會要久未就緒。戊寅，殿中侍御史汪澈乞纂元豐以後，仍付之祕書省官。詔禮部、祕書省條具取旨。

淮西總領都絜言：「江東所屯，歲費錢七百萬緡，米七十萬石，而監司、守貳恬不加意。乞將弛慢尤甚者按劾黜責。」三月庚辰朔，詔從之。

兵部尚書楊椿薦階成副總管楊從義、湖南副總管李師顔可充將帥。詔從儀轉一官，籍記，師顔知夔州。

知貢舉、御史中丞朱倬上合格進士劉朔等。戊子，上御集英殿策試。既遂，賜梁克家以下四百一十人及第、出身〔七〕。朔，莆田人；克家，晉江人也。

癸巳，上謂宰執曰：「監司、郡守所寄非輕，須平日選有人望者以待，有闕便可除用〔八〕。」湯思退曰：「聖慮及此，可謂知所本矣。臣等當公心選用，無毫髮之私，庶合衆望。」

丙午，以少保、恩平郡王璩判大宗正寺，紹興府置司。

丁未，上謂知樞密院王綸曰：「璩昨日之除如何？」綸曰：「陛下春秋鼎盛，已爲宗社無窮之計，今日談笑裁決，略無難色。」上曰：「朕決此計已九年矣。建王所佩玉魚，乃初置摧場，朕令買此玉，以備今日之用，舉此即可知矣。今二王之除，皇后意與朕合。」綸曰：「陛下英斷如神，規模素定。然堯、舜、文、武亦由内助，祖宗神靈在天，自此篤祐陛下與宫中者，曷有既耶？」

夏四月乙丑，詔自今臣寮乞上殿，令徑投狀通進司，不許於都堂納劄子，永爲成法。初，神宗嘗以御史闕員，手詔臺臣同舉忠純體國之人，共成篤厚之政。至是，獲當時石本。丙子，詔付三省，令重刊御史臺，朝夕瞻仰。庶幾上廣聖意，下息澆薄，稱朕意焉。

是月〔九〕，工部侍郎黄中奏：「御前軍器所領屬中人，其調度程品，工部軍器監有不得而聞者，非祖宗正名建官之意。請得隸屬稽考之。」不報〔一〇〕。

初，吏部侍郎劉章在工部時，郊恩賞賚給絹，主胥欲以絹自入，而下其直以予。衆不服，請於章，語胥曰：「如所直以市百縑可乎？」蓋謾爲辭以折服之爾。胥遂誣章以實買絹，有摘其語於言事者，疏始上，上愕然曰：「劉章必無此事。」言者執不已，遂罷章爲提舉崇道觀，事在二月〔一一〕。朝士皆知其寃，無敢言者。至是〔一二〕，起居郎王佐於上前極論其事，言者復以爲朋比而併攻之，佐亦罷，出知永州。

初，言者乞令兩省、臺諫、卿監、郎官各舉所知一二人爲令。至是，給事中王晞亮請將山陰等四十大縣，以待薦舉之士，悉由堂差，吏部更不許注。五月癸未，詔從之。

先是，提點坑冶鑄錢官李植奏〔一三〕：「歲額錢内藏庫二十三萬緡，左藏庫七十餘萬緡，皆是至道之後額數。自紹興以來，歲收銅止及二十四萬斤，鉛二十萬斤，錫五萬斤，此最多之數〔一四〕，紐計鑄錢一十萬緡。外有拘到諸路銅器二百萬斤，搭以鉛、錫，可鑄六十萬緡。乃時暫所拘。乞據逐年所産，權立爲額。」丙戌，工部言：「若依所請，委是數少。且以酌中之數五十萬爲額。」從之。

時大金國遣使來賀天申節，詔工部侍郎黄中充館伴使。故事錫宴，使者謝於庭下。至是〔一五〕，辭以方暑，請拜廡下。中持不可，乃如故事。既又中爲送伴使，中還言：「聞虜日繕兵不休〔一六〕，且其重兵皆屯中州，宜有以待之。」

壬寅〔一七〕，右正言沈濬言：「兩浙漕臣湯允恭不孝其母。」詔刑部侍郎黄祖舜覈實，祖舜言：「允恭無不孝事迹，不應罪之。」是月，改濬爲吏部郎官。

六月戊申，殿前、馬、步三司申明逃亡軍人首身之限。

知樞密院事王綸引疾丐罷。庚午，詔除資政殿學士、知福州。尋改提舉洞霄宮。

七月戊戌，同知樞密院葉義問進知院事，御史中丞朱倬爲參知政事，翰林學士兼侍讀周麟之爲同知樞密院事。於是，義問奏應變、持久二説，以謂：「兩淮形勢，在今爲急。荆南劉錡，則均、襄、隨、郢、通化、棗陽之所隸也；鄂渚田師中，則安、復、信陽、漢陽之所隸也；九江戚方，則蘄、黄之所隸也；池陽李顯忠，則龍、舒、無爲軍之所隸也；建康王權，則滁、和之所隸也；鎮江劉寶與馬帥成閔，則真、揚、通、泰之所隸也〔一八〕。江陰正控海道，宜自鎮江分兵以扼之。至於濠梁、固始、安豐諸郡近邊〔一九〕，亦宜總之。合肥比已分屯諸將，臣欲飭其擇地勢險要，廣施豫備。又金人用兵之久，貪驕淫怠，今所用皆非舊臣，而多用僉軍，僉軍本吾民也，其肯爲敵効死乎？此應變之説也。臣又見秋冬之交，淮水淺涸，徒步可過。若金人今歲未動，乞以沿淮一帶，遴選武臣爲守，公私荒田，悉撥以充屯田，使人募耕之，暇則練習，專務持重，勿生釁端。來則堅壁勿戰，去則入堡勿追，使其終無所得而自困，此持久之説也。」

八月丙辰，詔修吏部敕令格式及刑名疑難斷例。至是書成，右僕射陳康伯上之。既而上謂宰執曰：「頃未立法，加以續降太繁，吏部無所遵承。今既有成法，若更精擇長貳，銓曹其法以清。」湯思退曰：「頃未立法，吏緣爲姦。」上曰：「今既有成法，不可更令引例也。」

思退曰：「一如聖訓。」

丁巳，州縣經總制錢，或委守臣，亦委知通，或又令知通同掌，其法屢更。後因户部侍郎李朝正建言，始屬通判。既而，復命知通同掌。至是，言者以爲：「通判專行，因得盡力，往歲所入，至一千七百二十餘萬緡〔二〇〕，昨自改法，通判壓於長官之勢，恐其侵用。迄今無歲不虧，請復委通判。」己未，詔從之。

金國主亮聚兵將南侵。是月，令其臣户部尚書梁球、兵部尚書蕭德温，先計女真、契丹、奚家三部之衆，不限丁數，悉僉起之，凡二十四萬。壯者爲正軍，弱者爲阿里喜〔二一〕。一正軍以二阿里喜副之，類爲一十二萬。又簽中原漢兒與渤海軍總一十七路〔二二〕，惟中都路造軍器，南都路修汴京免僉外〔二三〕，其一十五路，每路一萬，通爲二十七萬，倣唐製分二十七軍。是月，僉軍數已定，遂以百户爲謀克〔二四〕，千户爲猛安〔二五〕。萬户爲統軍，則有正、副。諸軍悉令番、漢相兼，無獨用一色人者。先是，亮遣其臣禮部尚書施宜生爲賀正使，隱畫工於中，俾密寫臨安之湖山、城郭以歸。亮令繪爲軟壁，而圖己之像，策馬於吴山絶頂，後題以詩，有「立馬吴山第一峯」之句，詭曰御製，其實翰林修撰蔡珪作也。

建、劍、邵、汀在閩，號上四郡，例般鹽自鬻，以辦歲費。鬻而不售，則科於民。時汀之長沙縣，鬻鹽峻暴，民走轉運使司訴之。知縣事陳夢遠乃漕司主管官陳正綱之族子，正綱爲白漕臣王時升押訴者還汀。而本州見差巡檢官於鄉下督鹽錢，民因共留巡檢，乞州釋訴者，兩易之。是月，汀守謂民嘯聚，亟遣兵捕戮。復疑平民與之關通，皆繫之獄，欲論以重辟。録事參軍劉師尹争不能得，致仕而去。帥臣王師心即移文釋諸囚，具薦師尹於朝，既而，夢遠與州之守貳皆坐罷，而師尹復仕。正綱，沙縣人，瓘子。師尹，閩縣人也。

先是，前四川帥臣李文會、王剛中，成都漕臣王之望、提點刑獄王弗、夔路提舉官王适，皆舉武德郎董誠堪充邊將。九月丙子朔，上謂宰執曰：「五人皆薦，可見其公。」詔與邊郡，仍籍記，以俟他時選用。

言者謂〔二六〕：「今日産馬之地，無出於川、廣，如沈晦帥廣西〔二七〕，一年間買馬三千匹，今每歲率不及二千。竊見廉、雷二州鹽積於白石場，不知其幾，若運置横山寨，以備博馬，是以無用而有用也。」

丁丑，右諫議大夫何溥言：「比年朝廷作假，多於百司三分之一。又有前後相因爲例，不入省者，似非祖宗法意。矧陛下宵旰求治，責成政地，獨可略乎？望詔三省稍加裁損，仍令吏、户兩曹後他司出局，庶幾事無壅積。」詔從之。

冬十月，初，殿帥楊存中以官三師，班立樞密上。校書郎王十朋因輪對言：「三衙管軍與北司深交，盜陛下之大權，養成跋扈之勢。且權之大者，莫如名器與財兵。今以管軍而位三公，其盜名器極矣，古無有也，祖宗時無有也。凡天下利路舉入其門，掊尅聚斂，不知紀極。且身總禁旅，久而不代，密結私黨，深忌宿將，不容其進。自恃兵柄在手，有輕朝廷心。夫樞密者，本兵之地，號令節制天下之諸將者也。今殿庭立班，管軍傲然居前，樞密甘心其後，不以爲恥，事勢倒置如此，其能節制號令之耶？又其子弟親戚，布滿清要之職，臺諫有論列者，朝廷爲之庇覆，俾其言卒不得行。夫臺諫言及侍從大臣，隨即罷斥，獨不行於管軍之門，其何以爲國耶？至若諸軍承受，甚於唐之監軍；皇城邏卒，甚於周之監謗。內外諸將，剥下賂上，結怨於三軍，道路之間，捕人爲卒，結怨於百姓，皆非治世事也。」至是，知樞密院葉義問以謂：「三衙本隸密院，祖宗舊例，不許接坐，所以正名分，示等級，豈當以官高卑而不以職之上下？冠履倒置，非朝廷福。請各爲班著。」從之。乃詔文武臣合班，如遇親王、使相立西班，即令樞密院官權綴東班。即親王、使相請假，則立西班。

先是，宰執奏中官承受事。上曰：「今之承受，即祖宗走馬承受，專令掌邊將奏報。近日士大夫或論其賄賂，至云恐浸如漢石顯之類。朕前此不知，亦嘗降詔戒約，意謂空言不若以實事示之，故前此屢却諸將貢獻，此事朕無固必。」丙午，乃詔罷内侍官承受。今後諸軍奏狀，並於通進司投進。湯思退曰：「陛下英斷，洞照今古，臣等謹遵聖訓。」

癸亥，日方中，無雲而有雷聲。

十一月庚辰，福建漕臣王時升言：「到官纔一考，見樁上供庫錢三十萬緡，欲代納本路拖欠鈔鹽錢。」從之。丙申宰執奏，恐合旌賞。上曰：「漕臣能節妄用，而代納百姓積欠，理宜激勸。然未可遽行，恐他路聞之，妄認以爲羨餘。可俟政績有聞，與陞職名。」時升，益都人也。

前池州都統制李顯忠請令諸軍屯田。丁酉，上謂宰執曰：「朕思之甚詳，先須根刷諸將留池州分荒田，兼取見沿江所在頃畝，初年給牛種，三兩年間且盡與地利，使之歲入有得，則不勸而自耕矣。」湯思退曰：「當先根刷，別具奏聞。」上又曰：「此事在今日誠可議，但行之當有先後之序也。」

侍御史汪澈等欲論左僕射湯思退，方捃摭其過，殿中侍御史陳俊卿曰：「爲相無物望，而天災亟至，此固當罷，何以他爲〔二八〕？」乃言：「思退始由秦檜父子以致身，及掌文衡，而取其孫，緣此遂至政府。自居相位，惟務招延親黨，佐其羽翼者。慶曆初，京師一日無雲而雷震，仁宗以天變如此，由夏竦姦邪，亟命黜之。前日無雲而有雷聲，人情駭異，其變蓋在大臣。」十二月乙巳朔，思退罷爲觀文殿大學士、提領太平興國宮〔二九〕。澈等欲鐫其職，俊卿曰：「思退未有大罪，雖非相才，然比之沈該則有間矣。」該猶以大學士家居〔三〇〕，而思退顧不得此，則執法之地，所以議賞罰者偏矣。」不從。於是，澈等再論思退，遂落職。

初，户部侍郎錢端禮知臨安府日，嘗建言用楮幣，已行之累月。至是，端禮又奏：「近有旨，以合支官錢造會子，流轉而輸官，亦許用之，庶公私皆便。今有立定分數品搭。」從之。端禮，惟演孫也。

時殿前司乞招軍，并三衙兵，亦增過紹興丙子歲人數。

戊申，諸路經總制司錢，以十九年爲額，其數太多。侍御史汪澈言：「財賦所出，當究源流。十九年經界初行，民輸隱漏之税，蓋是適然。今當取十年間酌中之數爲額。」癸丑，上諭宰執，令户部具十年中數，仍合減多少，若不與減，恐虚掛簿書。又慮州縣科敷，取足以困百姓。陳康伯曰：「聖德寬明，灼見事源，臣謹奉詔。」

乙卯，權中書舍人楊邦弼繳奏續鬻超轉一官不當。蓋因秦檜放行王晌等〔三〕，致援例者衆，實違令。丁巳，上謂宰執曰：「秦檜不獨此一事放行，且如禁軍换易，亦改動祖宗格法。」上又曰：「朕因思漢霍光專政，殺許后、廢昌邑，威震天下。魏相乞除奏事副封，奉行祖宗故事，孝宣是以致中興之功。祖宗成憲，豈可不守？朕無一事敢違舊章。」陳康伯曰：「當以邦弼所奏報行，庶絶後來援例之弊。」上曰：「善。」

户部侍郎錢端禮言：「元祐中，蘇轍任户部，嘗以一歲出納之數，纂成會計録。今若不講，則恐有限之數，不應無窮之用。臣以具去歲所用，編類成册，望詔宰執、侍從、臺諫同議，無爲文具，要在可行，此今之急務。」乙巳〔三一〕，詔户部條上均節等事。

翰林學士洪遵以草湯思退罷相制，不明著其罪，丙寅，除徽猷閣直學士，與宮觀。

初，朝廷宿重兵守蜀，雖無事而總計之臣，常患不給，是用除太府少卿王之望代總領四川財賦許尹。時本所見錢引一千四百四十餘道，糧三百三十餘萬石〔三二〕，此其大略也。

〔校勘記〕

〔一〕禮部侍郎耨盌温都謙等來弔祭　「耨盌温都謙」原作「諾延温都謙」，據原注回改。下文徑改，不出校。

〔二〕見虜已聚兵　「虜」原作「金」，據宋史全文卷二三改。下同。

〔三〕有入寇意　「寇」原作「侵」，據宋史全文卷二三改。

〔四〕密奏　「奏」原作「秦」，據廣雅本及繫年要録卷一八五改。

〔五〕專於雜役　原脱，據廣雅本及繫年要録卷一八五補。

〔六〕丙子　繫年要録卷一八四據孝宗玉牒繫於「甲戌」，并考證云：「熊克小曆手詔在丙子，會要亦同，今從孝宗玉牒。蓋甲戌降詔，乙亥鎖院，丙子宣麻耳。熊克小曆：『乙亥，召學士楊椿諭以旨意，鎖院甚嚴。丙子，詔略曰云云。』此蓋據陳良祐撰椿墓誌所言，而不細考之。椿所草，乃進封麻制爾。玉堂草制亦具著二人姓名。克直院累年，不知胡爲差誤如此。」

〔七〕賜梁克家以下四百一十人及第出身　「四百一十」，繫年要録卷一八四作「四百十二」。

〔八〕有闕便可除用　「便」原作「使」，據廣雅本及繫年要録卷一八四改。

〔九〕是月　繫年要録卷一八五繫於「七月庚子」。

〔一〇〕不報　案：繫年要録卷一八五載作「詔工部每季輪差官一員檢察」，并考證云：「熊克小曆載此事於今年四月末。又云『不報』。蓋不考之日曆也。」

〔一一〕案：繫年要録卷一八一繫於「紹興二十九年三月癸酉」。

〔一二〕繫年要録卷一八一繫於「紹興二十九年四月庚寅」。

〔一三〕提點坑冶鑄錢官李植奏　「李植」原作「李直」，據繫年要録卷一八五及宋史卷一八〇食貨志改。

〔一四〕此最多之數　「此」原作「比」，據繫年要録卷一八五改。

〔一五〕至是　繫年要録卷一八五繫於「戊子」。

〔一六〕聞虜日繕兵不休　「虜」原作「金」，據中興兩朝編年綱目卷一二改。

〔一七〕壬寅　繫年要録卷一八五繫於「己卯」。

〔一八〕則真揚通泰之所隸也　「揚」原作「陽」，據繫年要録卷一八五改。

〔一九〕至於濠梁固始安豐諸郡近邊　「安」上原衍「正」，據廣雅本及繫年要録卷一八五刪。

〔二〇〕至一千七百二十餘萬緡　「七」原脱，據廣雅本及繫年要録卷一八五補。

〔二一〕弱者爲阿里喜　「阿里喜」原作「伊勒希」，據原注及中興兩朝編年綱目卷一二回改。下文徑改，不出校。

〔二二〕又簽中原漢兒與渤海軍總一十七路　「簽」原脱，據繫年要録卷一八五及中興兩朝編年綱目卷一二補。

〔二三〕南都路修汴京免僉外　「南都路」原作「河南路」，據繫年要録卷一八五及中興兩朝編年綱目卷一二改。

〔二四〕遂以百户爲謀克　「謀克」原作「穆昆」，據原注及中興兩朝編年綱目卷一二回改。下文徑改，不出校。

〔二五〕千户爲猛安　「猛安」原作「明安」，據原注及中興兩朝編年綱目卷一二回改。下文徑改，不出校。

〔二六〕言者謂　「言者」，繫年要録卷一八六載作「右迪功郎、新廣西南路提舉鹽事司幹辦公事李鼎臣」。案：繫年要録卷一八六繫於「丁丑」。

〔二七〕如沈晦帥廣西　「晦」下原衍「若」，據廣雅本及繫年要録卷一八六删。

〔二八〕何以他爲　「他」原作「庀」，據廣雅本、繫年要録卷一八七及宋史全文卷二三上改。

〔二九〕思退罷爲觀文殿大學士提領太平興國宫　「宫」原作「觀」，據繫年要録卷一八七及宋宰輔編年録卷一六改。

〔三〇〕該猶以大學士家居　「家居」，繫年要録卷一八七及宋宰輔編年録卷一六作「典州」。

〔三一〕蓋因秦檜放行王晌等　「王晌」原作「珦」，據繫年要録卷一八七及宋史全文卷二三上改。

〔三二〕乙巳　繫年要録卷一八七作「乙丑」。

〔三三〕糧三百三十餘萬石　「三百三十餘萬」，繫年要録卷一八七作「二百三十餘萬」。

中興小紀卷四十

紹興三十一年歲在辛巳春正月，安南獻馴象。己卯，上曰：「蠻夷貢方物，乃其職。但朕不欲以異獸勞遠人，可令帥臣詳諭，今後不必以馴象入獻。」

甲午〔一〕，殿中侍御史陳俊卿言：「自秦檜之死，其黨皆逐，獨韓仲通嘗因獄事附檜，今猶以敷文閣直學士帥建康。」是月，詔罷之。

初，正字胡憲以年老求去，詔改京秩。三館之士分韻作詩，共餞其行。

以兵部尚書楊椿兼權吏部尚書。

二月丙午，宰執奏昨有詔問儀鑾司換舊陳設，有無交收事。上曰：「陳設不過饗廟及殿中并人使時用之，何至一歲五易？朕已令以新易舊，仍據數交收矣。」上又曰：「朕宮中未嘗用此，惟以儉爲尚。」陳康伯曰：「陛下儉德，天下所知，雖大禹不過如是。」

少師、殿前都指揮使楊存中在殿岩幾三十年，至是，上章丐閑。甲寅，除太傅，封和義郡王，爲醴泉觀使。以開府儀同三司、主管步軍司事趙密代爲殿帥。存中行述云：「同列有謀其權者。」意蓋謂密也。方存中之制未降也，上曰：「可令趙密於未宣麻前，便交職事。昔唐神策軍使王駕鶴久典衛兵，權震中外，議欲易之，崔祐甫召駕鶴留語移時，而代者已入軍中矣。朕讀唐史，深喜祐甫善處事，可以爲法。」又以龍神衛四廂都指揮使、殿前司統制李捧主管步軍司事，而龍神衛四廂都指揮使、主管步軍司事成閔仍舊職焉。

甲子〔二〕，詔於都茶場置會子務，仍撥左藏庫錢一十萬貫爲本。時户部侍郎錢端禮經畫爲六務，出納制用，皆有法焉。

是月，少師、觀文殿大學士秦熺卒於建康府，詔贈熺太傅。給事中黄祖舜言：「三公非有大功德不以輕授。陛下保全秦檜家，俾熺休致而歸，不加以罪，恩亦至矣。今乃贈以帝傅之秩，又因其遺奏，許之推恩，異寵併加，殊駭物聽。」遂寢其命〔三〕。

三月己卯，以何溥爲翰林學士兼權吏部尚書。

壬午，以兵部尚書兼權翰林學士兼侍讀楊椿爲參知政事。

夏四月，自廣西歲於横山寨買馬，費九萬緡，而多斃於路。至是，言者請：「今後止令部至静江府南北兩務收養。令所撥諸軍自往取之。」詔經略司相度申樞密院。

己未，上謂宰執曰：「朕思州縣逋欠，若民果貧困，自合蠲放。或已納足，而官吏侵用，則當與覈實，明示罪責。治道貴信賞必罰，若漫不經理，則是姑息。雖堯、舜不能治也。」是日，四川總領王之望上催驅殿最事目，乃詔諸路依此行之。

時左僕射陳康伯與參知政事楊椿密議〔四〕：「虜將敗盟〔五〕，其兆已見，當先事爲備，其策有四〔六〕：令兩淮諸將分畫地界，使自爲守，一也；措置民社，密爲寓兵之計，二也；淮東劉寶，將驕卒少，不可專用，三也；沿江諸郡，增壁積糧，以爲歸宿之地，四也。」

時舊相惟張浚在，於是，殿中侍御史陳俊卿言〔七〕：「浚忠藎，兼資文武，可付以閫外。臣素不識浚，雖聞其嘗失陝服，散淮師，而許國之心白首不渝。今杜門念咎，老而練事，非前日浚也。臣望聖慈勿惑讒謗，雖未付以大柄，且與一近郡，以係人心，庶緩急可以相及。」俊卿復論鎮江都統制劉寶軍律不嚴，裒刻過度，比有朝命分卒戍黄魚垛，而寶違不遣。乃詔責寶，以散官安置，朝論快之〔八〕。

金國主亮率其衆北巡，至北邙山，因改名其山曰太平。

五月，金主亮恃其强暴，欲渝盟擾邊久矣。至是，遣其臣龍虎衛上將軍高景山、刑部侍郎王全來賀天申節。辛卯，引見於紫宸殿。全因導亮意，求淮、漢之地，及指取將相近臣議事，并報淵聖皇帝訃音。且言：「亮以九月北巡，今所指近臣，當於八月至其國。」大率皆慢辭也。於是，宰執聚都堂，議舉哀典故。時有謂上不可以凶服見使者，欲俟其去，乃發哀。工部侍郎黄中聞之，亟白曰：「此大事，一失禮，謂天下後世何？且使人或問故，將何以對？」於是，始議行禮，及調兵守江淮之策。

甲午，宰執召三衙帥趙密、成閔、李捧及太傅、和義郡王楊存中至都堂，議舉兵。既又請六曹長貳淩景夏、汪應辰、錢端禮、金安節、張運、黄中，給、舍黄祖舜、虞允文、楊邦弼，臺諫官汪澈、劉度、陳俊卿聚議，久之而退。宰執百官入和寧門舉哀，仍進名奉慰。景夏，餘杭人；度，歸安人也。

時朝廷命浙西總管李寶駐江陰軍，以防海道。於是，提舉浙西市舶曾懷獻言曰：「航海之役〔九〕，船有輕重，篷有疾遲，風有大小。竊嘗聞於高麗之商，謂有同日離岸，而隔歲不至者；有同時出洋，而經月不至者。況北人之便，唯在乘騎，縱使至岸，無馬不能捨舟，如猛獸失林，將自投於穽。若海道過爲之備，徒分兵力耳。」朝廷亦以爲然。懷，公亮孫也。

六月壬寅，御前諸軍都統制田師中戍鄂渚，李道戍江陵、吴拱戍襄陽。朝廷以上流重地，邊面闊而兵力分，宜主以大將。乃詔遣慶遠軍節度、馬帥成閔總禁旅三萬，往上流控扼。壬子，閔率衆發臨安，尋以閔爲湖北京西制置使。閔至鄂，未幾移屯應城縣，在鄂、郢之間焉。

乙卯，以鎮江都統制劉錡爲淮南江南浙西制置使。上以金敗盟，命同知樞密院事周麟之往聘。麟之憚行，左僕射陳康伯以國事勉之，語侵康伯。康伯曰：「上儻遣康伯，聞命即行，大臣同國休戚，雖死安避？」麟之竟辭。於是，言者論之。上曰：「爲大臣臨事辭難，何以率百僚？」庚申〔一〇〕，罷麟之爲在外宫觀。

時前吏部侍郎徐嚞、前户部侍郎劉岑皆願使金，並召至行在，而岑對不合。戊辰，以嚞爲敷文閣待制、樞密都承旨，借資政殿學士，充起居稱賀使，武臣張掄副之，仍留岑爲户部侍郎。

秋七月，新德安府教授王質，以近方登科，召試館職，爲言者所論。癸酉，詔罷之。

甲申，左僕射陳康伯率羣臣詣南郊，請淵聖皇帝謚，宜天錫之，謚曰恭文順德仁孝。詔恭依。

右司諫山陰梁仲敏言：「前同知樞密院周麟之懷姦辭難，巧避出疆之命，望行誅竄。」戊子，責授麟之祕書少監、筠州居住。〔一一〕

徐嚞等出使，未至盱眙軍，金主遣翰林學士韓汝嘉先在泗州。壬辰，相見於淮岸口〔一二〕，汝嘉傳亮語，謂卿等雖來，即非所召，可回，令元指定近上一二人來，須九月初定到。

是月，金主亮南徙汴京，其臣自左丞相張浩以下，具九節儀從，迎亮於南薰門。亮及門而雨暴至，儀從皆不克舉。亮入内，至承天門，迅雷、風大作，天變如此，亮不知懼也。其母太后力諫南征，亮怒，使護軍將軍赤盞彦忠即宫中弑之〔一三〕，以威言者。於是，左右縮頸，國人以目。而后徒單氏與子光瑛復諫，亮亦欲誅之，母子俱避去，三日而後出。亮一日召其臣問曰：「許多宰執，孰有能爲統軍者？」右丞劉諤曰〔一四〕：「臣請爲之。」亮喜，即拜諤爲統軍，將二萬衆，歷唐、鄧以瞰荆、襄。又以金紫光禄大夫張中彥統步軍〔一五〕，孟州防禦使王彥章副之，將五萬衆，據秦、鳳以伺巴、蜀。工部尚書蘇保衡統水軍，驍騎上將完顔鄭家奴副之〔一六〕，由海道將趨二浙。餘兵亮自將焉。

淮南制置使劉錡新創踏射威强弓兵。

八月戊申〔一七〕，醫官昭慶軍承宣王繼先怙寵干法，富埒公室，子弟直延閣，通朝籍，姻戚黨友莫非貴游，撤民屋以廣第舍，别業外帑殆遍畿甸。數十年間，未有敢摇之者。自聞邊警，日輦重寶歸吴興，爲避敵計。於是，殿中侍御史杜莘老上疏，數其十罪。上曰：「初以太后餌其藥，稍假恩寵，不謂小人驕横乃爾。」莘老曰：「繼先之罪，擢髮不足數。今臣所奏，其大凡耳。」上曰：「有恩無威，有賞無罰，雖堯、舜不能治天下。」乃詔貶繼先福州，子孫停其官，都城第宅皆籍没，强買奴婢悉縱還之。

先是，言者謂：「今日正當節浮費，積其贏以濟軍興。監司自浙漕始，郡守自臨安始，各具裁省之數以聞，頒示外路，俾之爲式。」至是，浙漕以二萬緡，臨安以五萬緡來上。癸丑，上諭宰執，椿留外府，若不下諸路，切戒無得科敷，如昔時羨餘適資贓吏而擾吾民也。

初，浙西總管李寶遣其子公佐同將官邊士寧，潛入敵境伺動静，甲寅，寶以舟師三千人發江陰，既而，以風未順，退泊明州關澳〔一八〕，而士寧適自密州回，言其子公佐已挾歸正官魏勝得海州矣〔一九〕。寶大喜，趣其下乘機進發。

上念出戍官兵之勞，特捐内帑錢七萬緡，分犒其家。殿中侍御史杜莘老言：「諸軍負回易子錢甚夥，例償以月廩，不先除此弊，緡出禁帑，入將帥私室矣。」上悟，既又聞諸營勘請回易處，仍舊尅除，或非理斂索。丙寅，詔悉禁止，違者重寘之法。士皆歡舞拜賜。

己巳，朝獻景靈宫。

九月庚午朔，朝饗太廟。

辛未，崇祀上帝於明堂，以徽宗配，大赦天下。

虜將合喜號西元帥〔二〇〕，以五千餘騎，自鳳翔、大散關入川界三十里。甲戌，攻黄牛堡，時人情悸懼，四川制置使王剛中單騎日馳百里抵仙人原，見宣撫使吴璘於帳中，璘大驚。剛中曰：「大將臨戎，義同休戚，安得高枕而卧？」於是，官軍用神臂弓射退敵騎，璘遣將官高松往爲之援〔二一〕，仍與本堡管隊官張操同力拒之。

初，建炎末，陝西諸將如張中孚、張中彦兄弟嘗叛歸北境，中間金還我河南故地，乃召二人至行在，復授官，以仍奉内祠。及和議成，悉爲金索去。中孚未幾死，至是，惟中彦爲金將兵在陝，王剛中即遣臘書説之。又剛中聞大將劉錡制置淮上，因對璘談錡之美。璘曰：「信叔有雅量，而無英槩，今天下雷同譽之〔二二〕，璘恐其不能當亮也。」剛中未以爲然。

冬十月庚子朔，下詔親征。

初，金亮肆虐，國人久不堪之，有葛王褎者〔二三〕，晉王宗輔之子，而太宗晟之孫也〔二四〕。時中原豪傑並起，大名王友直、濟南陳俊皆倡義集衆，而契丹之後耶律窩斡亦興於沙漠〔二五〕。於是，渤海一軍萬人叛亮，歸會寧府，立褎爲帝〔二六〕。或言立褎在六月，今從宋翌所記金亮本末〔二七〕。改元大定，赦其境内，黄河以北皆下之。左丞相張浩自汴京録褎赦，馳以報亮，亮歎曰：「朕欲俟江南平後，取『一戎衣大定』之義以紀元，是子乃先我乎！」命取書一帙，示其下，果預識改元之事。亮即遣先鋒將郭安國率衆攻褎〔二八〕，令盡誅黄河以北之叛己者。

癸卯，詔四川宣撫使吴璘分陝西、河東路，淮南制置使劉錡分京東、河北東路，湖北制置使成閔分京西、河北西路，並爲招討使。

時新復海、泗二州，乃詔歸正官魏勝知海州，夏俊知泗州。

虜將合喜攻黄牛堡〔二九〕，旬餘不退。宣撫使吴璘別遣將直至寶鷄渭河，夜刼橋頭大寨，獲捷。於是，四川制置使王剛中即日馳還，謂其屬李燾曰：「將帥之功，吾何有焉？」燾曰：「公以身督戰，而功成不居，過人遠矣。」

時屯戍兵將暴露日久，丙午，宰執請再加賞犒。上詔所在總領所撥給，仍具數以聞，令内帑給還。

戊午，以知樞密院葉義問督視江淮荆襄軍馬，中書舍人虞允文爲參議軍事。

時四川總領財賦王之望區處調度有條，葉義問力薦之。上有擢用之意。

陝西河東招討使吴璘，遣將官彭清、强英、張德等攻破隴州方山原。

辛酉，左光禄大夫湯思退復觀文殿大學士、充醴泉觀使兼侍讀。既至，除行宫留守。

甲子，特進張浚復觀文殿大學士、判潭州，左太中大夫湯鵬舉復資政殿學士、知太平州，浚尋改判建康府。

先是，浙西總管李寶舟師至東海縣，時金兵已圍海州。寶麾兵登岸，金人驚出意外，亟引去。於是，魏勝出城迎寶。寶遣辯士四人，招納降附。時山東豪傑王世修、明椿、劉異輩〔三〇〕，皆各以義旗聚衆，争爲應援。寶與子公佐引舟師至密之膠西石臼島，而金舟已出海口，泊唐島〔三一〕，相拒止一山，候風即南，不知王師之猝至也。寶伺敵未覺，遣裨將曹洋、黄端禱於石臼神，祈風助順，丙寅，風自南來，衆喜争奮，引帆握刃，俄頃過山薄敵，鼓聲震疊，敵驚失措。敵帆皆以錦纈爲之，彌亘數里，忽爲波濤卷聚一隅，窘蹙摇兀，無復行次。寶命以火箭射之，煙焰隨發，延燒數百。火不及者，猶欲前拒，寶命健士躍登其舟，以短兵刺擊，殪之舟中。其餘僉軍皆中原舊民，脱甲而降者三千餘人。獲酋首完顔鄭家奴等六人〔三三〕，斬之。惟統軍蘇保衡未發，不可獲，旋聞自經死。〔三三〕得獻議造船人倪詢、商簡、梁三兒等〔三四〕，皆淮、浙姦民，且爲敵鄉導者，又獲其統軍印，與詔文書、器甲、糧斛以萬計。寶欲乘勝而進，而聞亮已濟淮，遂旋師，駐東海，視緩急爲援。遣曹洋飛小舟奏捷，既至，上命降詔奬之，除寶靖海軍節度、沿海制置使。

丁卯〔三五〕，知樞密院葉義問至鎮江，權立行府。

先是，淮東制置使劉錡遣都統王權將兵迎敵，逗遛不進。錡再檄權往壽春，權不得已，僅發軍至廬州戍守，故敵得維橋以濟。權棄廬州而遁，敵騎至尉子橋，統制官姚興以一軍三千人力戰，權擁羣刀斧自衛，殊不援。興殺賊數百人，以援兵不至而没。癸亥，權又棄和州，先奔采石。

初，京西招討使成閔遣統制官趙樽以四千人守德安府，樽乘虚攻蔡州，入其城，斬敵首楊寓，餘衆遁去。

時金人既入兩淮，而上流惟鄂渚、荆南二軍，朝廷亟命閔總諸軍併舟師回援淮西。而荆南軍新創，金將劉諤擁衆十萬，揚聲欲取荆南，又欲分軍自光、黄擣武昌。朝廷以金人昔嘗由此入江西，慮摇根本，命都統制吴拱遣兵護武昌一帶津渡。拱將引兵回鄂，宣諭使王澈聞之，馳書止拱，而自發鄂之餘兵進戍黄州。敵果犯襄陽，拱與戰於襄水之上，敗之。時武昌令薛季宣嘗獻計於澈，謂閔已得蔡，有破竹之勢，盍守便宜勿遣，令閔乘虚下潁昌，經陳、汝，趨汴梁，敵内顧必驚潰。澈不果用。季宣，永嘉人，徽言子也。

時詔淮、漢郡縣，籍民爲兵。淮南乃選丁壯，欲涅其手、面，從大軍役使，民駭而逃。殿中侍御史杜莘老言：「敵未至而先毆吾民，非計，請令兵民止聽郡縣官節制，征役無出鄉。」從之。淮民乃定。

先是，金萬户高景山以兵數萬攻揚州，劉錡提大兵禦之於清河。敵以氊裹舟，載糧挽而上，劉錡募善没者鑿舟沉之，敵大驚。錡俄病嘔血，殆不能支，猶乘肩輿臨敵指揮。俄而，敵薄揚子橋，欲以邀錡，錡以兵保瓜州，敵騎逼江，錡遣麾下員琦設伏於皂角林，與敵接戰，誘敵入，張弩俄發，敵大敗，斬景山，俘數百人。

十一月庚午，宰執奏禁軍闕額事。上曰：「尋常兵集，自有定數，當此多事之時，額外添，不必拘也。」

詔江、浙、福建揀軍發赴三衙，其闕額令自招填。

詔下鬻爵之令，登仕郎八千貫，依奏蔭人例，仍免銓試一次。度僧牒亦減價爲三百貫。

金、房駐劄都統王彥統兵復虢州。

金亮爲内變所撓，於是親統細軍駐和州之鷄籠山，臨江築壇，刑馬祭天，必欲由采石而渡。朝廷詔王權至行在，以池州都統制李顯忠代之。命中書舍人虞允文趣顯忠交權軍，時顯忠未至。

乙亥〔三六〕，允文夜見建康留守張燾，議禦敵之計。燾但言已當死守留鑰〔三七〕。

【新輯】丙子，金主登壇，建黄繡旗二，中張黄蓋。金主執小紅旗，麾衆渡江。時王權所留水軍、車船咸在。而諸將未有統屬，莫肯用命，盡伏山崦，惟提舉張振、王琪稍任其責。允文自建康來，因使人督之。敵舟漸近，於是振、琪與統制官時俊、盛新等〔三八〕，徐出山崦，列於江岸。賊初未之覺，一見大驚，欲退不可。我軍用海鰍船迎擊，士皆死鬬，敵舟沉溺者數萬，其回北岸者，亮皆殺之，遂不能濟。允文具以捷聞。

丁丑，敵復來，望見車船遽却，我軍復以海鰍船先往北岸，截楊林渡口，用克敵弓射之。虜棄船上岸者，悉陷泥中而斃。（輯自繫年要録卷一九四紹興三十一年十一月丁丑條注文所引中興小曆，參考王象之輿地紀勝卷一八建康府及祝穆方輿勝覽卷一五太平州）

丙戌，左僕射陳康伯等言：「時當雨雪，戰守諸軍暴露不易，乞再加優恤。」上乃詔總領亮所每人支絹一匹，家屬在營者，給以薪炭之直。康伯等曰：「此真受陛下挾纊之賜也。」亮自采石之敗，乃北抵瓜州。時淮南制置使劉錡退屯鎮江，而錡病已遽。知樞密院葉義問以都統制李橫代錡之職，趣令渡江。錡之姪、中軍統制官汜隨横以往，軍戰不利，横併其都統制印失之。時，上怒甚，將先按誅王權，以厲諸將〔三九〕。同知樞密院黄祖舜密言於上曰：「權敗軍之罪，誠合誅。然劉汜亦須正典刑，若貸汜而誅權，是謂同罪異罰。顧劉錡有大功，今聞其病已殆，汜誅，錡必愧忿以死，是國家以一敗，而自殺三大將，得無爲敵所快乎？願陛下少留聖恩。」上大悟，權、汜得不死。

癸未〔四〇〕，乃詔湖北制置、京西等路招討使成閔爲淮東制置、淮北泗宿招討使；鄂州駐劄都統制吴拱爲湖北制置、京西等路招討使；建康府駐劄都統制李顯忠爲淮西制置、淮北壽亳招討使。上以李横、劉汜等不利，急遣御營宿衛使楊存中措置守江。中書舍人虞允文亦自建康馳至鎮江。時，江岸有車船二十四艘〔四一〕，賊已瞰江，恐臨期不堪駕用，存中、允文同淮東總領朱夏卿、鎮江守臣趙公偁，相與臨江按試，命戰士踏車船徑趨瓜州，將迫岸復回〔四二〕，敵兵皆持滿以待，其船中流上下回轉如飛，敵衆相顧駭愕。時，逆亮已聞李寶由海道入膠西〔四三〕，焚其戰艦，而荆、鄂成閔諸軍，方順流而下。亮愈忿，乃回揚州，召諸帥約，三日畢濟〔四四〕，過期盡殺之。諸帥相與謀曰：「南軍有備如此，進有渰殺之禍，退有敲殺之憂，奈何？」其中一人曰：「等死，求生可乎？」衆皆曰：「願聞教〔四五〕。」有總管萬戴者曰：「殺郎主，却與南宋通和，歸鄉則生矣。」衆曰一辭曰：「諾。」亮有紫茸等細軍，不遣臨敵，專以自衛。諸人雖欲弑亮，而細軍衛之嚴密。衆因謂諸軍曰：「淮東子女金帛，皆逃在泰州，我輩急欲渡江，汝等何不白郎主往取之。」細軍欣然共請，亮從之。於是，細軍去者過半。一作三萬人。亮語威勝統軍耶律勸農曰〔四六〕：「爾所將勝兵，我明日自點，數少必誅。」勸農自計兵亡已過半，與其子宿直將軍母里謀〔四七〕，亦欲弑亮。乙未，諸帥集兵萬餘人，拉弦直入亮寢帳中，左右親兵散走，諸帥射帳中〔四八〕，矢下如雨，亮即死。并殺其太傅及三妃，與謀事者十餘人。

丙申〔四九〕，亮細軍破泰州，統制官王剛棄城走江陰〔五〇〕。是日，虢州僉軍雷政渡江，報亮已被殺。

時樞密行府留建康，先是，有知數者詣行府，上書云：「以太一局考之，金亮不煩資斧，冬至前當有蕭墻之變。」人皆未以爲然。至是驗之。

是月，以吏部侍郎汪應辰兼權尚書。

初，馬軍司統制官趙樽離蔡州〔五一〕，至麻城縣，復被詔會鄂渚帥吴拱、江陵帥李道併力進取。樽領兵還攻蔡州，刺史蕭懋德破城立寨。十二月己亥朔黎明，樽潛師入城，懋德遁去。

時有司用紹興七年巡幸故事辦嚴，庚子，殿中侍御史杜莘老言〔五二〕：「今親征與曩日事異，宜悉從簡，以幸所過郡縣。」上曰：「此行中宮及内人不往，止與建王行，令徧識諸將。雖朕服用，亦自省約也。」

壬寅，淮東制置使成閔復揚州，敵衆已戕亮，欲遣使報我，訪得瓜州所俘成忠郎張真，使持牒請和〔五三〕。

甲辰，金都督府牒本朝樞密院云：「正隆失德，無名興師，兩國生靈枉被塗炭。今已從廢殞，見議班師，各務戢兵，以敦舊好。」

上將撫師於建康，而欽宗未祔廟，留守湯思退請省虞以速祔。禮部侍郎黄中持不可。上納之。然議者猶謂凶服不可以即戎，上曰：「吾固以縞素詔天下。」

【新輯】戊申，上發臨安府，幸建康。（輯自輿地紀勝卷一行在所）

乙卯，李顯忠戰退金兵。

【新輯】丙辰，成閔復泗州〔五四〕。（輯自繫年要録卷一九五紹興三十一年十二月癸丑條注文）

己未，上次鎮江府，宰執奏肆赦事目。上曰：「向已下哀痛之詔，今日恩宥，不必更揚完顏亮過惡，但專罪己，以稱朕畏天愛民之意。」陳康伯等奏，宣諭詞臣，仰遵聖旨。

壬戌，曲赦新復州軍。

上諭宰執曰：「前日過平江，守臣洪遵進洞庭柑，却之。今過常、潤兩郡，俱無所獻，必是聞風而罷也。朕意無他，正恐受之，則後來所歷之郡，必競爲夸侈，有過於柑子者矣。」陳康伯等因贊：「此非獨仰識陛下儉德，又以見聖慮之深遠也。」

癸亥，建康留守張浚言：「金人已退，兩淮皆定。」初，金亮既被弑，子光瑛留汴京，亦爲其衆所殺。亮遣先鋒將郭安國行至滑州〔五五〕，聞變，留不進。金國新主褒知亮已死，乃與其子允升、允迪擁甲騎一萬，趨燕京。

時詔沿江監司條上恢復事，江東提舉常平官洪适言：「金亮既殞，大定僭號，未必諸國服從。自淮以北，別無爭立之人。宜傳檄中原，使義士各取州縣，因以畀之。王師但屯淮上，募兵積粟，以爲聲援，不必輕涉其地，與之力爭。俟蜀、漢、山東之兵俱集，遲以歲月，必有機會可乘，此萬全之策也。」

初，諸路歲鑄銅錢一百六十萬貫，自紹興以來，權以五十萬貫爲額，而近歲虧甚多。是年，止及一十萬一千貫，數内惟嚴州神泉監密邇行都，令徑自輸〔五六〕，而建之豐國，韶之永通與贛之鑄錢院，悉赴提點官所就饒之永平監，團綱津發，泛大江轉入浙西漕渠，納之京帑。

是年，詔籍鄉兵。知荆南府續觱乃請籍民爲義勇，其法取於主户之雙丁，每十户爲一甲〔五七〕，五甲爲一團，團皆有長。又擇一邑之豪爲總首，歲於農隙，教以武事，而官給其糧。其後隸於籍者至七八千人。此據楊倓江陵志。又武昌令薛季宣亦求得故河北、陝西弓箭手保甲法，五家爲保，二保爲甲，六甲爲隊。據地形便利，則爲總，不限以鄉，總首領焉。諸總皆有射團，教民射，而旗幟亦隨總而别其色云。

紹興三十二年歲在壬午春正月戊辰朔，日有食之。

初，鄧州安撫蕭中一率先歸正，上嘉其忠義，嘗欲築館待之，使其至如歸。至是，爲亂兵所害，州民乞立廟襄陽。都統制吴拱、知均州武鉅列上其事。丙子，上諭宰執，宜與贈官，并賜廟額，仍令拱輩致其孤於武昌，多方恤之。

時江東提舉常平官洪适因上殿言：「江鄉之民，以旱荒而徙淮甸，比遭敵騎之擾，復還故鄉。所棄之産已爲官司估賣。形勢之家買者，十不償一，佃者量納租課，無補於官，有害於民。乞斷自紹興二十八年以後，州縣所賣逃産，許元業人子孫以元估價就贖，專委提舉常平官覺察。」從之。

先是，京東忠義軍耿京等〔五八〕，以占東平府，遣使來奏。己丑，以京爲天平軍節度，就知東平府，仍節制京東、河北忠義軍。

二月戊戌朔，以中書舍人、權直學士院虞允文爲兵部尚書、川陝宣諭使，於興州置司。

癸卯，上發建康府。初，上欲付留守張浚以江淮之事，已而中止，乃以宿衛使楊存中爲宣撫使。中書舍人劉珙不書録黄，且論其不可。珙，子羽子也。上謂宰執曰：「劉珙之父爲張浚所知，此奏事專爲浚地耳〔五九〕。」然存中宣撫之命亦寢。俾專措置而已。

乙巳，上次鎮江府。

乙卯，上至臨安府。

己未，以觀文殿大學士、行宫留守湯思退知紹興府。

先是，統制官趙樽再得蔡州城〔六〇〕，復爲金兵所圍，樽戰却之。會鄂帥吴拱進軍，駐南陽，遣統制官成皋、華旺等各以所部來援。而金帥裴滿率精甲十萬〔六一〕，止於城西，依汝水爲寨。一日凌旦來攻，統制官焦元中流矢，敵乘勝登城，樽牙將王世顯募敢死巷戰，敵敗退，再來攻，又不利，敵燒營而遁。屬有旨班師。乙丑，樽軍還信陽。

閏二月〔六二〕，太尉、提舉萬壽觀劉錡卒。

右諫議大夫梁仲敏、殿中侍御史吴芾、左正言劉度，言參知政事楊椿無所建明。三月丁酉朔，罷爲資政殿學士，奉外祠。再論，遂降授端明殿學士。

壬寅，詔諸路帥府各置會子庫。

上之幸建康也，翰林學士何溥以屬疾不能扈從〔六三〕，至是，力求去。乙巳〔六四〕，以溥爲龍圖閣學士、提舉太平興國宮。

夏四月，御史中丞王瀹宣諭荆襄回，戊寅，入見，遂除參知政事。

甲申，上與宰執論及近年諸將之子躐取科第，有居清望官者〔六五〕。上曰：「武臣子孫，只宜爲武臣，清望須還白屋。今以將家居之，則公議自然籍籍。」於是，陳康伯等退而歎仰不已。

是月，資政殿學士魏良臣卒〔六六〕。

太傅、和義郡王楊存中罷措置兩淮，詔以建康留守張浚兼之。

四川宣撫使吴璘時已復大散關、和尚原。至是，又遣都統制姚仲率師攻德順軍，未下，敵衆來援，璘恐士有退志，即自秦馳赴，率數十騎繞城傳呼，城中之人欲識璘面，不發一矢，敵氣自索。既戰，又爲我軍所敗，遂遁去。璘入城，父老擁拜馬前，幾不可行。〔六七〕

開府儀同三司、領殿前都指揮使趙密累章乞解印，尋除萬壽觀使、奉朝請。

五月甲辰，宰執奏：「近探報，皆言黄河南北蝗蟲爲災，今已數年，天意可見。而江、淮之間，蠶麥大稔，此實聖德所召。」上愀然曰：「去歲完顔亮興師無名〔六八〕，彼曲我直，豈無天理？朕德不足以動天，賴祖宗仁澤所致。今幸蠶麥告登，更望有秋，設或邊事未息，必可枝梧。」於是，陳康伯等惶懼仰歎而退。

戊申，太傅、和義郡王楊存中罷御營宿衛使，復爲醴泉觀使。

壬戌，龍圖閣學士洪遵復爲翰林學士〔六九〕。

望仙橋東新葺宮成，六月戊辰，詔以德壽爲名。

己巳，立皇子建王爲皇太子，改名昚〔七〇〕。初，民間讖語曰：「朝廷自有龍兒在，頭角生時方見天。」至是，識者謂從天而加二點，乃頭角之生，其下從日，則如日當天，而天下利見，此見天之義也。

右僕射朱倬罷爲觀文殿學士，奉祠而去〔七一〕。制辭略曰：「君子邦家之基，未聞成効；元良天下之本，乃覬疇庸。」未幾落職。

甲戌，皇太子賜字元永。故宗室祕閣修撰子偁追封秀王，妻宜人張氏封王夫人。內降御劄〔七二〕：「皇太子可即皇帝位，朕稱太上皇帝，皇后稱太上皇后。應軍國事，並聽嗣君處分。」丙子，上行內禪之禮，有司設仗紫宸殿下，百寮起居畢，宰執陳康伯、葉義問、汪澈、黄祖舜言：「臣等不才輔政，今陛下超然獨斷，高蹈堯、舜之舉，臣等心實欽仰。但自此不獲日望清光，犬馬之情，不勝依戀。」因再拜辭，相與泣下，幾至號慟。上亦爲之揮涕，曰：「朕在位三十六年，今老且病，久欲閑退。此事斷自朕意，非由臣下開陳。卿等當悉力以輔嗣君。」康伯等復奏曰：「皇太子仁聖，天下所共知，似聞謙遜太過，未肯便御正殿。」上曰：「朕前此固嘗與之言，早來禁中，又面諭之，即步行徑趨側殿門，欲還東宮。朕已再三敦勉邀留，今在殿後矣。」上即還内。羣臣移班殿門外。聽宣詔書，少頃，皇太子服履袍，内侍扶掖至御榻前，側立不坐。百官拜舞山呼，起居畢，康伯等升殿奏：「願陛下即御坐，以正南面，仰副太上皇傳授之意。」天顔愀然曰：「君父之命，出於獨斷。此大位，懼不敢當，尚容辭避。」康伯等再奏：「陛下應天順人，龍飛寶位。臣以駑下之材，恐不足以仰副新政。然依乘風雲，千載之遇，實與四海蒼生，不勝大慶。」賀畢，駕還内。百官赴祥曦殿，候太上皇登輦，扈從至德壽宫而退。

〔校勘記〕

〔一〕甲午　繫年要録卷一八八繫於「庚子」。

〔二〕甲子　繫年要録卷一八八繫於「丙辰」。

〔三〕案：繫年要録卷一八九繫於「三月丁亥」。

〔四〕時左僕射陳康伯與參知政事楊椿密議　「左」，繫年要録卷一八五繫作「右」；「參知政事」，繫年要録卷一八五作「兵部尚書兼權翰林學士」。當是。

〔五〕虜將敗盟　「虜」原作「敵」，據中興兩朝編年綱目卷一二改。

〔六〕案：繫年要録卷一八五繫於「紹興三十年五月辛卯」，并考證云：「熊克小曆載楊椿四策於紹興三十一年四月，蓋因陳良祐撰椿墓誌，書此事於除參政之後。而椿以是年三月執政故也。然劉寶紹興三十年十月已罷鎮江都統，則非執政後所上明矣。詳考良祐所書，有云：『三十一年拜參知政事，未幾，朝廷再遣樞臣葉公義問報聘，歸言金已聚兵境上。公語左僕射陳康伯云云。』則椿所議實在此時，而良祐誤記之也。又按康伯此時爲右僕射，而左相乃湯思退，不知何以全不與聞，當考。」

〔七〕案：繫年要録卷一八八繫於「紹興三十一年正月己亥」。

〔八〕案：繫年要録卷一九二紹興三十一年九月壬申條注文考證云：「熊克小曆今年四月末書『陳俊卿論鎮江都統制劉寶，責散官安置』。按日曆，寶去年十月辛酉用汪澈、陳俊卿章疏，罷鎮江都統，今年正月壬辰落節，克恐誤。」

〔九〕航海之役　「航」原作「舶」，據廣雅本及繫年要録卷一九〇改。

〔一〇〕庚申　繫年要録卷一九一繫於「七月戊子」，并以小曆誤。

〔一一〕案：繫年要録卷一九一繫此事於「庚寅」，而戊子條則作「周麟之與在外宮觀」，并在注文考證云：「日曆載麟之罷政在七月十七日戊子。樓鑰拜罷録亦同，而熊克小曆於六月十九日庚申書之，趙甡之遺史繫之七月二十四日乙丑，皆誤也。會要稱麟之七月十九日罷政，後責筠州，亦恐差誤，當是十七日戊子罷政，十九日庚寅乃責筠州也。」

〔一二〕相見於淮岸口　「於淮岸口」，繫年要録卷一九一作「泗州宴館」，并以小曆誤。

〔一三〕使護軍將軍赤盞彦忠即宮中弒之　「赤盞彦忠」原作「持嘉彦忠」，據原注回改。下文徑改，不出校。案：「赤盞彦忠」，繫年要録卷一九二作「亦盞彦忠」。完顔亮弒母事，繫年要録卷一九二繫於「九月癸丑」。

〔一四〕右丞劉諤曰　「劉諤」，繫年要録卷一九一及宋史全文卷二三作「劉蕚」，下同。

〔一五〕又以金紫光禄大夫張中彦統步軍　「張中彦」原作「王忠彦」，據繫年要録卷一九一改。案：宋史全文卷二三作「張忠彦」。
〔一六〕驍騎上將完顏鄭家奴副之　「完顏鄭家奴」原作「完顏正嘉努」，據原注回改，下文徑改，不出校。
〔一七〕八月戊申　「戊申」，繫年要録卷一九二繫於「辛亥」。
〔一八〕退泊明州關澳　「關」原脱，據繫年要録卷一九二、宋史全文續資治通鑑卷二三及宋史卷三二高宗本紀九補。
〔一九〕案：繫年要録卷一九二辛丑條據徐宗偃兩淮紀實載，海州爲魏勝率徒奪取，與李公佐無關。
〔二〇〕虜將合喜號西元帥　「虜將」原作「金師」，據中興兩朝編年綱目卷一三改。「合喜」原作「喀齊喀」，據原注改，下文徑改，不出校。
〔二一〕璘遣將官高松往爲之援　「高松」，繫年要録卷一九二作「高崧」。
〔二二〕今天下雷同譽之　「譽」原作「舉」，據廣雅本及繫年要録卷一九二改。
〔二三〕有葛王褎者　「葛」原作「楚」，據繫年要録卷一九三改。
〔二四〕而太宗晟之孫也　「太宗晟」，繫年要録卷一九三作「太祖旻」。
〔二五〕而契丹之後耶律窩斡亦興於沙漠　「耶律窩斡」原作「耶律斡罕」，據原注回改。下文徑改，不出校。
〔二六〕案：繫年要録卷一九三繫於「十月丁未」，并考證云：「熊克小曆載褎立在十月庚子朔，注云：『或言立褎在六月，今從宋翌所記金亮本末。』案苗耀神麓記立褎在十月八日丁未，與赦書月日同，今從之。」
〔二七〕今從宋翌所記金亮本末　原脱，據繫年要録卷一九三所引小曆補。
〔二八〕亮即遣先鋒將郭安國率衆攻褎　「郭安國」，繫年要録卷一九三作「郭瑞孫」。
〔二九〕虜將合喜攻黄牛堡　「虜將」原作「金帥」，據中興兩朝編年綱目卷一三改。

〔三〇〕時山東豪傑王世修明椿劉異輩　「王世修」原作「王世隆」，據中興兩朝編年綱目卷一三、續宋中興編年資治通鑑卷七及文獻通考卷一五八兵考一〇改。

〔三一〕泊唐島　「唐島」，繫年要録卷一九三作「唐家島」。

〔三二〕獲酋首完顔鄭家奴等六人　「酋首」原作「金將」，據中興兩朝編年綱目卷一三改。「六人」，繫年要録卷一九三及宋史卷三二高宗本紀九作「五人」。

〔三三〕案：繫年要録卷一九三丙寅條注文考證云：「熊克小曆云：『統軍蘓保衡未發舟，不可獲，旋聞自經死。』蓋因馮忠嘉海道記所書也。按：范成大攬轡録蘇保衡爲水軍都統，葛王立除右丞，則保衡此時不死，忠嘉蓋誤。」

〔三四〕得獻議造船人倪詢商簡梁三兒等　「倪詢」原作「倪荀」，據繫年要録卷一九三、中興戰功録及中興兩朝編年綱目卷一三改。

〔三五〕案：以干支順序，丁卯應移至癸卯條後。

〔三六〕乙亥　繫年要録卷一九四繫於「甲戌」。

〔三七〕燾但言己當死守留鑰　「守」原脱，據繫年要録卷一九四、中興戰功録及景定建康志卷三八江防補。

〔三八〕於是振琪與統制官時俊盛新等　「制」原作「副」，據群書考索後集卷四五江防改。

〔三九〕時上怒甚將先按誅王權以厲諸將　案：繫年要録卷一九四繫於「乙酉」。

〔四〇〕癸未　繫年要録卷一九四作「癸巳」，當是。

〔四一〕案：繫年要録卷一九四繫於「庚寅」。

〔四二〕將迫岸復回　「將」原脱，據繫年要録卷一九四及宋史全文續資治通鑑卷二三補。

〔四三〕時逆亮已聞李寶由海道入膠西　案：繫年要録卷一九四繫於「甲午」。

〔四四〕三日畢濟　「濟」原作「集」，據廣雅本、繫年要録卷一九四及宋史全文卷二三改。

〔四五〕願聞教　「願」原脱，據廣雅本及繫年要録卷一九四補。

〔四六〕亮語威勝統軍耶律勸農曰　「耶律勸農」，繫年要録卷一九四作「耶律阿列」。

〔四七〕與其子宿直將軍母里謀　「母里」原作「穆爾」，據原注回改。　案：繫年要録卷一九四作「母里哥」。

〔四八〕諸帥射帳中　「射」原脱，據廣雅本及繫年要録卷一九四補。

〔四九〕丙申　繫年要録卷一九四繫於「乙未」。

〔五〇〕案：繫年要録卷一九四乙未條注文考證云：「按：激賞庫有剛申狀稱：『十一月二十七日，準御營宿衛使司并樞密院劄子，奉聖旨王剛權知泰州，已於十二月初六日入城。』則泰州破之日，剛始被命而未權州也。又江陰軍十二月初五日申：『今月二日，準御營使司牒，將應干官私海船濟渡王剛軍馬，本軍即時拘收，押發到對岸泰興縣界石莊，載渡王剛所部軍馬，前來本軍駐泊未絶。』據此，則泰州既破八日之後，王剛軍馬猶在江北。克稱剛棄城走江陰，恐亦差誤，今不取。」

〔五一〕馬軍司統制官趙樽離蔡州　「樽」，宋史全文卷二三同，繫年要録卷一九五及宋史卷三二高宗本紀九作「撙」。

〔五二〕庚子殿中侍御史杜莘老言　「庚子」原脱，據繫年要録卷一九五癸卯條注文引小曆補。　案：繫年要録卷一九五癸卯條注文考證云：「熊克小曆於此月庚子，方書殿中侍御史杜莘老乞親征從簡，以幸所過郡縣等事。按：莘老十一月戊辰已罷御史，甲戌，復除司農少卿。蓋莘老所言在初下詔巡幸之時，克失於細考也。」

〔五三〕案：繫年要録卷一九四繫於「十一月戊戌」，繫年要録卷一九五甲辰條注文考證云：「按：金檄以初一日至江，初二日捷旗至行在，而初六日方進呈金檄者，蓋葉義問在建康，疑從行府繳申，故稍緩，或虞允文自持赴闕也。熊克小曆乃載敵遣張真持牒請和，於成閔入揚州之後，失之矣。」

〔五四〕案：繫年要録卷一九五繫於「癸丑」，并以小曆誤。

〔五五〕亮遣先鋒將郭安國行至滑州　「郭安國」，繫年要録卷一九五作「郭瑞孫」。

〔五六〕令徑自輸　「令」原作「今」，據廣雅本改。

〔五七〕每十户爲一甲　「十」下原衍「萬」，據陳文正公文集卷一奏疏略五及群書考索後集卷四一兵制門删。

〔五八〕京東忠義軍耿京等　「耿京」原作「耿景」，據繫年要録卷一九六及宋史卷三二高宗本紀九改。下同。

〔五九〕此奏事專爲浚地耳　「此」原作「比」，據中興兩朝編年綱目卷一三改。

〔六〇〕統制官趙樽再得蔡州城　「趙樽」，繫年要録卷一九七作「趙撙」。下同。

〔六一〕而金帥裴滿率精甲十萬　「裴滿」原作「費摩」，據原注回改。

〔六二〕案：劉錡卒日，繫年要録卷一九六及宋史卷三二高宗本紀九繫於「二月丁未」，當是。

〔六三〕翰林學士何浦以屬疾不能扈從　「何溥」原作「何浦」，據繫年要録卷一九八改。下同。

〔六四〕乙巳　原作「己巳」，案：三月丁酉朔，無己巳日，據繫年要録卷一九八改。

〔六五〕案：繫年要録卷一九九載作「殿中侍御史吴芾言：『軍器監陳洪持禄苟容，駕部員外郎趙廱假手登第，不當居天下之清選。』」

〔六六〕資政殿學士魏良臣卒　「臣」原脱，據繫年要録卷一九九補。

〔六七〕案：繫年要録卷一九八繫於「三月戊申」，注文考證云：「熊克小曆附復德順于四月之末。按：德順奏以四月四日至行在，小曆誤也。」

〔六八〕去歲完顔亮興師無名　「亮」原脱，據繫年要録卷一九九補。

〔六九〕龍圖閣學士洪遵復爲翰林學士　「龍圖閣學士」，繫年要録卷一九九作「徽猷閣直學士」，并以小曆誤。

〔七〇〕改名奝　「奝」原作小字注：「从大从目。」避諱也，今徑改作正字。

〔七一〕案：繫年要録卷二〇〇繫於「乙亥」。

〔七二〕案：繫年要録卷二〇〇繫於「乙亥」。

附　録

中興小紀相關著録

宋陳振孫直齋書録解題卷四

中興小曆四十一卷

熊克撰，克之爲書，往往疏略多牴牾，不稱良史。

（上海古籍出版社一九八七年版）

宋王應麟玉海卷第四十七藝文

熊克中興紀事本末一名中興小曆

（清光緒九年浙江書局刊本）

元脱脱宋史卷二百三藝文志

熊克九朝通略一百六十八卷，中興小曆四十一卷。

明焦竑國史經籍志卷三史類

中興小曆四十一卷　熊克

（明徐象橒刻本）

明柯維騏宋史新編卷四十八志三十四

中興小曆四十一卷

（明嘉靖四十三年杜晴江刻本）

明王圻續文獻通考卷一百七十九經籍考

中興小曆熊克著。克字子復，建陽人。孝宗時進士，爲校書郎，博聞强記，喜著書。

（明萬曆三十年松江府刻本）

明楊士奇文淵閣書目卷二

宋中興小曆一部十册
（國學基本叢書本）

明錢溥秘閣書目
宋中興小曆十
（粤雅堂叢書本）

明叶盛箓竹堂書目卷二
宋中興小曆十册
（粤雅堂叢書本）

（萬曆）建陽縣志卷七藝文志
宋中興小曆一百卷
（明萬曆二十九年刻本）

清永瑢四庫全書總目卷四十七史部三

中興小紀四十卷　永樂大典本

宋熊克撰。克字子復，建陽人。孝宗時官至起居郎兼直學士院，出知台州。事蹟具宋史文苑傳。是編排次南渡以後事蹟，首建炎丁未，迄紹興壬午。年經月緯，勒成一書。宋制，凡累朝國史，先修日紀。其曰小紀，蓋以别於官書也。陳振孫書録解題稱：「克之爲書，往往疏略多牴牾，不稱良史。」岳珂桯史亦摘其記金海陵南侵，誤以薰風殿之議與武德殿之議併書於紹興二十八年，合而爲一。蓋以當時之人記當時之事，耳目既有難周，是非尚未論定，自不及李心傳書纂輯於記載詳備之餘。然其上援朝典，下參私記，綴緝聯貫，具有倫理。其於心傳之書，亦不失先河之導。創始難工，固未可一例論也。宋史藝文志載克所著尚有九朝通略一百六十八卷。今永樂大典僅存十有一卷，首尾零落，已無端委。僅此書尚爲完本，惟原書篇第爲編纂者所合併，舊目已不可尋。今約略年月，依宋史所載原數，仍勒爲四十卷。

（清乾隆武英殿刻本）

欽定四庫全書簡明目録

中興小紀四十卷

宋熊克撰，原本久佚，今從永樂大典録出。所載南渡事跡，起建炎丁未，訖紹興壬午。蓋高宗一朝之史。其曰小紀，蓋宋制：凡累朝國史，先修日紀，故以小別之，明非官修也。

（文淵閣四庫全書本）

清丁丙善本書室藏書志卷七

中興小紀四十卷　鈔本　宋熊克撰

按克字子復，建陽人。官至起居郎兼學士院，出知台州。宋史文苑有傳。是紀首建炎丁未，迄紹興壬午，排次南渡以後事蹟。而曰小紀者，蓋別於國史先修日紀也。陳振孫書録解題、岳珂桯史於此書均有譏評。然上援朝典，下參私記，纂在李氏心傳之前，未可因一節而廢全書。館臣採自大典，有以哉。

（清光緒刻本）

清丁仁八千卷樓書目卷四史部

中興小紀四十卷　宋熊克撰。抄本，廣雅局本

（民國本）

清瞿鏞鐵琴銅劍樓藏書目録卷九史部二

中興小紀四十卷　鈔本

宋熊克撰。排次南渡以後事蹟，始建炎丁未，終紹興壬午。宋史藝文志作四十卷，陳氏書録解題作四十一卷。是書前列四庫提要云：「原書篇第，爲編纂者所合併，舊目已不可尋，今約略年月，依宋史所載原數，仍勒爲四十卷。」蓋從四庫本傳録者也。

（清光緒常熟瞿氏家塾刻本）

清陸心源皕宋樓藏書志卷二十史部

中興小紀四十卷　文瀾閣傳抄本。宋熊克撰

（清光緒萬卷樓藏本）

清繆荃孫藝風堂文續集卷四

中興小紀四十卷　宋熊克

（清宣統二年刻民國二年印本）

清張金吾愛日精廬藏書志卷九史部

中興小紀四十卷　文瀾閣傳抄本。熊克撰

（中華書局一九九〇年版）

清周中孚鄭堂讀書記卷十六史部二

中興小紀四十卷　文淵閣傳鈔本

宋熊克撰。克字子復，建陽人。孝宗時官至起居郎兼直學士院，出知台州。四庫全書著録。書録解題、通考、宋志俱作中興小曆四十一卷。其書久佚，今館臣從永樂大典録出，分爲四十卷。考解題以下諸書，載其先有九朝通略一百六十八卷，以紀北宋之事，是書所載高宗一朝事蹟，自建炎丁未，至紹興壬午止，蓋以續九朝通略而作。因其出自私撰，故曰小紀。陳氏稱：「克之爲書，往往疏略多牴牾，不稱良史。」岳倦翁桯史亦指摘其訛。然其書能合朝典野記，編年紀月，連屬成書，實開李微之繫年要録之先，則此編未始非李氏書之所取材矣。惜其九朝通略散見于永樂大典中者，所存不及十之二，無從輯成全書也。此本從文瀾閣本傳鈔，冠以提要一篇。

（民國吴興叢書本）

廣雅書局刊中興小紀書後附廖廷相跋

是書爲巴陵方氏傳鈔本。原文訛脱，不可卒讀。今據徐夢莘三朝北盟會編、李心傳建炎以來繫年要録、朝野雜記、宋史、金史諸書，詳加校正，隨綴案語。其可疑者亦附注俟考。原鈔本間有案語，未審爲誰，以原案别之。至云原作某，今改正。及據某書修入者，則熊氏自注也。原引各書，止空一格，殊與正文相混，且前後語意未免隔斷。今改作夾注，附當句下，以便觀覽。案四庫全書總目，原書久佚，蓋從永樂大典録出者。提要言「約略年月，依宋史所載，仍勒爲四十卷」。考直齋解題，本四十一卷，殆别目録數之也。宋史文苑傳稱：「克好學，善屬文，尤淹習宋朝典故。」然觀此書所記，多詆抑李綱、趙鼎諸賢，而傅會和議，是非已謬。於當時君臣諛頌之辭，瑣屑必録，而韓、岳戰功反略。武穆之冤，未能表白。所徵引如汪伯彦時政記、朱勝非閒居録等書，尤屬誣辭，殊少别擇。文語亦復艱澀。陳伯玉譏其書往往疏略多牴牾，非苛論也。雜記載克以上所著九朝通略遷官，而此書未嘗進御。乾道八年秋，商人戴十六者，私持渡淮，盱眙軍以聞，遂命諸道帥憲臣察郡邑書坊所鬻，凡事干國體者，悉令毁棄。則當時已少傳本。要録所引，類多摘瑕訂誤。以其爲宋人舊帙，於中興事蹟亦有可備參考者，故刊而存之。

光緒十六年五月，南海廖廷相識。

民國趙爾巽清史稿志一百二十八藝文二

宋熊克中興小紀四十卷。以上乾隆時敕輯。

（民國十七年清史館本）

傅增湘藏園群書經眼録卷三

中興小紀四十卷　宋熊克撰

舊寫本，九行二十字。略勘數葉，視刻本不異。庚午。

（中華書局一九八三年版）

徐乃昌積學齋藏書記

中興小紀四十卷史部編年類

宋熊克子復撰。舊鈔閣本。是書首建炎丁未，迄紹興壬午，皆南渡後事實。所以名小紀者，蓋以別於官書也。此書久佚，館臣從大典録出。

（柳向春、南江濤整理，吴格審定，上海古籍出版社二〇一四年版）

余嘉錫著四庫提要辨證一

中興小紀四十卷　宋熊克

是編排次南渡以後事蹟，首建炎丁未，迄紹興壬午，年經月緯，勒成一書。宋制，凡累朝國史，先修日紀，其名「小紀」，蓋以別於官書也。

嘉錫案：宋史藝文志編年類，熊克中興小曆四十一卷。書録解題卷四、通考卷一百九十三同，李心傳建炎以來朝野雜記卷六亦作中興小曆。玉海卷四十七云：「熊克中興紀事本末，一名中興小曆。」然則此書本名小曆，並無「小紀」之名。且宋制，累朝未修實録之前，先修日曆，有日曆所，隸秘書省。其沿革見於宋史職官志，其故事存於宋會要，第七十册。亦無所謂「日紀」。疑提要此條乃館臣避高宗御名改「曆」

爲「紀」。考歷代因避諱而改書名者，固多有之，然大抵以義近之字爲代。如唐太宗諱「世」之字曰「代」，諱「民」之字曰「人」。改世本爲代本，四民月令爲四人月令，唐高宗諱「治」之字曰「理」，改群書治要爲群書理要是也；未有隨意取一字以爲代者。「曆」字以「歷」字代，著於功令。即以總目本卷言之，其繫年要録、編年備要、靖康要録條下，提要皆有「日歷」字，未嘗改爲「日紀」。再以天文演算法類言之，其著録之書有聖壽萬年歷、律歷融通、古今律歷考、歷體略、歷象考成、歷算全書、大統歷志、勿庵歷算書記等，皆只用代字，未嘗改其書名。乃獨於此書，忽别創一例，改「曆」爲「紀」，按之功令既不合，推之全書復不通，可謂進退失據，自相牴牾者矣。余嘗舉以告張孟劬爾田，孟劬云「想是因御名之上加一『小』字，嫌於不敬也」。斯言近之。

陳振孫書録解題稱克之爲書，往往疏略多牴牾，不稱良史。岳珂桯史亦摘其記金海陵南侵，誤以薰風殿之議與武德殿之議併書於紹興二十八年，合而爲一。蓋以當時之人記當時之事，耳目既有難周，是非尚未論定，自不及李心傳書纂輯於記載詳備之餘。然其上援朝典，下參私記，綴輯聯貫，具有倫理。其於心傳之書，亦不失爲先河之導，創始難工，固未可一例論也。

案：朝野雜記云：「商人戴十六者，私持子復熊克字。中興小曆及通略等書渡淮，盱眙軍以聞。遂命諸道帥臣察郡邑書坊所鬻，及事干國體者，悉令毀棄。中興小曆者，自建炎初元至紹興之季年，雖已成書，未嘗進御。其書多避就，不爲精博，非長編之比。」可見李心傳於此書頗致不滿，其作繫年要録，駁正小曆之誤，幾於指不勝屈。心傳之書自是以李燾長編爲法，不假此爲先河之導也。

宋史藝文志載克所著，尚有九朝通略一百六十八卷。今永樂大典僅存十有一卷，首尾零落，已無端委，僅此書尚爲完本。惟原書篇第爲編纂者所合併，舊目已不可尋。今約略年月，依宋史所載原數，仍勒爲四十卷。

案：徐松所輯宋會要第五十六册云：「十一年淳熙十二月四日，知台州熊克進九朝通略六十册。詔特轉一官，其書付秘書省。」玉海卷四十七略同，惟「六十册」作「一百六十八卷」，注云一百册，無「其書付秘書省」一句。且云：「倣通鑑之體，作繫年之書，一載釐爲一卷。簡要不如徐度之紀，徐度有國紀五十八卷，見書録解題。詳備不如李燾之編。」其書之體例尚可考見。九朝者，包北宋一代。小曆之作，蓋與通略相續而成也。小曆見於著録者，皆四十一卷，今提要既云依宋志所載原數，乃止勒成四十卷，亦小疏也。

（中華書局一九八〇年版）

李裕民四庫提要訂誤卷二史部編年类

中興小紀

提要卷四七云：四十卷，宋熊克撰。……宋史藝文志載克所著……僅此書尚爲完本，惟原書篇第爲編纂者所合併，舊目已不可尋，今約略年月，依宋史所載原數，仍勒爲十卷。

按，此書各家著録均爲中興小曆，今殘本永樂大典所引也作中興小曆。清人避高宗諱改。此本係四庫館臣從永樂大典中輯出，但已非完書，李心傳建炎以來繫年要録卷三七建炎四年九月癸丑條注云：「熊克小曆云『右監軍烏珠（按原文應爲兀朮，館臣改）與洛索同行。』」卷七八紹興四年七月庚戌條注云：「熊克小曆載建昌亂在此月戊申朔，蓋因汪藻撰劉滂墓誌所書也。」卷一三一紹興九年八月庚申記周葵事，注云：「此據熊克小曆參。」卷一四二紹興十一年十月戊寅記宗正丞邵大受言，注云：「熊克小曆繫此事於丙子。」上述各例，今本中興小紀俱無。又「十卷」當作「四十卷」。

提要又云：陳振孫書録解題稱克之爲書，往往疏略多牴牾，不稱良史。……蓋以當時之人記當時之事，耳目既有難周，是非尚未論定，自不及李心傳書纂輯於記載詳備之餘，然其上援朝典，下參私記，綴緝聯貫，具有倫理，其於心傳之書，亦不失先河之導，創始難工，固未可一例論也。

按：館臣肯定其開繫年要録之先河，所論甚是。然此書價值實不止此，與繫年要録相比，尚可補要録之缺。如卷二九云：「紹興十一年六月辛巳，上謂宰執曰：『世忠以克敵弓勝金，朕取觀之，誠工巧，然猶未盡善，朕籌累日，乃小更之，遂增二石之力，而減數斤之重，今方盡善，後雖有作者，無以加矣。』秦檜曰：『百工之事，皆聖人作，非諸將所及也。』」高宗吹牛，秦檜拍馬，兩副嘴臉，躍然紙上，繫年要録删去秦檜之語，後人就難窺全貌了。卷二九中除此條外，尚有十二條爲繫年要録所無，正月辛亥、三月庚子、三月癸丑（後半）、三月庚申、五月辛亥、六月癸巳，同日劉光世條（後半）、七月辛酉、九月丁未、十一月癸卯、十二月乙丑（後半）、十二月癸酉（後半）。此書亦可正要録之誤。如繫年要録卷一三九紹興十一年庚寅條「上謂宰執曰：『自敵犯邊，報至，人非一，朕惟静坐一室中，思所以應敵之方，自然利害皆見』」，「人非一」不可通，據中興小紀，知應作「人言非一」，又「思」上當有「精」字。

提要又云：宋史藝文志載克所著尚有九朝通略一百六十八卷，今永樂大典僅存十有一卷，首尾零落，已無端委。

按：有關北宋九朝編年之史，均録於永樂大典卷一二二九八至一二七五八，乾隆輯長編時，大典已有殘缺，徽、欽兩朝不載長編之文，提要所稱九朝通略僅存之十一卷，不知屬於何朝，其書與長編必有異同之處，如屬徽、欽二朝，其史料價值尤大，惜館臣以其殘而不輯，至今片紙無存。輿地紀勝、合璧事類、錦繡萬花谷及長編注等均引其文。如：「神宗熙寧元年張田知桂州，異時諸蠻使者朝貢過桂，與守臣抗禮，田謂彼陪臣，使引入拜庭下。」（輿地紀勝卷一〇三）「崇寧元年，詔改誠州爲靖州」（同上卷七二）。「崇寧中，米芾爲太常博士，奉詔以黄庭堅小楷書作千字文以獻」（合璧事類卷三三）。凡此，均今本長編所無，如能披覽群籍，輯爲一書，必有更多的發現。

（書目文獻出版社一九九〇年版）

宋史卷四四五熊克傳

熊克字子復，建寧建陽人，御史大夫博之後。將生，有雀翠羽翔卧内。克幼而翹秀，既長，好學善屬文，郡博士胡憲器之，曰：「子學老於年，他日當以文章顯。」紹興中進士第，知紹興府諸暨縣，越帥課賦頗急，諸邑率督趣以應，克曰：「寧吾獲罪，不忍困吾民。」他日，府遣幕僚閱視有亡，時方不雨，克對之泣曰：「此催租時耶？」部使者芮煇行縣至其境，謂克曰：「曩知子文墨而已，今迺見古循吏。」爲表薦之，入爲提轄文思院。

嘗以文獻曾覿，覿持白于孝宗，孝宗喜之，内出御筆，除直學士院。宰相趙雄甚異之，因奏曰：「翰苑清選，熊克小臣，不由論薦而得，無以服衆論，請自朝廷召試，然後用之。」上曰：「善。」乃以爲校書郎。累遷學士院權直。上御選德殿，召諭曰：「卿制誥甚工，且有體，自此燕閒可論治道。」

克自以見知於上，數有論奏。嘗言：「金人雖講和，而不能保於他日，今宜以和爲守，以守爲攻。當和好之時，爲備守之計，彼不能禁吾不爲也。邊備既實，金人萬一猖獗，必不得志於我，退而乘我，曲不在我矣。且今日之守，莫重淮東。金犯淮西，負糧自隨，其勢必難；若犯淮東，清河糧船直下，易耳。然則守淮之策，以墾田、修堰、教民兵爲先。援淮東之策，莫若即江陰建水軍，緩急可相應。然驟立一軍，慮敵生疑，當托以海道商賈之衝，多奪攘，置一巡檢警督之，自此歲增兵，不出十年，隱然一軍矣。中興之際，不患兵不可用，而患將權難收。今日之弊，不患將不可馭，而患軍情易動。往時諸大將拊士卒如家人，自罷諸將兵權，御前主帥更徙不常，凡軍中筦榷之利，所以養士卒者，今皆轉而爲包苴矣，又朘其餘以佐之，得無怨乎！宜嚴戒將帥，毋縱掊削。」帝嘉其有志，召草明堂赦書。克言：「二浙荐饑，蝗且起，赦文不宜飾詞。」帝嘉其識體。除起居郎兼直學士院，以言者出知台州，奉祠。

克博聞强記，自少至老，著述外無他嗜。尤淹習宋朝典故，有問者酬對如響。家素儉約，雖貴不改。舊所居卑陋，門不容轍，雖部使者、郡守至，必降車乃入。嘗愛臨川童子王克勤之才，將妻以女而乏資遣，會草制獲賜金，遂以歸之，人稱其清介。卒，年七十三。

參考書目

宋熊克中興小紀，文淵閣四庫全書本，文津閣四庫全書本，廣雅書局刻本，福建人民出版社一九八五年標點本。
宋佚名撰皇朝中興紀事本末，北京圖書館二〇〇五年影印清抄本。
宋李心傳建炎以來繫年要録，中華書局點校本，參考文淵閣四庫全書本。
宋李心傳建炎以來朝野雜記，中華書局點校本。
宋徐夢莘三朝北盟會編，上海古籍出版社影印本。
宋佚名撰增入名儒講義皇宋中興兩朝聖政，分類事目一卷，宛委别藏本，參考中華書局二〇一九年點校本。
元佚名撰宋史全文續資治通鑑，臺灣文海出版社宋史萃編本，中華再造善本叢書影印元刊本，參考文淵閣四庫全書本宋史全文及中華書局汪聖鐸點校本。
宋李埴皇宋十朝綱要，中華書局二〇一三年點校本，參考六經堪叢書本。
宋吕中類編皇朝中興大事記講義，上海人民出版社二〇一四年點校本。

宋劉時舉續宋中興編年資治通鑑，中華書局二〇一四年點校本。
宋李燾續資治通鑑長編，中華書局點校本。
宋王稱東都事略，臺灣文海出版社宋史萃編本。
元脱脱宋史，中華書局一九七七年點校本。
元脱脱金史，中華書局一九七七年點校本。
宋宇文懋昭大金國志校證，中華書局二〇一一年點校本。
宋董煟救荒活民書，北京古籍出版社二〇〇三年點校本。
清徐松輯宋會要輯稿，上海古籍出版社二〇一四年點校本，參考中華書局一九五七年影印本。
宋禮部太常寺纂修，（清）徐松輯：中興禮書，續修四庫全書本。
宋陳騤南宋館閣録，中華書局一九九八年點校本。
宋潛説友咸淳臨安志，宋元方志叢刊本。
宋羅濬寶慶四明志，宋元方志叢刊本。
宋周應合景定建康志，宋元方志叢刊本，參考南京出版社點校本。
宋岳珂鄂國金佗稡編續編，中華書局一九八九年校注本。

宋徐自明宋宰輔編年録，中華書局一九八六年點校本。
宋朱熹、李幼武宋名臣言行録五集，臺灣文海出版社宋史資料萃編第一輯。
宋杜大珪名臣碑傳琬琰集，四部叢刊續編本。
明楊士奇、黄淮等歷代名臣奏議，上海古籍出版社二〇一二年影印本。
宋李壁中興戰功録，文淵閣四庫全書本。
宋洪邁夷堅志，中華書局一九八一年點校本。
宋洪邁容齋隨筆，中華書局二〇〇五年點校本。
宋章如愚山堂考索，文淵閣四庫全書本。
宋王應麟玉海，文淵閣四庫全書本。
元馬端臨文獻通考，中華書局二〇一四年點校本。
宋胡寅斐然集，中華書局一九九三年點校本。
宋李綱梁溪集，李綱全集本，岳麓書社二〇〇四年版。
宋周必大文忠集，文淵閣四庫全書本。
宋趙鼎忠正德集，文淵閣四庫全書本。參考上海古籍出版社二〇一八年點校本。
宋綦崇禮北海集，四部叢刊續編本。

宋朱松韋齋集，文淵閣四庫全書本。
宋王十朋梅溪集，文淵閣四庫全書本，參考上海古籍出版社一九九八年版王十朋全集。
宋胡宏五峰集，文淵閣四庫全書本，參考中華書局一九八七年版胡宏集點校本。
宋胡銓澹庵文集，文淵閣四庫全書本。
宋汪藻浮溪集，文淵閣四庫全書本。
宋程俱北山小集，四部叢刊續編本。
宋朱熹晦庵先生朱文公文集，朱子全書點校本，上海古籍出版社和安徽教育出版社二〇〇二年版。
宋晁公武撰，孫猛校證，郡齋讀書志校證卷八儀注類，上海古籍出版社一九九〇年版。
宋陳振孫直齋書録解題卷五典故類，上海古籍出版社一九八七年版。
明楊士奇文淵閣書目，國學基本叢書本。
清紀昀等編四庫全書總目，中華書局一九六五年版。

後記

筆者在進行皇宋中興兩朝聖政輯校工作時，發現中興小紀没有一個比較完善的點校本，於是萌發了對此書進行整理的打算，二〇一八年年初開始整理，二〇一九年八月完成初稿。之後陸續對初稿進行修訂。二〇二三年我申請了河南大學歷史文化學院的出版資助，得到批准。決定由上海古籍出版社出版。

本書在出版過程中，得到責任編輯的大量幫助，提出了很多寶貴修改意見，謹致謝忱！

本書的輯校肯定還存在不足之處，歡迎讀者批評指正。

二〇二四年十一月四日於河南大學仁和小區陋室書齋

圖書在版編目（CIP）數據

中興小紀輯校 /（南宋）熊克撰 ；孔學輯校. 上海 ：上海古籍出版社，2025. 2. -- ISBN 978-7-5732-1489-8

Ⅰ. K245. 07

中國國家版本館 CIP 數據核字第 2025PA2279 號

中興小紀輯校

（全三册）

（南宋）熊克撰

孔學輯校

上海古籍出版社出版發行

（上海市閔行區號景路 159 弄 1-5 號 A 座 5F　郵政編碼 201101）

（1）網址：www.guji.com.cn

（2）E-mail：guji1@guji.com.cn

（3）易文網網址：www.ewen.co

上海展强印刷有限公司印刷

開本 850×1168　1/32　印張 30.375　插頁 8　字數 690,000

2025 年 2 月第 1 版　2025 年 2 月第 1 次印刷

ISBN 978-7-5732-1489-8

K·3794　定價：158.00 元